Chancenmanagement in der Krise

Chancenmanagement in der Krise

von

Gerhard Seidel

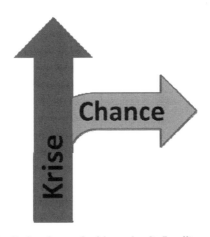

Nicht die Stärksten überleben oder die Intelligentesten,
sondern die am meisten zum Wandel bereit sind.

(Charles Darwin)

Bibliografische Information durch die Deutsche Nationalbibliothek:

Die Deutsche Nationalbibliothek verzeichnet diese Publikation in der Deutschen Nationalbibliografie; detaillierte bibliografische Daten sind im Internet über http://dnb.dnb.de abrufbar.

ISBN 978-3-95488-698-2

Inhalt

1. Einleitung 9

    a. Unterschied zwischen Chancen- und Krisenmanagement 11

    b. Was ist anders an dieser Krise? 11

    c. Zeithorizonte des krisenrelevanten Chancenmanagements 15

    d. Das Eltviller Modell 19

    e. Was wir wollen und was wir können! 20

    f. Und was ist, wenn nichts passiert? 21

    g. Entlernen lernen 24

    h. Wie lange dauert die Ewigkeit? 28

2. Wissen um Krisen 30

    a. Krisen verhindern – nicht bewältigen! 32

    b. Die Bedeutung des Zukunftsmanagements 33

    c. Warum krisenrelevantes Chancenmanagement? 33

    d. Chancenmanagement und Glück 34

    e. Das Phänomen der Zeitqualität 36

    f. Einen Engpass nach dem anderen 38

    g. Dürfen wir überhaupt gut sein? 41

    h. Um Erster zu sein, reicht ein kleiner Vorsprung 43

    i. Wir Zechpreller? 45

3. Charakteristik und Bedeutung von Krisen 49

    a. Krisen sind unternehmerischer Alltag 49

    b. Was sind Krisen? 50

    c. Krisen als Wegweiser für Chancen 51

    d. Was sind Finanz- und Wirtschaftskrisen? 51

    e. Was lehrt uns die Vergangenheit über Wirtschaftskrisen? 53

    f. Zurück in die Zukunft – alles schon mal da gewesen? 55

g. Eine von vielen Familiensituationen in den dreißiger Jahren.....................57

h. Die Bedeutung einer Weltwirtschaftskrise....................................60

i. Wirtschaftskrisen können nicht verhindert, nur verschoben werden! 61

j. Was sind Unternehmenskrisen? 63

k. Gewinner und Verlierer in der Krise...64

4. Psychologische Aspekte von Krisen...68

a. Psychologische Ursachen für das Abwarten...................................69

b. Andere Ursachen mangelnder Vorbereitung...................................71

c. Nicht Pessimist, nicht Optimist – sondern Realist sein! 72

d. Unterschiedliche Sichtweisen 73

e. Unterschiedliche Sichtweisen der Finanz- und Wirtschaftskrise.............75

f. Die überraschende Krise, die keine Überraschung ist 77

g. Alles war vorhersehbar, oder? 78

5. Formale Aspekte des Chancenmanagements in der Krise 81

a. Gesetzliche Auflagen nach dem KonTraG....................................82

b. Sonstige Haftungsprobleme...83

c. Strafbare Tatbestände 84

d. Konsequenzen für das Top-Management 85

e. Was tun, um vorzusorgen?...86

f. Phasen der Krise 87

g. Unternehmens-Check – eine erste Bestandsaufnahme 88

6. Chancenmanagement – vorausschauend die Krise angehen........................92

a. Anmerkungen zum Phänomen Zukunft 93

b. Die unterschiedlichen Zeithorizonte der Zukunft..........................94

c. Passive und aktive Sicht der Zukunft 95

d. Märchenhaftes Zukunftsmanagement...97

e. Chancenmanagement – die Überlebensstrategie.............................102

f. Zukunftskompetenz in schwerer See 105

g. Der Nutzen des Chancenmanagements 106

h. Ihr Zukunftsmanagement-Audit 108

7. Grundlagen des Chancenmanagements 112

a. Beispiel: Urlaubsplanung 112

b. Krisenrelevantes Chancenmanagement in der Praxis.............115

c. Bewusstsein erschafft Realitäten..118

8. Der erste Schritt – einen Überblick verschaffen........................123

a. Ein fiktives Tagebuch aus der Wirtschaftskrise um 1930 123

b. Anleitungen zur Vorgehensweise...124

c. Übungen zum Zukunftsradar...126

9. Die Annahmenanalyse 130

a. Anleitungen zur Vorgehensweise 130

b. Übungen...131

c. Entwicklung der Wirtschaftskrise in Deutschland 2012–2015.................133

d. Beispiel-Ergebnisse aus Workshops 142

e. Weitere Vorgehensweise...145

f. Ergebnisse der Annahmen über zukünftige Entwicklungen.....146

10. Überraschungsanalyse..149

a. Anleitungen zur Vorgehensweise 150

b. Die Ergebnisse der Annahmenanalyse nutzen.........................154

c. Übungen...156

d. Beispiel-Ergebnisse aus Workshops 158

e. Weitere Vorgehensweise...161

f. Bedrohungen in Chancen transformieren...............................162

g. Ergebnisse 164

11. Die Chancenanalyse 166

a. Anleitungen zur Vorgehensweise 167

b. Beispiel-Ergebnisse aus Workshops 168

c. Erfahrungen als Hindernis 173

d. Übungen 175

e. Das Chancenpanorama erstellen 179

f. Ergebnisse 181

12. Die Visionsentwicklung 183

a. Anleitungen zur Vorgehensweise 183

b. Warum eine Vision entwickeln – wir haben doch schon eine? 187

c. Beispiel-Ergebnisse aus Workshops 188

d. Übungen 190

e. Entwicklung der Vision 192

f. Ergebnisse der Visionsentwicklung 194

13. Strategieentwicklung 195

a. Anleitungen zur Vorgehensweise 195

b. Was wollen wir realisieren, damit die Vision Wirklichkeit wird? 199

c. Übungen 200

d. Ergebnisse 201

14. Institutionalisierung – das Chancenmanagement in Gang halten 203

15. Die ferne Zukunft beachten 205

a. Die Einflussgrößen der fernen Zukunft 206

b. Mögliche Szenarien nach dem Crash 207

16. Die persönliche Vorsorge 212

17. Ein fiktives Tagebuch aus der Weltwirtschaftskrise 221

Literaturverzeichnis 239

Lesenswerte Websites 244

1. Einleitung

In den letzten Jahren habe ich einige Gedanken zur jeweiligen wirtschaftlichen Situation und was sonst noch mit diesem Thema in Verbindung steht, zu Papier gebracht. Einiges davon wurde in diversen Zeitungen veröffentlicht und/oder in Vorträgen interessierten Managern erläutert. Es ging immer um die Fragen, wie man sich auf die sich abzeichnende Weltwirtschaftskrise privat und als Unternehmensverantwortlicher vorbereiten kann und was zu tun ist, um sie – wenn sie eintritt – zu bewältigen. Um dies zu erklären, habe ich häufig nicht nur sachbezogene Informationen dargestellt, sondern auch mit Hilfe von Metaphern und Beispielen versucht, das Thema unterschiedlich zu beleuchten und darzustellen.

Als Unternehmensberater und Aufsichtsrat eines Unternehmens für Zukunftsmanagement und Zukunftsmärkte ist mir immer wieder aufgefallen, dass vor allem kleinere und mittlere Unternehmen (KMU) auf derartige „stürmische Zeiten" nicht vorbereitet sind. Was ihnen fehlt, ist die Chancenkompetenz in Krisenzeiten. Darunter ist die Fähigkeit des Managements zu verstehen, rechtzeitig Bedrohungen zu erkennen, diese mit geeigneten Maßnahmen abzumildern oder gar zu beseitigen und die sich daraus ergebenden Chancen wahrzunehmen und diese zu nutzen. Wer sich auf Krisen vorbereiten will oder sie bewältigen muss, der braucht auch eine klare Vorstellung von den angestrebten Zuständen in der Zukunft. Deshalb gehören Krisen, Chancen, Bedrohungen und Zukunftskompetenz untrennbar zusammen.

Das Buch soll Mut machen, Krisen als Chancen und nicht als Bedrohung zu sehen, welche qualitatives und quantitatives Wachstum ermöglichen (es vielleicht auch manchmal erzwingen).

Die einzelnen Länder, Branchen und Firmen werden unterschiedlich betroffen sein, und was im Moment, wo dieses Buch entsteht, nur als das Wetterleuchten der Krise wahrgenommen wird, kann sich in ein oder zwei Jahren zu einem bedrohlichen Unwetter entwickelt haben.

Wetterleuchten kündigt ein drohendes Gewitter an (Vorkrisenzeit), und wer es sieht, der hofft, dass das Unwetter an ihm vorbeizieht. So ähnlich ist es bei einer Weltwirtschaftskrise. Wir sehen bzw. lesen von fernem Blitz und Donner, von nationalen Finanzkrisen und internationalen Notständen und hoffen trotzdem, dass es nicht bei uns, in unserem Unternehmen, Schaden anrichten wird.

Wir, die Autoren – *mit dem „Wir" ist nicht nur der Autor, sondern es sind damit auch seine Mitarbeiter und Kollegen gemeint, die direkt oder indirekt dazu beigetragen haben, dass dieses Buch entstehen konnte –,* wollen Sie bei der Bewältigung einer möglichen weltweiten Krise unterstützen. Es geht in diesem Buch darum, dass Sie die kommenden schwierigen Monate und Jahre so gestalten, dass Ihr Unternehmen diese Zeiten nicht nur gut übersteht, sondern dass auch die Weichen gestellt werden für das „Leben" nach der Krise.

Wir sind Helfer in Sachen Chancenmanagement in Krisenzeiten, was nichts anderes bedeutet, als dass wir Führungskräfte in den Unternehmen unterstützen, die kommenden Veränderungen und die darin liegenden Chancen zu einem möglichst frühen Zeitpunkt zu erkennen und zu nutzen. Nur dann können die strategischen Entscheidungen verbessert werden, die Erträge langfristig steigen, die Existenz des Unternehmens gesichert und die Motivation und Zuversicht aller Beteiligten erhalten werden.

Krisen sind produktive Zustände, denen man nur den Beigeschmack der Katastrophe nehmen muss. Max Frisch (1911–1991)

Das ist die richtige Haltung zur derzeitigen wirtschaftlichen Situation. Wenn es stimmt, dann soll das vorgeschlagene Chancenmanagement Ihnen dabei helfen, während der kommenden dramatischen Veränderungen die günstigen Gelegenheiten zu erkennen und sie zu nutzen.

a. Unterschied zwischen Chancen- und Krisenmanagement

Der Unterschied zwischen Chancenmanagement und Krisenmanagement besteht darin, dass Chancenmanagement die Vorsorge, das Antizipieren von möglichen zukünftigen Entwicklungschancen (auch von Bedrohungen), im Fokus hat, während Krisenmanagement sich mit der Bewältigung und der Nachsorge von konkreten, bereits wirksamen Bedrohungen beschäftigt. Denn Krisen werden gemanagt, wenn sie da sind, wenn die Manager merken, es stimmt nicht mehr in unserem Betrieb. Wobei die Grenzen zwischen Chancen- und Krisenmanagement gerade in wirtschaftlich schwierigen Zeiten fließend sind. Was gestern noch eine betriebliche Vorsorge war, kann sich schon übermorgen als überlebensnotwendige Rettungsaktion zeigen.

Es geht um das Gestalten der Zukunft. Das hier vorgeschlagene Chancenmanagement soll Ihnen helfen, mögliche negative Entwicklungen der Krise rechtzeitig zu erkennen und dafür zu sorgen, dass es erst gar nicht zu großen Problemen kommen kann. Dadurch wird ein vorsorgendes Krisenmanagement betrieben.

b. Was ist anders an dieser Krise?

Das brennendste Problem der Unternehmensführungen wird in den nächsten Monaten und Jahren sein, die drohende Weltwirtschaftskrise gut zu überstehen. Zwar können Sie der Meinung sein: Uns in Deutschland geht es doch gut, was soll's? Doch wir sind im europäischen Raum keine Insel der Glückseligen und die dramatischen wirtschaftlichen Verhältnisse in den südeuropäischen Ländern, aber auch inzwischen in Frankreich und England, geben Grund genug zur Sorge, dass die Probleme auch das Exportland Deutschland treffen könnten.

Zurzeit – Winter 2013/14 – ist der Währungskrieg in vollem Gange und die Zentralbanken drucken um die Wette, allen voran Japan. Wer mit Interesse nicht nur die wohlwollenden Artikel der regierungsfreundlichen Medien liest oder die getunten Berichte im öffentlich-rechtlichen Fernsehen sieht, der kann klar erkennen: Die Krise kommt nicht, wir sind immer noch mittendrin und die Luft wird insgesamt dünner.

Warum unterscheidet sich die momentane Krise so eklatant von den „üblichen" Unternehmenskrisen? So schlimm die „normalen Unternehmenskrisen" auch im Einzelfall sind, was durch eine denkbare „Jahrhundert-Rezession" passieren kann, ist umfassender, dramatischer, existenzieller und länger andauernd.

Anders ist unter anderem, dass die Probleme nicht durch falsche oder fehlende Entscheidungen des Managements selbst verursacht sind. Die gefährlichen Einflüsse kommen von „draußen", sie sind nicht hausgemacht. Der Vorteil ist, man braucht nicht intern nach Schuldigen zu suchen. Es waren auch nicht die Konkurrenz, die Banken, die Mitarbeiter oder wer sonst noch als Verursacher in Frage kommen kann. Der Anlass ist nicht identifizierbar, er ist anonym, vielschichtig, umfassend und in seiner negativen Energie bzw. Einflussnahme nicht einschätzbar. Es gibt auch keine internen Warnhinweise wie sinkende Umsätze oder finanzielle Engpässe, auf die man rechtzeitig hätte reagieren können.

Der übliche Ablauf einer Unternehmenskrise ist

- erst die strategische Krise,
- dieser folgt die Ertragskrise und
- schließlich kommt es zur Liquiditätskrise.

Dieser „gängige" Ablauf findet aber so nicht statt. Die Folgen der Entwicklungen und Ereignisse ergeben sich dramatisch schnell und sind in ihren Auswirkungen oft ungeheuerlich. Wenn das Unheil erst einmal an die Unternehmenstür klopft, ist eine Entscheidung kaum noch möglich.

Ein Klient – Zulieferant in der Automobilindustrie – hat dies im Jahr 2008/2009 wie folgt formuliert: „Ich habe mich immer für ziemlich krisenerfahren gehalten und so manche schwierige Situation in den letzten Jahren gemeistert. Aber das, was uns in den letzten Wochen passiert ist, habe ich noch nicht erlebt. Von jetzt auf gleich ist uns der Umsatz um mehr als die Hälfte weggebrochen. Noch vor zwei Monaten hatten wir unsere Planung mit unseren wichtigsten Kunden abgestimmt und jetzt ist das alles nicht mehr wahr!"

Welche zeitliche Dimension die drohende Krise damals hatte, konnte man auch daran erkennen, dass das Rettungspaket der Bundesregierung in Höhe von 500 Milliarden Euro (unser jährlicher Bundeshaushalt beträgt nur etwas mehr als 300 Milliarden Euro) innerhalb von vierzehn Tagen geschnürt und verabschiedet wurde. So etwas in dieser Größenordnung in dieser Schnelligkeit durch alle Instanzen zu bekommen, hatte es vorher noch nie gegeben. Das muss uns doch als erfahrene Bürger und Unternehmer stutzig machen.

Was ist noch anders? Es wird nicht einen Betrieb einer Branche, sondern fast alle Unternehmen eines Wirtschaftszweiges treffen. Durch die globale, internationale und nationale Vernetzung, durch die Differenzierung der Produktionsschritte und die weltweiten unterschiedlichen politischen Interessen und wirtschaftlichen Ungleichgewichte wird diese Entwicklung noch verschärft. Es kann ein Dominoeffekt eintreten, der heute noch kaum vorstellbar ist.

Nach unserer Einschätzung ist es besonders dramatisch, dass der drohende Crash und die daraus resultierenden Schwierigkeiten vielleicht Jahre andauern werden und dass zunächst alles immer schlimmer wird, bevor es irgendwann einmal zu einem neuen Aufschwung kommt. Wie lange es mit der Wirtschaft bergab geht, darüber spekulieren nicht nur die Möchtegernexperten in diversen Talkshows, auch die Wirtschaftsweisen sind sich uneinig. Die Schätzungen der vermeintlich Sachkundigen bewegen sich zwischen drei und zehn Jahren.

Die globale Krise hat auch einen sehr starken negativen Einfluss auf das unternehmerische Umfeld. Banken geben keine Kredite mehr oder verlangen höhere Zinsen. Das Misstrauen wächst, weil man nicht mehr abschätzen kann, ob der A-Kunde Maier seine Rechnungen fristgerecht oder überhaupt bezahlt und ob der Lieferant Schulze nur deshalb Vorauskasse verlangt, weil er sonst die bestellten Produkte nicht liefern kann.

Es ist auch zu befürchten, dass die Krise unkalkulierbare Emotionen verursachen kann und sich dadurch die Probleme noch verstärken. Wenn alle glauben, dass es noch schlimmer wird, dann verhalten sich auch alle so, als ob es schlimmer wird. Es tritt genau das ein, was man befürchtet hat. Die sich selbst erfüllende Prophezeiung hat dann ihre Wirkung entfaltet und es kommt so, wie es alle erwartet haben.

(Eine sich selbst erfüllende Prophezeiung ist eine Annahme oder Voraussage, die, rein aus der Tatsache heraus, dass sie getroffen wurde, das angenommene, erwartete oder vorhergesagte Ereignis zur Wirklichkeit werden lässt und so ihre eigene „Richtigkeit" bestätigt.

Ein Tankstellenpächter sagt zum Beispiel: „Backwaren gehen bei mir nicht." Er bietet sie deshalb nicht an. Und weil er Backwaren nicht anbietet, werden sie nicht nachgefragt.

Umgekehrt funktioniert es natürlich genauso. Wenn die Menschen guter Hoffnung sind und glauben, es wird alles besser werden, dann bestehen gute Chancen, dass sie unbewusst dafür sorgen, dass es auch besser wird. Das gilt nicht nur für die eigene persönliche Situation, sondern auch für die eines Unternehmens oder für eine ganze Nation. Der Wiederaufbau nach dem Krieg ist ein gutes Beispiel für eine solche nationale Haltung.

Wir können uns dafür entscheiden, dass Bedrohungen nichts anderes sind als faszinierende Herausforderungen, eine Chance, die Zukunft zu unseren Gunsten zu gestalten. Wir können die Sichtweise haben, dass Krisen Zeiten des Fortschritts, der Marktbereinigung und des Wachstums sind, die das Überholte und Unbrauchbare verabschieden und Platz für Neues schaffen.)

c. Zeithorizonte des krisenrelevanten Chancenmanagements

Wir bewegen uns, was die Verhältnisse der Zukunft angeht, zwischen zwei Welten. Auf der einen Seite die mehr oder weniger stetig auf die Realwirtschaft übergreifende weltweite Rezession (die bis vor Kurzem noch mehr eine Finanzkrise war) und auf der anderen Seite die Unternehmer, die zwar das Wetterleuchten des aufziehenden ökonomischen Unwetters sehen, die aber insgesamt noch recht zuversichtlich sind.

Wir können drei Zeithorizonte unterscheiden, die für Unternehmen von Bedeutung sind:

* die Zeit, bis die Krise das Unternehmen erreicht hat
* die Zeit der eigentlichen Krise, in der man unter Umständen um das Überleben kämpft
* die Zeit nach der Krise, wenn die wirtschaftlichen Verhältnisse sich neu geordnet haben und sich neue Perspektiven zeigen

Das bedeutet für die Geschäftsführung: In naher Zukunft geht es vor allem darum, sich auf mögliche schwierige Zeiten vorzubereiten, weil es einfacher ist vorzusorgen, die Probleme gar nicht erst entstehen zu lassen, als diese zu lösen (diese Erkenntnis ist der Schlüssel zum Chancenmanagement in der Krise!). Noch einmal: Es ist einfacher, Krisen zu verhindern, als sie zu bewältigen. Deshalb haben wir dieses Buch geschrieben.

Danach gilt es, die Krise gut zu überstehen, mit möglichst wenigen Blessuren die auftretenden Schwierigkeiten zu meistern und die Bedrohungen in Chancen zu transformieren.

Das sind auch die Jahre, die davon geprägt sind, dass man an vielen Fronten kämpfen muss, weil sich die Situationen ständig verändern. Weil nicht nur innerbetriebliche Probleme bzw. Engpässe zu lösen sind, sondern weil auch das Umfeld der Firmen in einer Wirtschaftskrise instabil ist und es unvorhersehbare negative Einflüsse haben kann.

Die Führungskräfte haben die Aufgabe, diese Bedrohungen zu erkennen und zu beseitigen. Noch besser wäre es, wenn es gelingen würde, diese Hindernisse in Chancen umzuwandeln, damit sie als unternehmerische Erfolgsfaktoren nutzbar werden. Denn jede rechtzeitig erkannte Klippe beinhaltet die Chance, das Unternehmensschiff aus der Gefahrenzone zu steuern. Dass diese Transformation möglich ist, werden wir später noch ausführlich darlegen und beweisen.

Außerdem ist es wichtig, darauf zu achten, dass neben dem Lösen von Tagesproblemen die Voraussetzungen dafür geschaffen werden, dass das Unternehmen auch noch in ferner Zukunft weiter erfolgreich existiert.

(Vor einigen Jahrzehnten war Chrysler schon einmal pleite. Lee Iacocca, der damalige Chef, kämpfte an allen Fronten und um jeden Dollar. Die finanzielle Situation der Autofirma war katastrophal. Eine der wichtigsten Entscheidungen zur Rettung von Chrysler durch Iacocca war jedoch nicht, dass er Geld und Bürgschaften zum Überleben besorgte, sondern dass er die sehr kostenintensive Entwicklung des Familienwagens „Van" weiterlaufen ließ. Nachdem die Krise halbwegs überstanden war, war es der Umsatz mit diesem Auto, welcher das Unternehmen wieder in die Gewinnzone brachte.)

Die ferne Zukunft immer im Auge zu behalten, ist eine wichtige Herausforderung, der sich die Manager auch in schwierigen Zeiten stellen müssen. Dafür ist es von elementarer Bedeutung, eine ungefähre Ahnung davon zu haben, was die Prognosen über die Trends und Technologien für die Zeit in drei bis fünf Jahren aussagen und welchen Einfluss diese Szenarien auf das eigene Unternehmen haben werden.

Das Top-Management muss wissen, welche wahrscheinlichen oder unwahrscheinlichen, welche machbaren oder unmöglichen, welche gewünschten oder befürchteten Entwicklungen und Themen diese Zeiträume dominieren werden. Die Führung muss sich darum kümmern und herausfinden, was schon jetzt zu tun ist, damit diese möglichen Entwicklungen (Zukunftsfaktoren) zum eigenen Vorteil genutzt werden können und den gewünschten zukünftigen Erfolg bringen.

In dem Buch „Das ZukunftsRadar" von Dr. Pero Mićić werden in einem Katalog der Zukunftsfaktoren die wichtigsten Treiber dieses zukünftigen Wandels dargestellt. In diesem Buch wird erklärt, warum es zwar richtig ist, einen konkreten Orientierungsrahmen zu haben, doch ist es noch wichtiger, was unser Handeln zukünftig bestimmen wird. Richtig ist aber auch, dass man nur dann seine langfristigen Ziele erreichen kann, wenn man die ersten Schwierigkeiten erfolgreich meistert. Wer nicht dafür sorgt, dass die Probleme der Gegenwart bzw. der nahen Zukunft gelöst werden, der braucht sich keine Gedanken mehr darüber zu machen, was in fünf oder zehn Jahren passiert.

In seinem Buch „Der sechste Kondratieff – Wege zur Produktivität und Vollbeschäftigung im Zeitalter der Information" hat der Wirtschaftstheoretiker und Zukunftsforscher Leo A. Nefiodow ausführlich beschrieben, welche Basisinnovationen in den nächsten Jahrzehnten die Weltwirtschaft und Gesellschaft – aber auch die der einzelnen Unternehmen und somit die von uns allen – bestimmen werden. Im 6. Zyklus werden neben der Fortentwicklung von Innovationen auf den Gebieten Informatik, Umwelt, Solarenergie, Optische Technik und Biotechnologie vor allem Innovationen im Bereich der Lebensqualität, Sinnhaftigkeit, Verbesserung der Psychosozialen Gesundheit und des Wohlgefühls der Menschen an Bedeutung gewinnen.

Auch dieses Buch können wir den Lesern nur empfehlen, weil es wichtige Hinweise gibt, warum die Psychosoziale Gesundheit in ihren Auswirkungen in den Unternehmen dramatisch ist, wie diverse Untersuchungen zeigen: Die Zahl der Krankschreibungen wegen psychischer Erkrankungen und Verhaltensstörungen ist deutschlandweit von 34 Mio. Arbeitsunfähigkeitstagen im Jahr 2001 auf 54 Mio. im Jahr 2010 angestiegen. Der Anteil an allen krankheitsbedingten Fehltagen erhöhte sich in dieser Zeit von 7 auf 13 Prozent (Bundesarbeitsministerium 2012).

Auch andere Untersuchungen alarmieren: Der Anteil der psychischen Erkrankungen am Arbeitsunfähigkeitstagevolumen hat laut einer Studie der DAK seit 1997 um 70 Prozent zugenommen. 54 Prozent der Beschäftigten leiden an körperlichen Beschwerden, 53 Prozent haben psychische oder soziale Probleme, zwei Drittel der Arbeitnehmer fühlen sich gestresst, 4 Millionen gelten als depressiv. Seit 1993 ist der Anteil der seelisch bedingten Rentenzahlungen bei Männern von 30 Prozent auf über 50 Prozent, bei Frauen von 20 Prozent auf über 40 Prozent gestiegen. 20 Prozent der Beschäftigten gehen heute aus gesundheitlichen Gründen in den Vorruhestand, vor 2002 waren es 10 Prozent.

So wird deutlich, warum die Probleme der Psychosozialen Gesundheit eine Produktivitätsreserve und kein Widerspruch sind.

Dieses Buch haben wir geschrieben, weil es für Sie und Ihre Mannschaft wichtig werden könnte, praxiserprobte Anweisungen und Hilfen für den Notfall zu besitzen. Aber auch, weil es ebenso wichtig ist, eine Vision, einen „Leuchtturm" zu haben, um das Unternehmensschiff sicher durch die schwere See der Krise zu steuern.

Es soll Ihnen Anleitungen geben, das Kentern zu vermeiden, damit Sie den sicheren Hafen erreichen. Vor Anker können Sie sich dann mit Ihren Offizieren und Ihrer Mannschaft neu orientieren und die Vorbereitungen treffen, damit Sie für zukünftige Fahrten in neuen, ruhigen Gewässern gerüstet sind.

d. Das Eltviller Modell

Vielleicht stellen Sie sich jetzt die Frage: Gibt es überhaupt eine Methode, um die unterschiedlichen Zukünfte zu erkennen und zu bewerten sowie die sich daraus ergebenden mannigfaltigen Aufgaben zu lösen?

Diese Methode gibt es und sie ist eine der Grundlagen dieses Buches. Sie wurde in einem anderen Buch von Dr. Pero Mićić ausführlich beschrieben, dessen Titel lautet: „Die fünf Zukunftsbrillen – Chancen früher erkennen durch praktisches Zukunftsmanagement".

Mit den fünf Zukunftsbrillen und dem darauf aufbauenden Eltviller Modell des Zukunftsmanagements werden ein mentales Modell und eine kognitive Landkarte zum Erkennen, zum Bewerten und zum zukünftigen Handeln zur Verfügung gestellt. Damit wird es möglich, eine Brücke zwischen der Gegenwart und der Zukunft und wieder zurück zu bauen.

Aus vielen Hundert Projekten, bei denen eine Brücke zwischen der Zukunftsforschung und der strategischen Planung gebaut wurde, hat sich diese Methode entwickelt. Es ist ein Prozess in sieben Schritten, um ein Zukunftsmanagement durchzuführen und es anschließend dauerhaft zu installieren.

Unter Berücksichtigung der derzeitigen wirtschaftlichen Situation und der unterschiedlichen Zeithorizonte mit ihren verschiedenen Herausforderungen werden wir diese Methode u. a. dafür benutzen, um zu erklären, wie das von uns vorgeschlagene Chancenmanagement funktioniert.

Letztlich geht es darum, die Zukunft – und dabei kann der zukünftige Zeitraum sehr kurz oder auch länger sein – besser zu antizipieren, als die Konkurrenz es tut. Als Führungskraft krisenrelevante Chancenkompetenz zu haben, wird einer der wichtigsten Erfolgsfaktoren für die kommenden Jahre werden. Die Erfahrung lehrt, dass sich die Chancen, um die Zukunft erfolgreich zu gestalten, immer dann ergeben, wenn wir einen verbesserungswürdigen Zustand (z. B. als Bedrohung) erkennen und es uns möglich ist, diesen zu unserem Vorteil zu verändern, und vor allem, es dann auch tun.

Es ist damit zu rechnen, dass es für Sie in den nächsten Monaten und Jahren manche günstige Gelegenheit geben wird, vorausgesetzt, Sie sind dafür sensibilisiert. Die Krise mit ihren Problemen können wir nicht verhindern, dafür sind die finanziellen und wirtschaftlichen Konstellationen zu global und zu sehr vernetzt. Was wir aber ändern können, ist unsere Haltung dazu und wie wir mit diesen Herausforderungen umgehen.

e. Was wir wollen und was wir können!

Wir sind keine Wahrsager oder hellseherisch begabte Zukunftsforscher, die genau wissen, was sein wird. Als Zukunfts- und Chancenmanager können wir weder die Zukunft verbindlich vorhersagen noch allgemein gültige Verhaltensregeln und Entscheidungsempfehlungen für alle auftretenden Probleme geben. Denn die Zukunft ist nicht determiniert, und das ist auch gut so. Wäre sie ein für alle Mal unveränderlich vorgegeben, könnten wir sie nicht mehr beeinflussen und es wäre uns nicht möglich, sie zu unserem Vorteil zu gestalten.

Der Zustand eines jeden Unternehmens, egal ob gut oder weniger gut, wird immer durch die Entscheidungen des Managements beeinflusst. Diese Entscheidungen basieren auf den vorhandenen Erfahrungen und Möglichkeiten und auf den Vorstellungen der Entscheider, welche wahrscheinlichen Auswirkungen die gewählten Alternativen in der Zukunft haben werden.

Fest steht, dass es keinen Manager in Deutschland gibt, der Erfahrungen mit Weltwirtschaftskrisen hat, denn die letzte war vor mehr als achtzig Jahren. Tatsache ist auch, dass sich das Zukunftswissen um die möglichen Entwicklungen solcher Krisen ebenfalls sehr in Grenzen hält. Das ist der Grund, warum Unternehmer, Politiker und Wissenschaftler oft naiv und hilflos auf die Herausforderungen reagieren. Es mangelt an Wissen und Erfahrungen, um solche Krisendimensionen, und vor allem an bewährten Strategien, um solche Herausforderungen zu meistern.

Aber es ist noch vieles möglich, denn es wird vielleicht noch einige Zeit dauern, bis das wirtschaftliche Unwetter auch Sie bzw. Ihr Unternehmen spürbar bedroht.

Auch diese strategische Reise in die Zukunft beginnt, wie alle Reisen, mit einem ersten Schritt. Dieser erste Schritt kann der sein, dass Sie dieses Buch in Ruhe durchlesen und Ihre Schlüsse daraus ziehen. Wir versprechen Ihnen, dass Sie hinterher die Zukunft Ihres Unternehmens anders sehen werden. Sie werden nicht nur ein „krisenrelevantes" Problembewusstsein entwickeln, sondern aktiv die Chancen nutzen, die sich aus der Krise ergeben können. Sie werden außerdem die Voraussetzungen dafür schaffen, dass Sie gemeinsam mit Ihren Mitarbeitern eine faszinierende und realisierbare Zukunft anstreben.

Es ist die mentale Einstellung der Führungskräfte und Mitarbeiter, die erkennen, dass sich mit Hilfe einer wohldurchdachten Strategie und einer konkreten Planung sowie der notwendigen Entscheidungen und Schritte der scheinbar riesige Berg von Schwierigkeiten auflöst und in kleine, durchaus zu bewältigende Aufgaben aufgeteilt werden kann.

Durch diese Sichtweisen und diese Art des Herangehens kommt bei den Beteiligten sehr schnell die Hoffnung auf, gefolgt von der Überzeugung, dass es sehr wohl möglich ist, die Dinge zum Guten zu wenden.

f. Und was ist, wenn nichts passiert?

Wir wissen inzwischen alle, dass zwar der Anfang, aber noch nicht das Ende einer Weltwirtschaftskrise erreicht ist. Diese Behauptung möchten wir mit einer „einfachen Prognose" – man könnte es auch Milchmädchenrechnung nennen – verdeutlichen.

Wenn man die Differenz zwischen dem, was die verantwortlichen Banker, Wirtschaftspolitiker und Finanzexperten vor sechs Monaten oder einem Jahr für die kommenden Monate und Jahre prognostiziert haben, mit dem jetzigen Zustand der allgemeinen wirtschaftlichen Lage in Europa vergleicht und die ermittelte Differenz zwischen den Vorhersagen und dem heutigen Stand als mögliche weitere Entwicklung in die Zukunft extrapoliert, dann kann man sich in etwa vorstellen, wo wir in weiteren sechs Monaten oder in ein paar Jahren sein könnten. Inzwischen werden die Abstände, in denen die wirtschaftspolitischen Aussagen korrigiert werden müssen, weil die beschlossenen Maßnahmen nicht funktionieren, immer kleiner. Oder wie es ein befreundeter Banker neulich formulierte: Die „Einschläge" kommen immer näher.

Es gibt natürlich immer wieder Einwände gegen solche Prognosen, schließlich stirbt die Hoffnung zuletzt. Folgende Bedenken und Entschuldigungen bestimmen oft die Widerstände meiner Kunden in den Beratungsgesprächen:

- Das wird schon seit Jahren erzählt – und bis jetzt ist nichts passiert.
- Heute hat man wesentlich bessere Instrumente als 1930!
- Wir stehen doch gut da!
- Die da oben sind ja nicht blind!
- Wollen Sie schlauer sein als die Leute, die sich täglich damit beschäftigen?
- Alles der Reihe nach – keine Panik!
- Es wird schon nicht so schlimm werden.
- Ich denke, es dauert noch etwas.
- Wir können sowieso nichts dagegen tun.
- Man kann sich doch nicht ewig Sorgen machen und Angst haben!
- Was ist, wenn es der Regierung und allen anderen Beteiligten gelingt, die Krise zu beenden?

Tja, was dann – wenn die Krise nur ein „Kriselchen" wird und es einfach so weitergeht wie bisher? War dann die ganze Arbeit umsonst? Wir haben uns monatelang mit den möglichen Problemen einer zukünftigen dramatischen Situation herumgeschlagen und jetzt sind die ganzen Vorsorgemaßnahmen überflüssig. Die Zeit und das Geld, welches wir in diese Aktivitäten gesteckt haben, das fehlt uns vielleicht anderswo.

Zunächst einmal: Die Krise kann nicht verhindert, sie kann höchstens verschoben werden. Darüber sind sich alle – auch die Politiker – einig. Richtig ist auch, es geht nicht um Pessimismus oder Optimismus, sondern es geht um Realismus. Nur wer die möglichen Gefahren in ihrer gesamten Größe einschätzen kann, der ist auch in der Lage, eine adäquate Vorsorge zu treffen. Nur ein bisschen vorzusorgen, ist vertane Zeit und Mühe.

Die Polizei, die sich auf randalierende Chaoten bei einer Demonstration vorbereitet, wird auch nicht wegen Verschwendung von Steuergeldern gerügt, wenn alles gut geht.

Ein Flugkapitän macht regelmäßig seine Crashübungen im Flugsimulator; niemand käme auf die Idee, ihn erst dann wieder „üben zu lassen", wenn er wirklich mal einen Unfall verursacht hat. Ziel der Schulung ist es, notwendige Reaktionen einzustudieren, die blitzschnell und automatisch ablaufen und das Unglück verhindern sollen.

Potenzielle Überraschungen und Eventualstrategien zu durchdenken, ist nicht ein Zeichen von Angst oder Schwäche, sondern von Weisheit und Verantwortungsbewusstsein. Sich auf die wirtschaftliche Sintflut (Tsunami) mit der gesamten Mannschaft vorzubereiten ist das, was der „vorsichtige Kaufmann" tun sollte.

Außerdem lehrt die praktische Erfahrung bei der Beratung von Unternehmen, dass die in solchen „Chancen-Workshops" erarbeiteten Strategien und Aktionen schon vorher umgesetzt werden. „Warum sollen wir noch warten, bis die Krise kommt", so die häufige Erkenntnis der Teilnehmer. „Das hört sich doch gut an, das machen wir sofort und nicht erst, wenn die Bedrohungen da sind."

Der vorsichtige Kaufmann (ein Leitgedanke des Handelsrechts), der den heute oft geschmähten Vorsichtsgrundsatz praktiziert, bietet mit seinem vorausschauenden Verhalten etwas, was Banken, Mitarbeiter und Kunden heute sehr zu schätzen wissen: Sicherheit, Verlässlichkeit und Mut, auch unangenehme Wahrheiten anzunehmen.

g. Entlernen lernen

Wenn es stimmt, dass Unternehmer und Führungskräfte keine Erfahrungen mit weltweiten Krisen haben und nur auf ihr Wissen und die in ihrem beruflichen Leben gewonnenen Erkenntnisse zurückgreifen können, dann ist es wichtig zu entlernen.

Erfahrungen werden in bestimmten Situationen gemacht. Sie sind nur dann hilfreich, wenn die Situation, in der wir dieses Wissen anwenden wollen, vergleichbar ist. Doch das ist leider nicht immer der Fall. Erst recht nicht in der jetzigen, wirtschaftlich prekären Konstellation.

Ja, oft sind solche Erfahrungen und Überzeugungen nicht nur nicht brauchbar, sondern sie sind kontraproduktiv bzw. schädlich. Nämlich dann, wenn wir keine besseren Alternativen kennen, die der Entscheidungssituation mehr Rechnung tragen als unbrauchbare Kenntnisse aus vergangenen Erlebnissen.

Denn mit unseren Entscheidungen schaffen wir unsere Wirklichkeiten. Diese Wirklichkeiten, welche wir aufgrund unserer Bildung, Einsichten, Überzeugungen, Kenntnisse, Glaubenssätze, unseres Wissen usw. entscheiden bzw. kreieren, sind etwas sehr Persönliches und Subjektives. Die gute Nachricht ist, dass wir diese Sichtweisen in jedem Augenblick unseres Lebens neu überdenken und neu erfinden können. Die schlechte Nachricht ist: Unseren oft falschen, unbrauchbaren oder unvollständigen Erfahrungsschatz und die verinnerlichten Ansichten (Vorurteile) zu beeinflussen, zu korrigieren oder gar zu eliminieren, um so das Richtige aus den sich im Leben bietenden Möglichkeiten auszuwählen, ist eine der schwierigsten Aufgaben – nicht nur für Manager – überhaupt.

Eine gute Bekannte ist psychologische Psychotherapeutin. Zu ihr kommen Menschen, die in inneren und äußeren Verhältnissen leben, die meist so schlimm sind, dass man von krankhaften Zuständen sprechen kann.

Was macht sie, um diesen Patienten zu helfen? Sie „entlernt" diese Menschen! Sie befreit sie von falschen Überzeugungen und Annahmen, die Partnerschaften zerbrechen oder Süchte entstehen lassen. Sie hilft ihnen, die negativen Emotionen von traumatischen Kindheitserlebnissen zu entkoppeln und gibt ihnen Hilfe zur Selbsthilfe. Im Mittelpunkt der Therapie steht, nach Einsicht in Ursachen und Entstehungsgeschichte ihrer Probleme gemeinsam mit den Patienten neue Einstellungen und lebensfrohe Verhaltensweisen zu erarbeiten, die eine bessere Lebensqualität ermöglichen.

Entlernen, bewusstes Vergessen, ist also möglich – auch in einem Unternehmen! Dafür braucht man keine Therapeuten, aber man sollte trotzdem einige Besonderheiten und Regeln beachten, die nachfolgend kurz skizziert werden.

Wir gehen viel zu oft davon aus, dass Führungskräfte oder Mitarbeiter mit einer – bildlich gesprochen – leeren Schüssel zum Seminar, zur Mitarbeiterbesprechung oder zum Workshop kommen. Zu oft wird unterstellt, dass die Menschen für alles Neue offen sind (zugegeben, das unterstelle ich als Autor dieses Buches auch). Doch der Wissensnapf, der (Er)Kenntnisbehälter, ist bereits voll. Gefüllt mit bewährtem Wissen, mit Erfahrungen oder verlässlichen Fertigkeiten, da passt gar nichts mehr rein. Der neue Lehrstoff, die alternative Strategie, die neuen Methoden haben keinen Platz. Das Neue – das vielleicht tatsächlich Bessere – läuft über, wird zum Abwasser. So wird das Lernen zur Mühsal für alle Beteiligten. Das neue gewünschte Verhalten kann sich nicht entwickeln und etablieren, weil das vorgetragene Wissen, die neuen Regeln, die zu lernenden Fertigkeiten in Konkurrenz zu dem Bewährten stehen.

Man müsste den Wissensnapf erst einmal leer machen oder zumindest wahrnehmen und akzeptieren, dass der Mensch in der Vergangenheit schon vieles gelernt und genutzt hat, was er braucht, um seine Arbeit gut zu erledigen, bevor man den Behälter wieder füllt.

Eine oft nicht erkannte Aufgabe des Managements ist es, das bewusste, das absichtliche Vergessen von überholtem Wissen zu initiieren, die Mitarbeiter anzuhalten, unbrauchbare Erfahrungen oder überholte Überzeugungen wahrzunehmen und zu korrigieren, damit diese falschen Entscheidungsgrundlagen keinen Schaden mehr anrichten können. Neben dem Wissensmanagement ist auch dem Vergessensmanagement mehr Bedeutung zu geben.

Vera Birkenbihl hat in einem ihrer Bücher eine Geschichte von vier Affen in einem Zoo erzählt, die in ihrem neuen Käfig eine Kletterstange hatten, an deren Ende eine Bananenstaude baumelte. Das Problem war, dass immer dann, wenn sich ein Affe der Bananenstaude näherte, dieser eine kalte Dusche bekam. Alle Affen probierten es aus und aufgrund ihrer Erfahrungen kletterte nie mehr einer der Affen die Stange hinauf, um die Bananen zu pflücken. Das Erleben hatte ihnen gezeigt, dass sie ihr Ziel so nicht erreichten.

Als ein neuer Affe hinzukam, wollte dieser sofort die Stange hochklettern und die Bananen holen, doch seine Affenbrüder hinderten ihn daran. Denn sie hatten ja so ihre Erfahrungen. Was die Affen nicht wussten, war, dass die Dusche inzwischen abgestellt worden war.

Ich möchte die Geschichte weitererzählen. Es kam noch ein junger Affe dazu, und ehe die alten Insassen im Käfig überhaupt reagieren konnten, war er die Stange hinaufgeklettert und hatte sich die Bananen geholt. Mal abgesehen davon, dass seine Affenkollegen ziemlich sauer waren, dass der Neue jetzt die Bananen verzehrte, mieden sie ihn auch in Zukunft, weil er sich nicht an die Spielregeln gehalten und ihre hilfreichen Erfahrungen einfach ignoriert hatte.

Lernen und Vergessen, Umlernen und Entlernen sind keine Prozesse in Gruppen, sondern werden von jedem Einzelnen vollzogen. Wir können nicht erkennen, ob ein Mensch lernt oder verlernt. Nur an seinem veränderten Verhalten, an seinen neuen Entscheidungen können wir erkennen, ob ein (Ver)Lernverhalten stattgefunden hat.

Nach unserer „Überzeugung" gibt es in einem Unternehmen fünf Möglichkeiten, sich von überholtem Wissen, falschen Überzeugungen und unbrauchbaren Erfahrungen zu befreien:

- Das normale Vergessen – Man muss nur lange genug warten (dann hat der Kunde vergessen, dass wir einmal ...).
- Das Verhindern von Lernen – Man sorgt rechtzeitig dafür, dass man Unbrauchbares gar nicht erst lernt (etwa 80 Prozent aller E-Mails müssen wir nicht lesen, sie sind Schrott ...).
- Das Umlernen, indem man neue Erfahrungen macht und die alten sich als nicht nützlich erweisen (wir haben den Chef ganz anders kennengelernt, als wir einmal mit ihm gemeinsam ...).
- Das Umlernen durch bewusste Manipulation – Der falsche Glaubenssatz wird in einen anderen Kontext gestellt und/oder es werden Alternativen aufgezeigt und/oder die vorhandenen Informationen sinnvoll ergänzt (ein Trainer macht deutlich, welche Konsequenzen eine bestimmte Überzeugung hat, und wir üben neue, bessere Umgangsformen mit ihm ein ...). Das Neurolinguistische Programmieren (NLP) ist eine bewährte Methode, dies zu praktizieren.
- Das bewusste Löschen (aktives Verlernen) von unnützen Erfahrungen und falschen Überzeugungen (z. B. durch Rituale, psychotherapeutische Methoden und Praktiken, die sich bewährt haben).

Unser Wissen ist vergangenheitsorientiert. Mit einer globalen Krise haben wir keine Erfahrungen, gerade in der momentanen Situation ist deshalb das Entlernen wichtig. Ein bewusst initiierter Entlernprozess kann helfen, zu einer konstruktiven Unzufriedenheit mit den derzeitigen Situationen bzw. den herrschenden Umständen zu gelangen und neue Ideen und Strategien zur Vorbereitung und Bewältigung zu entwickeln.

Dieses Buch soll Ihnen dabei helfen, selbst zu entlernen und Entlern-
prozesse bei Ihren Mitarbeitern und Geschäftsfreunden zu initiieren.

So manche Idee und einige Handlungsalternativen des Chancenmanagements sehen Sie vielleicht vollkommen anders, sie widerspricht Ihrem
eigenen Verständnis von Unternehmensführung und betriebswirtschaft-
licher Ausbildung. Wenn dies so ist, dann fängt auch für Sie das Entlernen und Neu-Lernen an, nämlich das Infragestellen von vorhandenem
Wissen und Kenntnissen. Dass es schwierig ist zu entlernen – Therapeuten brauchen dazu mit ihren Patienten oft zig Stunden –, steht außer
Frage. Doch scheint es eine wichtige persönliche Voraussetzung zu sein,
um krisenrelevantes Chancenmanagement zu akzeptieren, zu lernen und
vor allem, es zu praktizieren.

*Wir müssen in der Lage sein, das Wissen, das gerade noch nützlich erschien, auf-
zugeben, um etwas Neues zu lernen.* Prof. Peter Wippermann

h. Wie lange dauert die Ewigkeit?

Dieses erste Kapitel würde ich gern mit einer Kolumne abschließen, die
ich vor etwa zwei Jahren für den Haufe-Verlag geschrieben habe, der
mir die Genehmigung gab, dass sie in diesem Buch nochmals veröffentlicht werden kann. Sie soll deutlich machen, in welcher Situation wir uns
in Deutschland befinden und wie groß die Chancen sind, dass wir mit
einem „blauen Auge" davonkommen können. Aber lesen Sie selbst und
bilden Sie sich Ihr eigenes Urteil.

*Neulich fragte mich mein achtzehnjähriger Sohn Max, wie lange es wohl dauern
wird, bis man den Schuldenberg in Deutschland wieder abgebaut hätte.*

„Wow", meinte ich, „das dauert bestimmt eine Ewigkeit."

„Wie lange dauert diese Ewigkeit", fragte er mich.

Darauf wusste ich keine Antwort: Wie lange dauert eine Ewigkeit, wie lange dauert es, bis der Schuldenberg nicht mehr existiert?

Da fiel mir ein Märchen ein. Nämlich – vielleicht kennen Sie es – von einem Prinz – oder war es ein Tölpel? –, der eine Prinzessin freien wollte. Jedenfalls musste der drei Rätsel lösen. Eines ist mir in Erinnerung geblieben, nämlich auch er wurde gefragt: Wie lange dauert die Ewigkeit? Seine Antwort: „Die Ewigkeit dauert so lange, als ein Vögelein, das alle tausend Jahre blos einmal kommet und sein Schnäbelchen an einem Berg wetzt, Zeit braucht, bis es den ganzen Berg weggewetzt hat."

Der Schuldenberg in Deutschland steigt und steigt in einem atemberaubenden Tempo auf ungeahnte Höhen und es hilft wenig zu wissen, dass es in anderen Ländern noch schlimmer ist. Dabei sind die offiziell eingestandenen 1,5 Billionen Staatsschulden (oder sind es doch schon 2 Billionen?) ja nur die Spitze eines Eisberges. Denn dazu muss man noch die sogenannte implizite Schuldenlast (Straßenreparaturen, Beamtenpensionen, irgendwelche Rettungsfonds usw.) rechnen, die ein Vielfaches des offiziellen Schuldenberges ausmacht. Unter der Hand spricht man von über 7 bis 8 Billionen, die in den kommenden Jahren „fällig" werden. Na ja, und dann kommen noch die deutschen Verpflichtungen für europäische Rettungsschirme, Bürgschaften, Badbanken usw.

Es war noch die Frage meines Sohnes offen und ich dachte mir, vielleicht sollten wir doch einmal diese Ewigkeit berechnen. Also stellte ich ihm die folgende Rechenaufgabe: Wenn ein Schuldenbetrag 5 Billionen beträgt, der mit jährlich 3 Prozent verzinst werden muss, wann ist das Darlehen getilgt, wenn monatlich 20 Milliarden aus den Steuereinnahmen zurückgezahlt werden?

Er holte sich was zum Schreiben, dachte nach, fing an zu rechnen und fragte mich dann: „Du glaubst wirklich, dass man so viel jeden Monat zurückzahlen kann?"

Ich antwortete: „Weiß ich nicht, jetzt fang endlich an zu rechnen!"

2. Wissen um Krisen

Der erste Engpass, den es zu lösen gilt, ist eine gute Vorbereitung auf die möglichen Auswirkungen des Crashs. Es ergibt wenig Sinn (es bewirkt nichts) wenn wir uns um den falschen limitierenden Faktor kümmern, ein Hindernis beiseite räumen, welches einen anderen Weg versperrt, den wir im Moment nicht gehen wollen. Kümmern wir uns zunächst um die Probleme (die dicken Brocken) der nahen Zukunft, das heißt, erst lösen wir die Aufgaben von heute, dann die von morgen – danach die von übermorgen.

Die wichtigste Aufgabe, die momentan für das Management ansteht, ist die der Informationsbeschaffung. Welche Erklärungen und Kommentare gibt es über die Wirkkräfte und die möglicher Entwicklungen der nahen Zukunft? Was sind Krisen, was sind Chancen, was sind Bedrohungen? Warum reagieren wir oft so spät? Gibt es ähnliche Situationen, die uns helfen können, das Phänomen „Weltwirtschaftskrise" zu begreifen?

Worum man sich kümmern muss, ist, mögliche Ursachen und die Bedeutung von Krisen einschätzen zu können, um so zu den notwendigen Erkenntnissen und danach zu den wirksamen Gegenmaßnahmen zu gelangen. Praktizierte Ehrlichkeit zu sich selbst, aber vor allem auch gegenüber den sich abzeichnenden Entwicklungen. Diese Offenheit – auch wenn sie manchmal schwerfällt – ist eine der wichtigsten Charaktereigenschaften der Managements, die es jetzt braucht.

Wir werden später noch erläutern, warum sich die Menschen schwertun, erkennbare Entwicklungen oder vorhandene Realitäten zu akzeptieren. Doch ehrlich währt am längsten, das gilt sich selbst und anderen gegenüber und auch gegenüber unangenehmen Zuständen und Entwicklungen. Mit „ehrlich" sind nicht nur Fairness, Redlichkeit und Zuverlässigkeit gemeint, sondern vor allem geht es um Charakterfestigkeit. Dazu eine kleine Geschichte:

Ein erfolgreicher Unternehmer war alt und müde geworden und überlegte, wie er im Kreise seiner Mitarbeiter einen Nachfolger für sein Geschäft finden könnte. Dieser sollte die Firma so lange führen, bis sein Sohn alt genug war, um die Leitung des Unternehmens zu übernehmen. Doch das würde noch einige Jahre dauern.

Deshalb versammelte er alle seine Mitarbeiter um sich und sagte: „Ich will einen von euch auswählen, der mein Nachfolger wird, bis mein Sohn alt genug ist, in meine Fußstapfen zu treten."

Der Chef gab allen Mitarbeitern ein Saatkorn und sagte: „Pflanzt dieses Korn ein, und wer mir in einem Jahr die größte und schönste Blume bringt, der soll mein Nachfolger sein."

Nach einem Jahr versammelten sich wieder alle, um dem Chef ihre Blumen zu zeigen. Die größte hatte der Werbeleiter. Vier Arbeiter konnten nur mühsam den schweren Kübel tragen. Doch auch die Blumen der anderen Manager waren stattlich. Diejenigen der anderen Mitarbeiter waren kleiner, manche fast mickrig, aber alle hatten eine Blume – bis auf die Leiterin des Rechnungswesens. Ihr war es trotz großer Mühe nicht gelungen, eine Pflanze großzuziehen. Und deshalb schämte sie sich so sehr, dass sie mit ihrem leeren Kübel in der zweiten Reihe stand, ganz hinten.

Der Unternehmer schaute sich alle Blumen an, und als er anschließend verkündete, dass die Leiterin des Rechnungswesens seine Nachfolgerin werden solle, waren alle anderen entrüstet. „Warum", so fragten sie, „gerade diese? Die hat ja überhaupt keine Blume ihrem Topf."

Da lächelte der Chef und sagte: „Die Saatkörner, die ich euch gegeben habe, waren unfruchtbar. Daraus konnten keine Blumen wachsen. Sie war die Einzige, die das ehrlich zugegeben hat. Als mein Nachfolger braucht man viele Eigenschaften, manche auch nicht, weil ihr, die Manager, über diese Fähigkeiten verfügt. Aber was keiner ersetzen kann und worauf ich nicht verzichten möchte, ist Ehrlichkeit!"

Wer zuverlässig ist und ehrlich zu sich selbst und gegenüber anderen, wird auf Dauer immer gewinnen. Auch wenn manchmal alles dagegen spricht. Und es heißt auch, dass man bei der Beurteilung der derzeitigen wirtschaftlichen Situation ehrlich gegenüber sich selbst, seinen Mitarbeitern und Geschäftspartnern sein sollte. Das möglichst objektive Einschätzen möglicher zukünftiger Entwicklungen ist kein Zeichen von Pessimismus, sondern im Gegenteil, es zeigt Mut, die sich abzeichnenden Tatsachen zu akzeptieren und die richtigen Konsequenzen daraus zu ziehen.

a. Krisen verhindern – nicht bewältigen!

Wenn man seinen Standort sucht, dann erhält man, egal ob mit GPS oder an der Wandertafel im Wald, die gewünschte Information: „Sie befinden sich im Moment hier" – und ein meistens roter Punkt zeigt genau die Stelle in der Landkarte, wo Sie stehen, laufen oder fahren.

Die momentane wirtschaftliche Landkarte würde Ihren betrieblichen Standort zwischen dem heraufziehenden wirtschaftlichen Tsunami (Joschka Fischer) und Ihrem schützenden Zufluchtsort zeigen, Ihrem vielleicht noch intakten Unternehmen.

Chancenmanagement zur Krisenvorsorge und zur kommenden Krisenbewältigung ist zurzeit eine der wichtigsten Investitionen in die unternehmerische Zukunft. Das ist eine Aufgabe, die von der Unternehmensleitung nicht delegiert werden kann. Um die kurz- und langfristige Existenzsicherung muss sich das Top-Management selbst kümmern.

Einer der bekanntesten Krisenmanager in diesem Sinne war Noah. Denn die Sintflut hatte noch gar nicht begonnen, als Noah bereits damit begann, die Arche zu bauen! Schon damals fanden die Mitmenschen es merkwürdig, dass jemand Vorsorge traf, obwohl doch noch gar nichts passierte. Sie nahmen die Warnungen Noahs nicht ernst; das Ergebnis ihrer Skepsis und ihrer Passivität kennen wir aus der Bibel.

b. Die Bedeutung des Zukunftsmanagements

Unternehmenserfolge (so das Ergebnis vieler Befragungen von Managern) hängen zu mehr als zwei Drittel von einer langfristigen Weichenstellung aufgrund richtiger Zukunftsannahmen ab. Die relevanten Annahmen über die Zukunft erhält man, wenn man diese Erkenntnisse aufbereitet und sie in die eigene strategische Planung einfließen lässt.

In der derzeitigen Situation geht es mehr darum, die Daseinsberechtigung des Unternehmens zu verteidigen. Das bedeutet, dass das Managen der zukünftigen Entwicklungen und Einflüsse eine existenzielle Bedeutung hat, und zwar im Jetzt und nicht erst in ferner Zukunft. Entscheidungen, die aufgrund falscher Annahmen über die zukünftige Unternehmensentwicklung getroffen wurden, werden nicht nur in Krisen sofort bestraft. Dabei ist die jetzige Krise vollkommen anders als das, was man üblicherweise mit Unternehmenskrisen meint!

c. Warum krisenrelevantes Chancenmanagement?

Menschen treffen immer die richtige Entscheidung, entsprechend ihrem Informationsstand. Ja, man kann sogar behaupten, Menschen machen keine Fehler, denn wenn sie eine Entscheidung treffen oder eine Aufgabe erfüllen, dann sind sie davon überzeugt, das Richtige zu tun. Wer macht schon bewusst einen Fehler? Erst anhand der Auswirkungen unseres Tuns erkennen wir oft, dass es ein Fehler war, was wir entschieden oder getan haben.

Wenn es uns gelingt, Ihren Informationsstand so zu erweitern, dass Sie die von uns vorgeschlagenen Aktivitäten (die wir noch im Detail darlegen werden) ab sofort nutzen wollen, dann hat dieses Buch seinen Sinn und Zweck erfüllt.

Beherzigen Sie die Lebensregel: Energie folgt der Aufmerksamkeit! Versuchen Sie gemeinsam mit Ihrem Team herauszufinden, welche Informationen es über die Wirkkräfte und die möglichen Entwicklungen in der Zukunft gibt, die uns betreffen: Welche Veränderungen kommen wahrscheinlich auf uns zu? Welche Zukunftschancen und Handlungsoptionen haben wir und welche faszinierende Zukunft wollen wir verwirklichen – und das trotz der anspruchsvollen Zeiten? Es gibt unendlich viele Berichte, Untersuchungen, Erfahrungen aus anderen Krisen oder seriöse Prognosen, die Ihnen helfen können, die richtigen Zukunftsannahmen für Ihre strategischen Entscheidungen zu finden.

Chancenmanagement ist nicht nur – um ein anderes Bild zu benutzen – die langfristige Planung einer Schiffsreise, die festlegt, welche Länder und welche Häfen wir anlaufen wollen, sondern auch die Frage, was vorher alles zu bedenken und bereitzustellen ist, damit wir eine angenehme und sichere Reise haben werden und gut ankommen.

d. Chancenmanagement und Glück

Wenn die Dinge so passieren, wie wir es uns im Geiste vorstellen, dann werden Sie im Nachhinein vermutlich sagen: „Da habe ich/Da haben wir aber Glück gehabt!" Vielleicht war es nur die bereits erwähnte sich selbst erfüllende Prophezeiung, was ja nichts anderes bedeutet, als dass uns unser Unterbewusstsein, welches durch eine klare Zielvorstellung programmiert war, dabei geholfen hat, unsere Pläne zu verwirklichen.

Eine Chance sollte nicht die Gelegenheit sein, einen Fehler zu wiederholen, sondern sie sollte als eine Herausforderung verstandenen werden, einen als schlecht empfundenen Zustand zu verändern, die jetzige Situation zu verbessern, damit wir zukünftig zufrieden sind.

(Kennen Sie die Geschichte von dem italienischen Einwanderer, der in New York in der Weltwirtschaftskrise der dreißiger Jahre mit seinem Weinimport aus seinem Heimatland ein neues, lukratives Unternehmen aufbaute? Befragt, wie er denn den Mut aufgebracht habe, in solch schwierigen Zeiten eine geschäftliche Existenz zu gründen, meinte er, dass er den Crash gar nicht mitbekommen habe. Dieser Mann konnte damals kein Englisch und es hatten sich noch keine Freundschaften oder Bekanntschaften entwickelt. Er war mit seiner Arbeit so beschäftigt, dass er sich um nichts anderes kümmern konnte und nie das Gefühl hatte, dass sein Angebot nicht gebraucht würde.)

Chancen sind vorteilhafte Handlungsmöglichkeiten oder günstige Gelegenheiten, die man nutzen kann. Werden sie genutzt, dann wird dieses Phänomen oft auch als Glück bezeichnet, was bedeutet, dass man sein Glück selbst initiieren kann.

Und das stimmt! Es gibt viele Sprichwörter, die diese Erfahrung bestätigen: Glück hat auf Dauer nur der Tüchtige! Jeder ist seines Glückes Schmied! Das Glück hilft niemandem, der sich nicht selbst hilft!

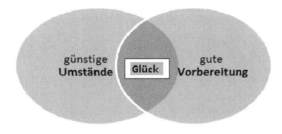

Eine möglich Definition von Glück ist: Das Zusammentreffen von günstigen Gelegenheiten und guter Vorbereitung. Manche haben deshalb kein Glück im Lotto – die Gelegenheit ist zwar günstig, es wurden „ihre" Zahlen gezogen, aber sie sind schlecht vorbereitet, denn sie haben vergessen, ihren Schein abzugeben.

Chancenmanagement unterstützt die Manager in den Unternehmen dabei, Glück zu haben. Wenn die gute Vorbereitung rechtzeitig und angemessen erfolgte, dann kann man – wenn günstige Umstände auftreten (und die Welt ist voll davon, auch bzw. erst recht in schwierigen Zeiten) – den erhofften unternehmerischen Glücksfall erleben.

Ohne eine gute Vorarbeit jedoch werden wir keinen Erfolg haben können. Selbst wenn die Konstellation unseres Umfeldes günstig und vielversprechend ist, wenn wir keine Vorkehrung für unser Wohlergeben getroffen haben, kann das Glück uns nicht hold sein.

e. Das Phänomen der Zeitqualität

Gibt es noch andere Möglichkeiten, Glück zu haben? Ja, wenn man darauf achtet, wenn man instinktiv spürt, ob etwas dran ist. Wenn man ein intuitives Gefühl für die Zeitqualität entwickelt und weiß, was jetzt zu tun ist.

Alte Kulturen haben noch zwischen der Quantität und der Qualität der Zeit unterschieden. Der griechische Gott für die Zeitmenge hieß damals Cronos (übrig geblieben ist der Chronometer), der für die Qualität der Zeit war der Gott Kairos.

Weil man die Zeit damals noch nicht genau messen konnte, konzentrierte man sich einige Jahrtausende lang auf die Zeitqualität, auf den günstigen Zeitpunkt für Entscheidungen. Besonders ausgebildete „Propheten" versuchten, mit rituellen Handlungen und Beobachtungen von Naturphänomenen die Güte und die Eigenschaften der Zeit zu ermitteln. Die Priester wollten mit Hilfe angeblicher Signale und Vorzeichen aus „anderen Welten" erkennen, wann es sinnvoll war, einen Krieg zu beginnen, ob der gewählte Hochzeitstermin zwischen dem König und der Prinzessin günstig war und wann die Götter die Opfer gnädig annehmen würden.

Man kann davon ausgehen, dass, wenn die Propheten seinerzeit mit ihren Vorhersagen in der Regel falsch gelegen hätten, diese sehr schnell von der Bildfläche verschwunden wären. Doch zeigen uns viele Zeitdokumente der unterschiedlichsten Kulturepochen, dass dies nicht der Fall war. Der Gott Kairos (oder wie auch immer man in den einzelnen Kulturen den Repräsentanten der Zeitqualität nannte) hatte bis ins frühe Mittelalter große Bedeutung. Relikte aus dieser Zeit sind die Astrologie, Tarot, I Ging usw., von deren Aussagekraft nach wie vor zahlreiche Menschen überzeugt sind.

Wir wollen aber hier nicht die Sterne befragen oder die Karten legen, um herauszufinden, was uns in nächster Zeit erwartet. Es geht nur darum, auf ein Phänomen aufmerksam zu machen, welches einmal für die

Menschheit von großer Bedeutung war und uns heute eine Anregung bieten kann, es für sich selbst zu nutzen, wenn man diese Ressource bei sich wahrnimmt.

(Einer unserer Klienten hat vor zwei Jahren „gefühlt", dass die Bank sein Vermögen nicht gut verwaltet. Er konnte sich selbst nicht erklären warum, aber er verkaufte alle Aktien seines Depots und erwarb Edelmetalle. Ergebnis heute: Mit seiner intuitiven Entscheidung verhinderte er einen Kursverlust von 60 Prozent und schaffte durch seine Neuinvestition einen Vermögenszuwachs von über 100 Prozent.)

Welche Bedeutung hat die Zeitqualität heute im Geschäftsleben? Wann ist das Glück dem Manager hold? Erfolgreichen Unternehmern wird oft nachgesagt, dass sie wüssten, ob die Zeiten günstig für bestimmte Entscheidungen sind.

- Wir haben damals rechtzeitig erkannt, wir sollten ...
- Unser Gefühl sagte uns, die Zeit sei reif für ...
- Wir spürten, wenn nicht jetzt, wann dann, also ...
- Unsere Sorge war so groß, dass wir ...
- Wir nahmen an, dass jetzt die Zeit war, unsere ...
- usw.

Diese Formulierungen sind Hinweise auf die Begabung und Intuition der Entscheider, dass sie die Qualität der Zeit richtig einschätzen können.

Wenn Sie diese Zeilen lesen, dann sollten Sie die Gelegenheit nutzen, einmal innezuhalten und sich fragen: Was wäre jetzt wichtig? Was sagt mir mein Bauchgefühl, um was sollte ich mich sofort kümmern? Wenn es günstige Gelegenheiten geben sollte, wie müsste ich mich bzw. mein Unternehmen darauf vorbereiten? Wenn die günstigen Gelegenheiten kommen, haben wir dafür gesorgt, sie zu erkennen? Und wurden die Voraussetzungen geschaffen, dass wir Glück haben werden?

Weiter könnten Sie sich fragen: Müsste ich jemandem, der in ähnlicher Situation ist wie ich, einen Rat geben? Welche intuitive Empfehlung würde ich ihm geben? Vielleicht denken Sie: Das weiß ich nicht! Dabei hilft ein „therapeutischer Trick", nämlich so zu tun, als ob man es wüsste, und es dann auch sagen.

Eine gute Resonanz für die Zeitqualität kann man lernen. Dafür muss man nicht die Götter anrufen, sondern es reicht aus, achtsam zu sein. Wenn sich dann der gesunde Menschenverstand mit der Intuition paart, dann kann Ihnen das passieren, was mit den oben zitierten Aussagen charakterisiert wurde: Sie bekommen ein Gefühl dafür, was „dran" ist, um was Sie sich jetzt kümmern sollten. Sie werden wissen, welchen entscheidenden Engpass Sie lösen müssen, damit es mit Ihrem Unternehmen gut weitergehen kann. Welche glücklichen Entwicklungen können Sie mit Ihrem Team initiieren, um auch die härtesten Auswirkungen gut zu überstehen?

f. Einen Engpass nach dem anderen

So mancher Glücksfall im unternehmerischen Geschehen lässt sich auch wie folgt erklären: Es wurde zufällig oder vorsätzlich ein limitierender Engpass gelöst, der das qualitative oder quantitative Wachstum des Unternehmens bisher stark behinderte. Ein bis dahin nicht erkannter Stau von Entwicklungschancen wurde beseitigt, das fortschrittshemmende Hindernis wurde überwunden, die Chancen explodierten und konnten sich in Gewinnen materialisieren.

Justus von Liebig stellte vor mehr als hundert Jahren fest, dass Pflanzen so lange gut wachsen, bis der erste Engpass – z. B. zu wenig Phosphor oder Kalk im Boden – erreicht ist. Nur wenn diese Limitation durch Düngung beseitigt wird, kann das Getreide oder das Gemüse weiter gedeihen.

Auch in den Unternehmen gibt es unterschiedliche Faktoren, die das Wachstum beeinträchtigen. Wird einer dieser Wirkfaktoren vernachlässigt, so wird dieser mit der Zeit zum Minimumfaktor. Er wird das qualitative und quantitative Wachstum des Unternehmens beeinträchtigen, es schlimmstenfalls sogar vollkommen verhindern.

Üblicherweise entsteht durch diesen limitierenden Faktor ein energetischer Stau, der sich z. B. auch durch ein schlechtes Betriebsklima, ein negatives Betriebsergebnis oder durch ständigen Führungswechsel zeigt. Die möglichen Kräfte können sich nicht mehr entfalten, wenden sich gegeneinander, heben sich auf oder suchen sich andere Betätigungsfelder.

Behebt man diesen Engpass, so haben wir schon in der Beratung erlebt, dass das Entwicklungspotenzial des Unternehmens geradezu explodiert. Das aufgestauten Können, Wollen und Tun der Mitarbeiter kann sich entfalten und sich in verkaufsfähige Leistungen transformieren.

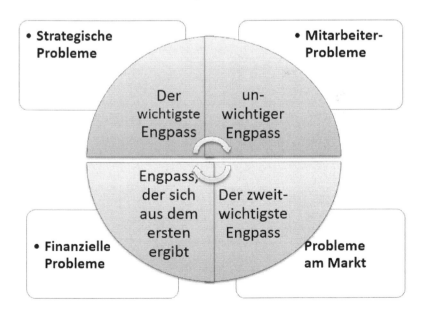

Es nützt wenig, den falschen Engpass zu lösen. Wenn der Engpass die Qualität unserer Produkte ist, der Chef sich aber liebevoll um sein Hobby „Günstige Finanzanlagen" kümmert, passiert nichts! Oder um das obige Beispiel weiterzuführen, wenn Kalk im Boden für das Wachstum benötigt wird, man aber mit Kali düngt, passiert auch nichts – im schlimmsten Falle wird der Boden vergiftet und die Pflanze geht ein.

Durch die aufgestaute negative Energie kommt es dann oft zu dem Phänomen, dass sich die Führungskräfte lieber um Dinge kümmern, die Freude machen (Ausleben des Lustprinzips), als sich in die Niederungen der limitierenden betrieblichen Schwierigkeiten zu begeben.

Eine Führungskraft hat vor allem die Aufgabe, die wachstumshemmenden Faktoren in ihrem Bereich zu erkennen und diese zu beseitigen. Und dies nicht nur, weil dadurch das Wachstum erst ermöglicht wird, sondern auch, weil solche Limitationen Zeit, Geld und Energien verschwenden, die dem Ökonomischen Prinzip (auch Ratioprinzip genannt) widersprechen. Dieses Vernunftsprinzip verpflichtet die Führung nämlich, mit gegebenen Mitteln einen größtmöglichen Nutzen zu erreichen.

In der derzeitigen schwierigen Situation muss sich das Management fragen: Was ist der limitierende Faktor, der uns daran hindert, die Wirtschaftskrise gut zu überstehen? Was sagt uns unsere Intuition? Worum müssen wir uns jetzt kümmern? Welche Vorbereitungen sind zu treffen, damit das Glück auf unserer Seite ist?

Nach unseren Erfahrungen besteht der entscheidende Engpass häufig darin, dass man nicht ausreichend informiert ist. Die Kombination der beiden Lebensregeln „Menschen treffen immer die richtige Entscheidung, entsprechend ihrem Informationsstand" und „Energie folgt der Aufmerksamkeit" erklärt, welche Bedeutung der Engpass „Informationsdefizit" hat. Bei falschem oder nicht ausreichendem Informationsstand gehen wir bei unseren Entscheidungen von falschen Annahmen darüber, was die zukünftigen Auswirkungen sein werden, aus. Was aber noch schlimmer ist: Weil die möglichen Probleme nicht unsere Aufmerksamkeit haben, kümmert sich auch niemand um die Lösung dieser vielleicht bedrohlichen Entwicklung. Die unternehmerische Tatkraft wird in Bereichen wirksam, die nicht dringlich sind, die nicht darüber entscheiden, ob wir auch noch in Zukunft erfolgreich sein werden.

g. Dürfen wir überhaupt gut sein?

Die wichtigste Aufgabe der Unternehmensführung ist es, den Mitarbeitern Zuversicht zu geben. Krisenmanager berichten immer wieder davon, dass alle Sanierungsmaßnahmen nur dann gelingen, wenn die Mitarbeiter vom Erfolg der Aktionen überzeugt sind. Welche „stillen Reserven" hier aktiviert werden können, soll nachfolgend dargelegt werden.

Wenn wir im Rahmen der Personalwirtschaft von Potenzialentwicklung sprechen, dann meinen wir in der Regel Weiterbildungs- oder Förderprogramme, die helfen sollen, die Kenntnisse und Fertigkeiten von Mitarbeitern zum Nutzen des Unternehmens zu optimieren.

Der Ansatz in diesem Abschnitt ist ein völlig anderer. Hier geht es um die Frage: Was passiert eigentlich mit den Arbeitnehmern, wenn ihre Leistungsmöglichkeiten in einem Unternehmen dadurch limitiert sind, dass nicht beachtete Engpässe die Entfaltung personeller Ressourcen verhindern? Und was hat eine Führungskraft zu leisten, damit solche Limitationen nicht unerkannt bzw. ungenutzt bleiben?

Eine spannende Frage ist: Welche Bedeutung haben solche Leistungsreserven in einem Unternehmen auf die Personalpolitik? Welchen Einfluss haben ungenutzten Mitarbeiterressourcen auf ihr Arbeitsverhalten? Wie ist das Betriebsklima, wenn diese menschlichen Leistungskapazitäten durch limitierende Engpässe an ihrer Entfaltung gehindert werden? Und nicht zuletzt: Wie können sich solche Zustände in einer Krise auswirken, in der das volle Leistungspotenzial benötigt wird?

Kann es sein, dass aufgestautes Können und Wollen implodieren, sich gegen das Unternehmen wenden und die nicht ausgelebten Talente und Fähigkeiten zweckentfremdet genutzt werden?

Was ich damit meine, soll folgendes Beispiel deutlich machen: In einer größeren Versicherungsagentur stellte sich bei einem Workshop heraus, dass deren Computer täglich bis zu zwanzig (!) Mal abstürzten. Auf meine entgeisterte Frage, warum denn das so sei, antworteten die Mitarbeiter: „Die Vernetzung ist überaltert, die Dimensionen der Leitungen sind zu gering, sie schaffen die Datenmengen der neuen Programme nicht mehr."

An dieser Stelle will ich nicht näher auf die anschließende Diskussion mit den Inhabern eingehen (die waren mindestens so entsetzt wie ich, was die Situation der internen Kommunikation deutlich machte), nur so viel: Die tägliche Ausfallzeit betrug im Schnitt mehr als zwei Stunden pro Mitarbeiter. Die dadurch entstandenen lästigen Vor- und Nacharbeiten, die inzwischen üblichen „Nebenbuchführungen" und die Missverständnisse und Doppelarbeiten hatten bewirkt, dass der Nutzungsgrad der vorhandenen Mitarbeiterkapazitäten bei etwa 20 Prozent vom Möglichen lag.

Gerufen hatte man mich allerdings als Unternehmensberater, weil die Fluktuationsrate so hoch war. Ich sollte ein Motivationstraining durchführen. Es war ohne große Schwierigkeiten zu erkennen, dass die Frustration ob dieser ständigen Arbeitsunterbrechungen der Grund für so manches Ausscheiden der Mitarbeiter war.

Wenn es stimmt, dass Menschen gut sein wollen, dann haben die Verantwortlichen in den Unternehmen dafür zu sorgen (nicht nur, weil es das Ökonomischen Prinzip verlangt, sondern auch um mögliche Mehr-Gewinne zu machen), dass dies in Erfüllung gehen kann.

Was hindert meine Mitarbeiter daran, gut zu sein? Worum muss ich mich als Abteilungsleiter kümmern, damit sich die vorhandenen menschlichen Potenziale entfalten können? Dabei geht es selbstverständlich nicht um alle Möglichkeiten, die ein Mitarbeiter in sich trägt, sondern nur um die, die letztlich für das Unternehmen interessant sind. Das sind solche, die sich entweder in verkaufsfähige Leistungen umwandeln lassen oder die zumindest den Prozess dabei positiv unterstützen.

Neulich las ich in einer Umfrage, die folgende Frage an Arbeitnehmer gestellt hatte: „Wann erbringen Sie Ihre beste Leistung bzw. überragende Ergebnisse?" Über 90 Prozent antworteten: „Wenn ich Freude an der Aufgabe habe." Mehr als zwei Drittel sind dann am besten, wenn sie ihre Kompetenzen (Potenziale) voll einbringen können, und nur knapp 20 Prozent lassen sich durch gute Entlohnung zu Höchstleistungen anspornen.

Wir wissen, dass Freude an der Arbeit viel Energie freisetzt (dies wird nur noch von der Liebe übertroffen, doch wer liebt schon seine Arbeit?). Kümmern wir uns deshalb um die konsequente Nutzung der Potenziale, weil wir dadurch für diesen gewünschten Spaß die Voraussetzungen schaffen!

h. Um Erster zu sein, reicht ein kleiner Vorsprung

Sinn und Zweck unserer Beratungen ist, dass wir den „Kümmerern" in den Unternehmen dabei helfen zu erkennen, worauf es zukünftig ankommt. Mehr von der (vielleicht bedrohlichen) Zukunft zu wissen, zu sehen und zu haben als die Konkurrenz. Das ist das, was das Management für die strategische Planung auch benötigt. Je fundierter und umfassender Ihre Annahmen oder gar Ihr Wissen über die möglichen künftigen Entwicklungen sind, desto höher ist die Qualität Ihrer operativen und strategischen Entscheidungen. Das ist ein ganz entscheidender Wettbewerbsvorteil gegenüber Ihren Mitbewerbern, vor allem in den mit Sicherheit bevorstehenden schwierigen Zeiten.

Um auf den Märkten besser zu sein als die Konkurrenz, braucht es oft nicht viel. Wie im Sport, wo der Tausend-Meter-Lauf nicht mit zehn

Metern Vorsprung gewonnen wird, reicht es auch im wirtschaftlichen Konkurrenzkampf oftmals aus, nur die berühmte Brustbreite besser zu sein.

Der entscheidende Wettbewerbsvorteil kann z. B. deshalb gewonnen werden, weil man sich besser auf die kommenden schwierigen Zeiten vorbereitet hat als die Mitbewerber, schneller Chancen erkennt und diese nutzt. Vielleicht kann die Krise Ihrem Unternehmen sogar den entscheidenden qualitativen und quantitativen Wachstumsimpuls für die kommenden Jahre geben.

Wie werden sich die Kundenwünsche in einer Krise verändern und welchen zusätzlichen Nutzen wird sie verlangen? Welche Produkte und Dienstleistungen müssen wir „krisengerecht" weiterentwickeln? Gibt es Anforderungen unserer Kunden, die wir in normalen Zeiten nicht erfüllen mussten? Werden wir in Krisenzeiten zu den Gewinnern oder zu den Verlierern zählen?

Die Antworten auf solche Fragen können uns helfen, Lösungen zu finden, bevor der Kundenwunsch überhaupt an uns herangetragen wurde. Dieser zeitliche Vorsprung, gepaart mit gut durchdachten Marketingstrategien in schwierigen Zeiten, das ist es, was hilft, besser zu sein als der Wettbewerb.

Josef Schumpeter, der österreichische Nationalökonom, sagte es kurz und eindeutig: *Die wichtigste Aufgabe des Unternehmers besteht darin, (schneller als die Konkurrenz) die Gelegenheit zu erkennen und zu nutzen!*

Eine Anekdote dazu: Zwei Wanderer gehen in den Wald, in dem es Bären geben soll. Einer der beiden zieht sich vorher Turnschuhe an – worüber der andere spottet: „Glaubst du, dass du damit schneller laufen kannst als der Bär?" Die Antwort: „Nein, aber schneller als du!"

Das nennt man gute Vorbereitung!

Als wir neulich in einem Vortrag diese Geschichte erzählten, meinte eine Teilnehmerin: „Ich werde dafür sorgen, dass in meiner Firma ein Workshop abgehalten wird, damit wir herausfinden, was zu tun ist. Dann können wir alle die Turnschuhe anziehen und der Konkurrenz in der Krise davonlaufen!"

Offensichtlich hatte diese Anekdote (oder die Reaktion der Zuhörerin) die anderen sehr beeindruckt. Am Ende der Veranstaltung wurde ich mehrfach darauf angesprochen und ein weiterer Teilnehmer meinte: „Die Geschichte vom Bären, das war für mich das Beste von allem. Jetzt habe ich begriffen, worauf es ankommt. Ich muss ja nur besser sein als meine Konkurrenten, mehr nicht. Und soweit ich weiß, haben die sich auch noch nicht auf die mögliche Krise vorbereitet, geschweige denn notwendige Maßnahmen veranlasst und umgesetzt."

Wer einmal den Prozess des krisenrelevanten Chancenmanagements in seinem Unternehmen erlebt hat und erstaunt zur Kenntnis nimmt, wie das Team mit Kreativität und Engagement arbeitet, der stellt sich vielleicht die Frage, warum es erst einer potenziellen Krise bedarf, um das Unternehmen zukunftssicher zu machen. Die Ergebnisse, die in solchen Workshops erzielt werden, sind erstaunlich. Aber noch bemerkenswerter ist, dass immer ein Ruck durch die Mannschaft geht und eine Aufbruchsstimmung entsteht, die in der Regel ausreicht, um die kommenden Aufgaben zu bewältigen.

i. Wir Zechpreller?

Das Kapitel heißt: „Wissen um Krisen". Zum Schluss möchte ich noch auf einen Aspekt hinweisen, der mir sehr am Herzen liegt:

Wir sind ja nicht nur Unternehmer, sondern auch Privatpersonen – vielleicht Familienväter mit Kindern und Enkeln, Menschen mit einem persönlichen Umfeld, wo die Krise auch ihre Spuren hinterlassen kann.

In den letzten Jahren habe ich mich immer wieder gefragt, ob unsere Kinder und Enkel überhaupt eine Chance haben, einmal in dem

Wohlstand zu leben, den wir in den letzten Jahrzehnten erlebt haben. Das Ergebnis meiner Überlegungen: Nein, die Chance werden sie nicht haben. Die Erblast, die wir ihnen hinterlassen, ist zu groß, wie sich leicht ausrechnen lässt. Die Weichen wurden in den letzten Jahrzehnten gestellt und der gesunde Menschenverstand sagt uns, dass die zukünftigen Generationen dafür büßen müssen, dass wir die Zeche geprellt haben.

Als man die staatliche Schuldenbremse diskutierte, dachte ich, die da oben hätten es endlich begriffen und fühlten sich den kommenden Generationen gegenüber verantwortlich. Doch es war wieder einmal nichts als heiße Luft – eine Beruhigungspille für die ängstlichen Bürger oder für verantwortungsbewusste Eltern. Denn wenn man diese Selbstverpflichtung erst im Jahre 2016 bzw. 2020 in Kraft setzt und gar nicht so richtig darstellt, was unter „Schulden machen" fällt und was nicht, kann man sich ungefähr vorstellen, wie hoch dann die Schuldenlast sein wird.

Wir vergessen oft, dass der Staat eine Fiktion ist, eine virtuelle Organisation, die weder Vermögen noch Geld besitzt. Diese Organisation verwaltet das Vermögen der Bürger, und wenn der Staat Geld braucht, weil er Aufgaben – egal ob für Schulen, Straßen oder Bundeswehr – zu bewältigen hat, dann muss er sich das von seinen Bürgern besorgen.

Das ist so ähnlich wie mit den Banken und den Versicherungen. Als ich neulich meine Söhne vom Bahnhof in Frankfurt abholte, fragte mich Felix: „Sag mal, Papa, wem gehören eigentlich diese Hochhäuser?" Meine Antwort: „Den Banken, Versicherungen und sogenannten Fonds." Darauf meinte er: „Die müssen aber viel Geld haben, oder?" Ich: „Nein, die haben überhaupt kein Geld, nur das von ihren Kunden!" Das hat ihn ziemlich verwirrt, aber ihm die Zusammenhänge zu erklären, wäre ähnlich schwierig gewesen wie die finanzpolitische Situation der Bundesrepublik.

Nein, unsere Kinder haben keine Chance. Wir leben über unsere Verhältnisse und bürden den zukünftigen Generationen die Lasten auf. Ob sie diese tragen können? Wenn sie gute Startbedingungen haben, vielleicht, doch wie es momentan aussieht, wohl kaum. Wir haben ihnen, anders als unsere Eltern uns, nicht den Weg in eine bessere Zukunft vorbereitet.

Eine Karikatur brachte es neulich auf den Punkt: Ein Großvater geht mit seinem Enkel einkaufen. Der Laden heißt „Wohlstand" und beim Rausgehen ruft der Opa dem Verkäufer zu: „Schreiben Sie es an, wie immer, mein Enkel wird es irgendwann bezahlen!" Im Gesicht des Kindes steht das blanke Entsetzen!

Wir leben auf Kosten unserer Kinder und Enkel, denn ein Staat kann keine Schulden machen. Das kann er nur im Namen seiner Bürger, die er verpflichtet, für diese Schulden einmal aufzukommen und sie zurückzuzahlen. Sei es in Form von Steuern und Abgaben oder durch andere Möglichkeiten, auf jeden Fall geht dies zu Lasten des privaten Vermögens.

All dies ist eine ziemliche Unverschämtheit von uns! Warum muten wir unseren Nachkommen zu, dass sie die Suppe auslöffeln, die wir ihnen eingebrockt haben? Unsere Kinder werden genug Probleme mit den von uns ebenfalls verursachten Klimaveränderungen, dem Rohstoffmangel oder den Auswirkungen der Globalisierung haben. Ist es wirklich notwendig, dass wir als Zechpreller in die Geschichte eingehen und unsere unbezahlten Rechnungen vererben?

Nun gibt es einige ernstzunehmende Experten, die nicht befürchten, sondern darauf hoffen, dass als einziges probates Mittel eine umfassende Währungsreform die Lösung ist. Es wird einfach eine „Null" weggestrichen, wir haben nicht mehr 100.000 Euro Vermögen, sondern nur noch 10.000. Alles ist (fast) wieder im Lot. Wir hätten unsere Schulden bezahlt und alles finge wieder von vorn an. Der Staat (wer immer es auch ist) könnte zwanzig oder dreißig Jahre weitermachen wie bisher und unsere Nachkommen hätten faire Startchancen. Es braucht nur einen Anlass für eine Währungsreform, der dazu berechtigt, diesen dramatischen Schritt zu gehen. Doch auch diesen sehen die Experten schon am Horizont, ich nenne es das Wetterleuchten der Währungsreform.

Anlässe können das Defizit von über zig Billionen in den USA sein, EU-Länder, die eigentlich schon pleite sind, oder die Tatsache, dass es einfach von unserem Staat nicht mehr finanziert werden kann, was die Banken, Unternehmen, Länder oder Gemeinden an finanziellen Mitteln benötigen, um zahlungsfähig zu bleiben.

Ich schließe mich der Meinung dieser Experten an. Lieber ein Ende mit Schrecken als ein Schrecken ohne Ende. Solange die Politiker dann vom Sparen sprechen, wenn sie mal weniger Schulden machen als geplant, ist mir um die Zukunft meiner Kinder und Enkelkinder angst und bange. Denn die Situation erinnert mich an den Witz, dass einer aus dem zwanzigsten Stock fällt und beim Abstürzen, als er am zehnten Stock vorbeikommt, denkt: Eigentlich ist doch gar nichts passiert, es geht noch immer vorwärts.

Es gibt zurzeit eine grundsätzliche Haltung der politischen Wirtschaftsexperten: Bei der Beurteilung der aktuellen Situation und erst recht bei dem, was wahrscheinlich kommen wird, sind sie hoffnungsvoll und vertrauensselig optimistisch. Das kommt an! Wenn der gesunde Menschenverstand einem etwas anderes signalisiert, wird man schnell als Schwarzmaler bezeichnet, der alles kaputtredet. Solche Amateur-Experten sind zurzeit nicht beliebt.

Vielleicht ist auch Ihnen inzwischen aufgefallen, dass man nur das zugibt, was nicht mehr zu verheimlichen ist. So wird das europäische negative Wirtschaftswachstum von Monat zu Monat immer größer. Waren das noch Zeiten, als der Finanzminister der EU (oder wie immer er/sie sich nennt) den besorgten Bürger klarmachte: „Europa ist gut aufgestellt, wir halten eine wesentliche Korrektur unserer Prognosen zurzeit nicht für notwendig." Doch das ist schon ziemlich lange her.

3. Charakteristik und Bedeutung von Krisen

Wir hatten festgestellt, dass das Beschaffen von entscheidungsrelevantem Zukunftswissen um das Thema „Weltwirtschaftskrise" der erste Engpass ist, den es zu lösen gilt. Dieses mögliche Defizit wollen wir mit Ihnen in den nächsten Kapiteln erledigen. Denn erst wenn Sie einen genauen Überblick über das Mögliche und das Kommende haben, können wir uns dem konkreten Chancenmanagement in der Krise widmen und herausarbeiten, welchen Leuchtturm Sie bauen sollten, mit welchen Bedrohungen Sie rechnen müssen, welche Chancen sich ergeben können und was zu tun ist, um diese zu nutzen.

a. Krisen sind unternehmerischer Alltag

Wahrscheinlich befinden sich ständig zwei Drittel aller Unternehmen in Deutschland in irgendeiner Krise. Sei es in einer Ertragskrise oder in einer Absatzkrise; vielleicht kriselt es in der Führungsebene oder es bahnt sich eine finanzielle Krise an, weil die Bank die Kreditlinie nicht erweitern will (was bei der momentanen Situation der Banken nicht wundert). Es können aber auch personelle Krisen sein, die es zu bewältigen gilt, oder Probleme im Bereich Entwicklung, Marketing, Controlling oder Produktion, weil man nicht rechtzeitig Schwachstellen erkannt hat. Kriseln kann es letztlich überall!

Krisen gehören also zum Alltag des unternehmerischen Daseins und stellen die Mitarbeiter ständig vor neue Herausforderungen. Und weil – wie schon Schiller sagte – der Mensch mit seinen höheren Zwecken wächst, sind Krisen an und für sich nichts Schlimmes. Im Gegenteil, sie fordern uns heraus und ermöglichen Wachstum.

b. Was sind Krisen?

Aber was sind eigentlich Krisen? Was bedeutet eine weltweite Finanzkrise, eine Wirtschaftskrise und ab wann ist eine betriebliche Schwierigkeit eine „richtige" Unternehmenskrise?

Im Allgemeinen versteht man unter einer Krise einen Zustand akuter Schwierigkeiten bzw. den Abschnitt einer entscheidenden Situation. Der Begriff „Krise" stammt aus dem Altgriechischen und bedeutet: Entscheidung, Zuspitzung und Wendepunkt. Bezogen auf die derzeitige Situation ist klar: Wir sind an einem Wendepunkt einer Entwicklung. Ob diese Entwicklung gefährlich, spannend oder herausfordernd ist, wird sich für jedes Unternehmen zeigen. Doch egal welche Haltung man zu der sich abzeichnenden Situation hat, ein Handlungsbedarf steht an. Entscheidungen müssen getroffen werden und es ist offensichtlich: So wie bisher geht es „wahrscheinlich" nicht mehr weiter.

Wenn das Althergebrachte sich aufgebraucht hat, entstehen Chancen des Neuen. Wir leben in dieser Zeit der Wende und der Punkt ist erreicht, wo sich die wirtschaftliche Situation in der Wirtschaftswelt neu ordnen muss. Die Medien berichten derzeit täglich von neuen Maßnahmen und Verordnungen, die von Politikern und Wirtschaftsorganisationen beschlossen werden, um die Voraussetzungen für diese neue Ordnung zu schaffen.

Krisen können sehr unterschiedliche Dimensionen annehmen. Es gibt Krisen, die betreffen nur einen einzelnen Menschen, z. B. wenn dieser krank wird. Eine Familienkrise kann entstehen, wenn der Vater seinen Arbeitsplatz verliert. Es ist eine regionale Krise, wenn Nokia in Bochum ein Werk schließt oder der Weinbau an der Mosel durch die Reblaus bedroht wird. Island, Griechenland, Italien, Portugal, Spanien, Frankreich usw. haben zurzeit eine nationale Krise, möglicherweise werden weitere Länder folgen. In diesem Buch werden die möglichen Auswirkungen einer Weltwirtschaftskrise für die Unternehmen aufgezeigt und wie man sich darauf vorbereitet bzw. wie man sie bewältigen kann. Unschwer zu erkennen ist, dass die Zahl der Betroffenen in diesen Beispielen ständig steigt, ebenso wie die Intensität und die Auswirkungen.

c. Krisen als Wegweiser für Chancen

Krisen und Bedrohungen sind Wegweiser zu günstigen Gelegenheiten (Entscheidungsphasen bzw. Wendepunkte zu etwas Neuem) und – da wir die Zukunft gestalten können – auch zu etwas Besserem. Krisen sind sozusagen die Vorläufer für Chancen!

Unter einer Chance versteht man die Möglichkeit des Eintritts eines Nutzens. Ob man von Gefahr oder Chance spricht, hängt nicht von der Eintrittswahrscheinlichkeit eines bedrohlichen Ereignisses, sondern von der persönlichen Einschätzung ab, wie man die Folgen des Ereignisses bewertet, ob eher negativ (Krise) oder eher positiv (Chance). Das erkannte schon Epiktet vor mehr als zweitausend Jahren: „Menschen werden nicht durch Dinge beunruhigt, sondern durch die Ansichten, die sie darüber haben!"

d. Was sind Finanz- und Wirtschaftskrisen?

Finanzkrisen sind größere Verwerfungen im Finanzsystem, die durch einen Rückgang der Vermögenspreise und die Zahlungsunfähigkeit zahlreicher Unternehmen der Finanzwirtschaft und anderer Branchen gekennzeichnet sind und die die ökonomische Aktivität in einem oder mehreren Ländern beeinträchtigen. (Quelle: Wikipedia)

Hier soll nicht näher auf die Ursachen und Auswirkungen einer Finanzkrise eingegangen werden, die Medien waren in den letzten Monaten und Jahren voll davon, im Übrigen wird auf das Literaturverzeichnis im Anhang verwiesen.

Als Wirtschaftskrise bezeichnet man in der Volkswirtschaftslehre die Phase einer deutlich negativen Entwicklung des Wirtschaftswachstums. Eine Wirtschaftskrise kann einzelne oder mehrere Volkswirtschaften oder sogar die gesamte Weltwirtschaft betreffen. Die von einer Wirtschaftskrise betroffenen Volkswirtschaften leiden zumeist an sozialen Folgen wie Arbeitslosigkeit, Verarmung breiter Gesellschaftsschichten oder sozialen Unruhen.

Man unterscheidet drei Ausprägungen einer Wirtschaftskrise: Stagnation, Rezession und Depression.

Als Stagnation bezeichnet man eine Phase, in der eine Volkswirtschaft nicht wächst. In einer Rezession schrumpft nach allgemeiner Definition der volkswirtschaftliche Output über mindestens zwei aufeinanderfolgende Quartale. Als Depression bezeichnet man eine lang andauernde Rezession.

Die Gründe für Wirtschaftskrisen sind vielfältig. Zum einen können sie ausgelöst werden durch eine mangelnde volkswirtschaftliche Nachfrage, dies wiederum kann zurückzuführen sein auf einen starken Rückgang der Kaufbereitschaft der Konsumenten (auch als Konsumstreik bezeichnet). Diese wiederum hängt ab vom Vertrauen der Konsumenten in die zukünftige wirtschaftliche Entwicklung (d. h. Wachstumsaussichten, Sicherheit des eigenen Arbeitsplatzes etc.).

Auch Rohstoffverknappungen (z. B. in Form eines Ölpreisschocks) führen zu einer Zurückhaltung der Konsumenten. Wachstumskrisen können auch von der Angebotsseite her begründet werden: So kann der Abbau bestehender hoher Überkapazitäten (die sogenannte Strukturkrise) zu oben beschriebener Unsicherheit und einem Rückgang der Gesamtnachfrage führen. (Quelle: Wikipedia)

e. Was lehrt uns die Vergangenheit über Wirtschaftskrisen?

Finanz- und Wirtschaftskrisen hat es in der Vergangenheit mit schöner Regelmäßigkeit gegeben. (Experten behaupten sogar, dass bei uns nach zwei Generationen eine Krise längst wieder fällig sei.)

Es ließe sich sicher ein Buch auch darüber schreiben, warum es zu diesen Krisen kam, was passierte und was nicht, was man hätte tun müssen, aber nicht getan hat. Die in der Vergangenheit gemachten Erfahrungen fließen offensichtlich nur bedingt in die heutigen wirtschaftspolitischen Entscheidungen ein. Wer will auch als EG-Kommissar, als Bundeskanzler oder Wirtschaftspolitiker für den Beginn eines Crashs, einer Rezession oder gar einer Währungsreform verantwortlich sein?

Hier drei Zitate, was die Lernfähigkeit in Sachen Krise kennzeichnet. Diese Erfahrungen wurden bei der letzten Weltwirtschaftskrise vor ca. achtzig Jahren gemacht, lassen sich aber auch auf unsere heutigen Verhältnisse übertragen:

- *Im Jahre 1929 hat die Krisis die meisten Menschen wie ein Blitzschlag getroffen – und den Amerikanern innerhalb weniger Tage die Vorstellung von ihrem Land und Volk der „unbegrenzten Möglichkeiten" hinweggefegt, in den Deutschen die angstvolle Erinnerung an die erst wenige Jahre zurückliegende Inflation geweckt.* W. Treue, 1967

- *Der entscheidende Augenblick der Konjunkturpolitik liegt nach meinem Dafürhalten allerdings nicht in der Krise, sondern vor der Krise. Ich glaube nicht, dass wir wirtschaftspolitisch in der Krise sehr viel, sehr Entscheidendes zu ihrer Überwindung tun können. Wenn man die Missverhältnisse in der Aufschwungperiode sich so weit und so ungehemmt hat entfalten lassen [...] dann ist es kaum möglich, diese Krise während ihrer Dauer selbst abzubremsen.* F. Napthali, 1932

- *Die schlimmste Erscheinung der gegenwärtigen Krise ist, dass die Weisheit aller Politiker und Finanzleute vollkommen versagt hat.* Dr. Roman Boos, 1932

Eines lehren uns diese Zitate: Man hat schon damals versäumt, die Krise als Chance zu begreifen, die Hinweise auf günstige Gelegenheiten zu spät oder gar nicht beachtet, und wenn man sie endlich wahrgenommen hat, dann hat man offensichtlich falsch reagiert.

Auch die momentanen wirtschaftspolitischen Vorschläge der Politiker, von Geschenkgutscheinen für die Bürger bis hin zu Bürgschaften oder finanzielle Hilfen für marode Unternehmen oder Banken (inzwischen sogar für Pleiteländer in der EG), die ihre Existenzberechtigung in den letzten Jahren verspielt haben, zeigen nicht unbedingt große volkswirtschaftliche Weisheit. Man möchte lieber die Warnlampen rausschrauben oder zukleben, bevor man sich an die unangenehme Arbeit macht und den Motor auf Fehler untersucht und repariert. Dabei leuchtet das Warnsignal nicht erst seit gestern auf, sondern schon seit Jahren.

Deshalb ist es mehr oder weniger logisch und konsequent, dass wir uns heute in dieser Situation befinden. Oder umgekehrt, es wäre unlogisch und würde gegen alle finanz- und volkswirtschaftlichen Erkenntnisse und Regeln verstoßen, wenn es anders wäre.

Das Drama der derzeitigen Situation ist, dass man nur nach Lösungen sucht und diese umsetzt, durch die man sich noch mehr verschuldet. Dabei beträgt der Schuldendienst im Bundeshaushalt schon mehr als 40 Prozent des Steueraufkommens. Die Schwierigkeit liegt darin, dass man den Teufel mit dem Beelzebub austreiben will, was bekanntlich nicht funktioniert.

Auch hier galt und gilt immer noch der Grundsatz: Es wäre einfacher gewesen, die Zeichen der Zeit zu erkennen und die Krise zu verhindern, als sie zu leugnen (wie unser Finanzminister und diverse Bankvorstände es getan haben) und sie jetzt, wo sie da ist, mit viel Geld und Mühe zu lösen.

f. Zurück in die Zukunft – alles schon mal da gewesen?

Manchmal kann man aus der Vergangenheit sehr gut erkennen, wie wahrscheinlich die Zukunft sein wird. Vor allem dann, wenn die Umstände und Bestimmungsfaktoren der Gegenwart sich mit den historischen Ereignissen vergleichen lassen.

Unser Finanzwachstum und unser scheinbarer Reichtum beruhen nicht auf echter Wirtschaftsleistung, sondern auf bloßer Geldmengenvermehrung – dem sogenannten „fiat money", wie Finanzkreise diese Form von Geld treffend bezeichnen (die Bezeichnung wurde abgeleitet von dem göttlichen Befehl „fiat lux", „Es werde Licht", weil die Zentralbanken auch aus dem Nichts Geld schaffen.). Tatsache ist, dass die Güterproduktion in den letzten dreißig Jahren um das Vierfache, die Geldmenge aber um mehr als das Fünfzigfache gestiegen ist. Man muss nicht unbedingt Volkswirtschaftslehre studiert haben, um zu erkennen, dass dieses Ungleichgewicht in eine ökonomische Katastrophe führen muss. Es ist ein Wunder, dass wir keine Hyperinflation haben.

Fest steht, wenn man 1929 mit heute vergleicht, dass ...

1. die Daten der Weltwirtschaft wieder auf eine notwendige Korrektur hinweisen,
2. die weltwirtschaftliche Situation immer dramatischer wird und die tatsächlichen Fakten nur zögernd preisgegeben werden,
3. die Parallelen und Daten zur Weltwirtschaftskrise 1929–1930 frappierend und besorgniserregend sind,
4. es sehr viele Anlässe geben kann (die nicht in der Hand der Finanzwirtschaft oder der Politiker liegen), die unterschiedlichsten Blasen zum Platzen zu bringen und schließlich,
5. man fast hoffen muss, dass die Krise möglichst bald kommt, damit der wirtschaftliche Absturz nicht zu dramatisch wird.

Bei der Frage, was auf uns zukommt, ist es hilfreich, einmal zu schauen, was vor rund achtzig Jahren passierte – als die letzte Weltwirtschaftskrise – ökonomisch und gesellschaftlich betrachtet – keinen Stein auf dem anderen ließ.

Zusammengefasst passierte Folgendes:

Im Winter 1929/30 geriet Deutschland in den Strudel der sich aus dem Zusammenbruch der New Yorker Börse im Oktober 1929 entwickelnden Weltwirtschaftskrise. Der Kapitalstrom nach Deutschland versiegte, als die für die deutsche Wirtschaft so wichtigen Devisen im Wert von mehreren Milliarden Reichsmark abgezogen wurden.

Nachdem im Juli 1931 eine der Berliner Großbanken illiquide geworden war, kam auch noch ein massenhafter Ansturm der Bevölkerung auf die Banken hinzu. Diese mussten am 13. Juli 1931 ihre Zahlungen einstellen. Die Kreditorenbeträge sanken im Juni/Juli um 21,4 Prozent. Um die Bankenkrise zu überwinden, wurden die Banken für mehrere Tage geschlossen und der Kontrolle der Regierung unterstellt. Auch die Börse blieb monatelang geschlossen – Kredite und Neuinvestitionen waren so monatelang unmöglich.

Der deutsche Warenexport sank in demselben Zeitraum von 13,5 auf 5,7 Milliarden Reichsmark, da der Außenhandel ebenso rapide zurückging wie die Industrieproduktion des Deutschen Reiches, die um ca. 40 Prozent fiel.

Zwischen September 1929 und Anfang 1933 stieg die Zahl der Erwerbslosen in Deutschland von 1,3 auf über 6 Millionen. Zusammen mit den Angehörigen lebten im Herbst 1932 über 23 Mio. Deutsche von Arbeitslosengeld und Sozialhilfe, die vielfach jedoch nicht einmal das Existenzminimum deckten.

Armut und Kriminalität nahmen sprunghaft zu. Massenverelendung kennzeichnete in der Wirtschaftskrise das Alltagsleben breiter Bevölkerungsschichten.

Zur Wirtschaftskrise trat in Deutschland eine schwere politische Krise hinzu: Sie war im Wesentlichen gekennzeichnet durch folgende Faktoren: Abbau des Sozialstaates, Zurückdrängung des Parlaments und Zunahme autoritärer Regierungsge-

walt, rigorose Sparpolitik und Erstarken der nationalsozialistischen Bewegung –
1933 wurde Hitler Reichskanzler. (Quelle: Wikipedia)

g. Eine von vielen Familiensituationen in den dreißiger Jahren

Diese Darstellung der Weltwirtschaftskrise war allgemein und abstrakt. Deshalb möchten wir die damalige Situation noch an einem praktischen Beispiel darstellen, nämlich an dem Unternehmer Max Schulze und seiner Familie, die 1930 in der Nähe von Frankfurt am Main lebten. Grundlage des fiktiven Familiendramas ist das Buch von Wilhelm Treue: „Deutschland in der Weltwirtschaftskrise in Augenzeugenberichten".

Max Schulze ist verheiratet und hat zwei Kinder. Er selbst ist Kaufmann oder – wie man es in dieser Zeit nennt – Fabrikant. Von seinem Vater hat er eine kleine Fabrik geerbt, die Werkzeuge für die Schuhindustrie in Offenbach herstellt. Er beschäftigt 25 Mitarbeiter in der Fabrik, 5 im Büro und außerdem etwa 10 Handelsvertreter.

In seiner Gemeinde ist er ein angesehener Mann, der in diversen Vereinen tätig ist und so manche großzügige Spende gemacht hat, damit einige soziale Projekte wie Altenspeisung, Kinderferien oder Näh- und Kochkurse für junge Mädchen stattfinden können. Seit Generationen gehört die Familie Schulze zu den Honoratioren der kleinen Stadt, deshalb ist es auch kein Wunder, dass Max Schulze die Tochter des ehemaligen Landrates geheiratet hat.

Die Krise bricht erst 1931 über das Unternehmen wie der Blitz aus heiterem Himmel herein. Erst geht einer der wichtigsten Kunden in Konkurs, die Außenstände an diese Firma sind uneinbringlich. Dann geht es Schlag auf Schlag, erst stürzt der Absatz der Produkte dramatisch ab, weil der Wettbewerb zu Dumpingpreisen verkauft, um zu überleben, und die Kunden, selbst in finanziellen Schwierigkeiten, erst einmal ihre Vorräte an Werkzeugen aufbrauchen. Schließlich zieht die Bank die Notbremse und kündigt ihm die Kredite, weil sie annimmt, dass die Fabrik Schulze & Sohn bald zahlungsunfähig werden wird.

Das ist auch so. Innerhalb von drei Monaten lässt die Bank alles versteigern und der Fabrikant Schulze, der erst vor wenigen Monaten sein Haus und sein sonstiges Vermögen der Bank als Sicherheit übertragen hat, weil er als königlicher Kaufmann die Verantwortung für das Desaster übernehmen wollte, ist nun bettelarm. Da helfen ihm auch nicht seine Beziehungen und seine honorigen Freunde, denn die kämpfen auch alle ums Überleben.

Die Familie Schulze zieht in eine Zweizimmerwohnung, die ihr ein früherer Mitarbeiter besorgt hat. Was sie nicht mehr brauchen, versucht Herr Schulze zu verkaufen – aber keiner will irgendwelche alten Möbel oder Kleider haben.

Herr Schulze erhält nun 15 Reichsmark und 85 Pfennige pro Woche Arbeitslosenunterstützung. Frau Schulze erklärt an einem Abend ihrem Mann: 85 Pfennige bekommst du für Tabak. Für die Miete bezahlen wir 5 Mark, Gas und Wasser kosten 90 Pfennig, 80 Pfennig für Ratenzahlung für die Jacke unseres großen Kindes. 2 Mark brauche ich, um meine mittellosen Eltern zu unterstützen, die eine winzige Rente beziehen. Es bleiben also 7 Mark 30 – davon müssen wir vier eine Woche lang auskommen.

Im Wesentlichen gibt es bei Familie Schulze nur Kartoffeln und Brot. An dem Tag, an dem sie das Stempelgeld vom Arbeitsamt kriegen, kaufen sie ein bisschen Wurst. Dafür hungern sie aber die beiden letzten Tage in der Woche – vor allem Herr Schulze.

Die Nachbarn haben sich das Leben genommen, weil sie nicht mehr wussten, wie sie sich ernähren sollten. Im Laufe der letzten Monate haben sie alle Wertsachen gegen Lebensmittel eingetauscht – jetzt hatten sie nichts mehr.

Jeden Morgen geht Max Schulze zum Arbeitsamt, um eine Stelle zu finden – meistens kommt er gar nicht bis zum Schalter, weil die Schlange der Wartenden so lang ist.

Frau Schulze will ein Zimmer vermieten, um 2 Mark in der Woche mehr zu haben. Dann müssten die Kinder auf dem Flur schlafen und sie mit ihrem Mann in der großen Küche.

Der große Junge geht jeden Tag in der Umgebung Holz sammeln und verkauft es an einen Händler. Für einen Sack gibt es 20 Pfennig. Doch meistens wird er von anderen Sammlern verjagt und dann kommt er ohne Geld nach Hause.

Max Schulze ist sehr deprimiert, kann sich mit der neuen Situation überhaupt nicht abfinden und hat ständig Streit mit seiner Frau. Früher kam er frisch und munter nach Hause, aß zu Abend und ging dann noch zu irgendwelchen Versammlungen oder traf sich mit seinen Unternehmerkollegen. Heute sitzt er in der Küche herum, raucht und trinkt Schnaps. Deshalb hat die Familie noch weniger Geld.

Das kleinste Kind – fast noch ein Baby von 8 Monaten – ist schwer erkrankt, weil es unterernährt ist. Für einen Arztbesuch und die Medikamente haben sie aber kein Geld. Als das Kind stirbt, ist Frau Schulze irgendwie froh, dass sie diese Last nicht mehr hat.

Gestern hat Max Schulze mit einem Kumpel versucht, in ein Lebensmittelgeschäft einzubrechen, um Brot und Fleisch zu stehlen. Doch sie sind erwischt worden. Jetzt muss er damit rechnen, eingesperrt zu werden. Und vor allem: Vorbestrafte bekommen überhaupt keine Arbeit.

Frau Schulze überlegt, das Angebot ihrer Freundin anzunehmen und in einer schmuddeligen Bar zu arbeiten, wo man angeblich an einem Abend fast 1 Mark verdient. Irgendwie muss sie ja die Familie durchkriegen, zumal ihr Mann sich versteckt hält, um nicht bestraft zu werden.

Der neue Mieter hält in seinem Zimmer einige Karnickel, dafür sammelt der Junge Löwenzahn am Straßenrand. Der Mieter hat versprochen, ihnen am Monatsende ein Kaninchen zu schenken. Sie könnten alle ein Stück Fleisch gut gebrauchen, manchmal kann der Junge nicht zu Schule gehen, weil er zu schwach ist.

Gestern sind einige Männer zum Brikettlager gezogen und haben die kostenlose Herausgabe von Kohle gefordert. Und tatsächlich, bevor die Polizei kam, konnten die meisten mit ein paar Briketts wieder abziehen. Max war auch dabei und war mächtig stolz, als er einen Sack voll Kohle brachte.

Die Mutter von Frau Schulze ist gestorben, ihr Vater liegt im Bett und rührt nichts mehr an. Er will auch sterben.

Max Schulze ist verschwunden, jetzt ist Frau Schulze mit ihrem Sohn allein. Die Arbeitslosenunterstützung ist gestrichen worden, sie bekommt nur noch 6 Mark in der Woche Sozialhilfe. Morgen Abend will sie mit ihrer Freundin das erste Mal in die Bar gehen – was bleibt ihr anderes übrig.

h. Die Bedeutung einer Weltwirtschaftskrise

Eine Weltwirtschaftskrise ist in ihrer Bedeutung nicht mit einem plötzlichen Stromausfall oder dem Absturz der EDV-Anlage vergleichbar. Sie verlangt mehr, als nur einen internen Katastrophenplan durch Vorstand oder Führungsteam in Kraft zu setzen, um auf ein potenzielles Desaster angemessen zu reagieren und um die gesetzlichen Anforderungen zu erfüllen.

Wenn wir von einer Weltwirtschaftskrise bzw. von einem Crash sprechen, dann ist zu befürchten, dass sich dieser u. a. durch folgende Merkmale ausdrücken wird (so zeigen die Erfahrungen aus den diversen Crashs in Argentinien, Ungarn, Russland usw.):

- Die Krise erfolgt plötzlich, es braucht keinen finalen Anlass. Weil die Vorzeichen ignoriert wurden, werden die Menschen überrascht sein.

- Politiker und Wirtschaftsexperten werden zuvor immer wieder behaupten: Es ist alles im grünen Bereich, wir haben alles im Griff! (So wurde es von den Verantwortlichen z. B. in Griechenland, Spanien und Portugal auch bis zum Schluss erklärt.)

- Das Sparvermögen wird letztlich, um der Krise Herr zu werden, um ca. die Hälfte entwertet, sei es durch Inflation oder durch eine Währungsreform.

- Etwa ein Drittel der kleineren und mittelständischen Unternehmen gehen in Konkurs.

- Die Arbeitslosenquote verdoppelt sich.

- Es ist mit zusätzlichen steuerlichen Belastungen zu rechnen (Reichensteuer).
- Subventionen für Forschung und Entwicklung werden drastisch reduziert.
- Rohstoff- und Energiekosten steigen mindestens um das Drei- bis Fünffache, weil die Schwellenländer bereit sind, den Mehrpreis zu zahlen.
- Es gibt erhebliche Schwierigkeiten in der Versorgung der Bürger mit Lebensmitteln.
- Viele kostenlose staatliche Sozialleistungen werden erheblich reduziert.
- Die innere Sicherheit ist stark gefährdet.
- Das alles dauert mindestens drei bis fünf Jahre an.

Das eine oder andere Merkmal kann größer oder geringer ausgeprägt sein, doch insgesamt, so zeigen die Erfahrungen der Vergangenheit und die der Krisen in anderen Ländern, wird es so kommen.

i. Wirtschaftskrisen können nicht verhindert, nur verschoben werden!

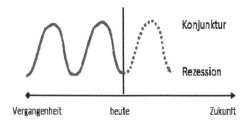

Eine Weltwirtschaftskrise kann der volkswirtschaftliche GAU für eine ganze Nation sein und deshalb müssen auch die staatlichen Vorsorgestrategien rechtzeitig, sorgfältig und angemessen überlegt und umgesetzt werden. Eine Wirtschaftskrise – und wir sind ja mittendrin – ist kein Ereignis, welches verhindert werden kann. Es kann nur verzögert werden, mehr nicht. Und je länger und intensiver man den Abschwung verhindert, desto mehr baut sich das Potenzial für eine lange und dramatische Rezession auf.

Die normale wirtschaftliche Entwicklung geschieht in Form von Auf- und Abschwüngen. Konjunktur und Rezession wechseln sich ab. Lässt man die Kräfte sich frei entfalten und steuert nur behutsam die möglichen „Ausreißer", so sind die Zyklen zwar spürbar, aber nicht bedrohlich.

In den letzten Jahrzehnten hat man erfolgreich diese Zyklen beeinflusst oder, anders ausgedrückt, manipuliert. Die Abschwünge, die Rezessionen, wurden durch „wirtschaftspolitische Maßnahmen" verhindert.

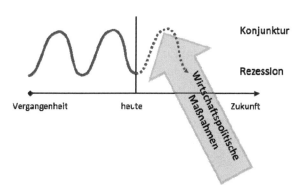

Den Crash zu prophezeien, ist fast so „hellseherisch" wie die Aussagen „Irgendwann wird es wieder regnen" oder „Heute Abend wird es dunkel werden". Die Problematik liegt ganz einfach darin, dass man diesen natürlichen Rhythmus in den letzten Jahrzehnten künstlich verhindert hat.

Der Wiener Wirtschaftswissenschaftler Ludwig von Mises (1883–1973) hat es auf den Punkt gebracht: *Es gibt keinen Weg, den finalen Kollaps eines Booms durch Kreditexpansion zu vermeiden. Die Frage ist nur, ob die Krise früher durch freiwillige Aufgabe der Kreditexpansion oder später zusammen mit einer finalen und totalen Katastrophe des Währungssystems kommen soll.*

j. Was sind Unternehmenskrisen?

Unternehmenskrisen sind ungeplante und ungewollte Prozesse von begrenzter Dauer und Beeinflussbarkeit sowie mit ambivalentem Ausgang. Sie sind in der Lage, den Fortbestand der gesamten Unternehmung substanziell und nachhaltig zu gefährden oder sogar unmöglich zu machen. Dies geschieht durch die Beeinträchtigung bestimmter Ziele, deren Gefährdung oder sogar Nichterreichung gleichbedeutend ist mit einer nachhaltigen Existenzgefährdung oder -vernichtung. Ulrich Krystek

Unternehmenskrisen sind eine starke Aufforderung zum Umdenken und zum Lernen. Dabei ist das Erkennen und Akzeptieren von krisenhaften Unternehmenssituationen oft der erste und schwierigste Schritt dieses Lernprozesses. Krisen, die nicht bewältigt werden, kehren in gleicher oder ähnlicher Form auf einer anderen Ebene oder in anderen Situationen wieder zurück, und zwar so lange, bis sie endlich gelöst wurden.

Misserfolge sind Wegweiser, dass es so nicht (mehr) funktioniert. Diese durchaus erkennbaren Hinweise häufen sich, wenn man nicht darauf reagiert, was nichts anderes bedeutet, als dass sich eine existenzielle Unternehmenskrise durch viele kleine und ungelöste Probleme ankündigt. Wenn diese Probleme nicht bearbeitet werden, dann ist es folgerichtig und logisch, dass sie sich vergrößern, sich vernetzen und in ihren Auswirkungen kaum noch zu bewältigen sind.

Viele Untersuchungen haben ergeben, dass in der Mehrzahl der Fälle Unternehmenskrisen durch Fehlentscheidungen der Unternehmensführung hervorgerufen wurden. Entweder wurden sich verschlechternde Kennzahlen einzelnen (sich angeblich nicht wiederholenden) Ereignissen zugeordnet oder man hatte das Problem, seine Fehler vor den Beteiligten einzugestehen und sie auf Umstände, Konkurrenz oder andere angeblich nicht beeinflussbare Umfeldbedingungen geschoben.

Die zukünftigen Unternehmenskrisen – wir haben es bereits ausgeführt – haben wahrscheinlich keine hauseigene Ursache. Die möglichen Fehler des Managements liegen höchstens darin, nicht rechtzeitig die denkbaren Bedrohungen erkannt oder nicht ausreichend vorgesorgt zu haben. Oder sie haben zu lange gehofft, dass der „Kelch" am Unternehmen vorbeigeht. Wer die Macht zur Veränderung hat, der trägt auch die Verantwortung dafür, wenn die notwendigen Entscheidungen nicht gefällt werden und deshalb nichts passiert.

Wer die Schuld von sich weist, sich entschuldigt, der hat auch keinen Grund, sein Verhalten zu verändern. Wer die Schuld bei anderen sucht, der ignoriert die Chance, die Situation selbst zu verändern. Wir sollten froh sein, wenn wir schuld sind, nur dann haben wir auch die Chance der Korrektur. Wenn jemand anders schuld ist, können wir nur hoffen oder animieren, dass dieser Schuldige reagiert und seinen Fehler richtigstellt.

Es gehört menschliche Größe dazu, sich die eigenen Fehler und die selbst produzierten Probleme einzugestehen und diese zu korrigieren. Doch man ist als Manager nicht in allen Bereichen begabt. Vielleicht ist es in solchen Fällen sinnvoll, wenn man sich externen Rat bzw. professionelle Hilfe holt.

Wird nicht reagiert, dann werden unter Umständen die Banken oder andere Geldgeber veranlassen, dass etwas passiert. Ob dies allerdings im Interesse des Unternehmens ist oder die Gläubiger nur ihre eigenen Vorteile durchsetzen wollen, bleibt dahingestellt.

k. Gewinner und Verlierer in der Krise

In den kommenden Jahren wird es Gewinner und Verlierer geben. Gewinner sind solche Unternehmen, die sich am schnellsten und am besten auf die neue Situation einstellen. Verlieren werden alle, die sich nicht anpassen wollen oder können, weil sie sich nicht vorbereitet oder die Lage falsch eingeschätzt haben. Gewinnen werden Unternehmen, die notwendige Produkte und Dienstleistungen anbieten. Verlierer werden die Betriebe sein, auf deren Waren und Dienste man am ehesten verzichten kann.

Hier eine Auflistung von Branchen und Unternehmen, von Produkten und Dienstleistungen, die von der Krise wahrscheinlich profitieren werden:

- Beratungsdienste für Kreditnehmer
- Grundnahrungsmittel – Bauernhof
- Billige Verköstigung – Volksgasthof
- Altenbetreuung organisieren
- Schrotthandel (Rohstoffe)
- Mitfahrerdienste
- Sicherheitsdienste
- Maklerdienste für alles Überflüssige
- Informationsdienste – Wo gibt es was?
- Kultur-Veranstalter
- Tauschringe organisieren
- Übernahme von kommunalen Aufgaben

  - Städtische Bäder
  - Sozialeinrichtungen
  - Garten- und Grünanlagen
  - Gebäudereinigung
  - Sicherheitsdienste
  - Müllabfuhr
  - Büchereien
  - Theaterbetrieb
  - Stadtplanung
  - usw.

Verlierer sind nach Meinung der Experten wahrscheinlich folgende Branchen:

- Hotels, Freizeiteinrichtungen, Wellnessbranche
- Investitionsgüter-Industrie

- Automobilbranche inkl. Vorlieferanten
- Finanzbranche
- Umweltbürokratie
- Werbebranche, und weil diese die Medien finanziert, auch die Medien
- Touristik
- Luxusgüter

Verlieren werden alle Unternehmen, die Produkte und Dienstleistungen herstellen, die nicht „überlebensnotwendig" sind, deren Anschaffung oder Nutzung man ohne größere persönliche oder unternehmerische Nachteile verschieben kann.

Folgende Anzeige zeigt, wie schwierig z. B. die Situation inzwischen für den Möbelhandel geworden ist:

- Bis 75 Prozent auf alle Möbel!
- Finanzierung bis 3 Jahre zinsfrei!
- Das erste Jahr keine Tilgung!
- Danach monatliche Mindestrate 100 Euro!
- Bei einem Kauf von mehr als 1.000 Euro erhalten Sie als Geschenk einen ... im Wert von 100 Euro!

Viele Firmen werden Nachlässe geben, nur um die Läger zu räumen, um die Halden der eigenen Überproduktion abzubauen. Ob man damit die Probleme der Überkapazitäten löst, darf bezweifelt werden.

Die wichtigsten Fragen, die Sie klären sollten, sind folgende: Sind unsere Produkte und Dienstleistungen krisenresistent? Werden sie gebraucht oder kann man darauf gut verzichten? Müssen wir, um nicht unterzugehen, uns zu einem radikalen Wandel zwingen? Brauchen wir neue Visionen und Zukunftsbilder, damit wir nicht in einen Ausnahmezustand geraten, der uns handlungsunfähig macht?

Solche dramatischen Veränderungsprozesse verursachen dann leider sehr oft unternehmensinterne Krisen, weil ein solcher grundlegender Wandel ohne Konflikte und Reibungen nicht möglich ist. Anders formuliert: Ein Wandel ohne Krise kann letztlich gar nicht stattfinden.

4. Psychologische Aspekte von Krisen

In vielen Gesprächen mit Führungskräften über das Thema „Weltwirtschaftskrise" stellen wir eine gewisse Form von Resignation und Fatalismus fest. Wir hören dann solche Entschuldigungen wie: „Im Moment haben wir andere Probleme, das Budget für Beratungen ist zusammengestrichen worden." Man könne ja sowieso nicht viel machen, man müsse situativ reagieren, die verantwortlichen Stellen würden sich schon etwas einfallen lassen oder: „Im Moment läuft doch noch alles gut! Außerdem wollen wir keine Panik machen, denn die verursacht nur, dass unvorhersehbare Reaktionen geschehen. Wir wollen unsere Mitarbeiter nicht verrückt machen." Und so weiter ...

Vielleicht ist das der Grund, warum so viele – vor allem kleine und mittlere – Unternehmen bisher kaum Vorsorge getroffen haben. Sich auf eine solche Krise vorzubereiten bedeutet nicht nur, sich umfassende Informationen zu beschaffen, sondern intern und im näheren unternehmerischen Umfeld entsprechende Szenarien durchzuspielen, die erfolgversprechendsten Varianten zu planen und diese unter Umständen teilweise umzusetzen.

Gute Vorbereitung braucht Zeit. Manch notwendige Maßnahmen benötigen eine monatelange Vorlaufzeit, für andere Entscheidungen braucht man vielleicht die Genehmigung von Gesellschaftern oder Banken und einige Probleme lassen sich nur dann lösen, wenn vorher bestimmte andere Aufgaben abgearbeitet wurden.

Was sind die Hintergründe für die zögerlichen Vorsorgeaktivitäten? Warum kümmern sich immer noch viel zu wenige Führungskräfte um die zukünftigen Auswirkungen der Krise? Lee Iacocca sagte einmal: „An irgendeinem Punkt muss man den Sprung ins Ungewisse wagen. Erstens, weil selbst die richtige Entscheidung falsch ist, wenn sie zu spät erfolgt. Zweitens, weil es in den meisten Fällen so etwas wie eine Gewissheit gar nicht gibt."

Auch Unternehmer und Führungskräfte neigen offensichtlich dazu, die Welt so zu sehen, wie sie sie gern hätten, statt wie sie in Wirklichkeit ist. So entstehen die immer wieder anzutreffenden Wahrnehmungsverzerrungen, die das Ignorieren oder Unterschätzen der möglichen Bedrohungen zur Folge haben.

Wir wollen diese Gründe ein wenig näher betrachten und untersuchen, welche Hintergründe dabei eine Rolle spielen. Für die folgenden Ursachen werden Sie genügend Beispiele in jüngster Vergangenheit finden (egal ob bei Banken, Großunternehmen, Politikern usw.), bei denen die beschriebenen Gründe für das Verharren oder Versagen zutreffen.

a. Psychologische Ursachen für das Abwarten

Weil, so schließt er messerscharf, nicht sein kann, was nicht sein darf! Christian Morgenstern

Es gibt unterschiedliche Gründe, warum es bei den Führungskräften zu den genannten Fehleinschätzungen kommt („Wir sind gut aufgestellt." – Sechs Wochen später wird Kurzarbeit eingeführt) bzw. zum Verharren („Wir kommen als solvente Bank ohne Hilfe aus." Dann – kurz vor dem Zusammenbruch – werden doch die staatlichen Hilfen in Anspruch genommen).

Da sind zunächst die psychologischen Ursachen:

- **Positives Selbstbild** – Das Eingeständnis, dass eine Unternehmenskrise denkbar ist, wird für manche Führungskraft als ein Angriff auf die eigene Kompetenz erlebt. Er will seinen Ruf als erfolgreicher Manager, der alles im Griff hat, nicht in Frage stellen lassen.

- **Selbsttäuschung** – Man neigt dazu zu glauben, dass die Dinge besser seien, als sie es sind. Die Führungskraft nimmt an, die Probleme würden wahrscheinlich nicht so eintreten bzw. ihre Auswirkungen wären nicht so schlimm, dass vorbeugende Maßnahmen zu treffen seien. Hinzu kommt, dass die meisten Menschen vermeintliche Indizien mehr beachten, die ihr vorgefasstes Urteil stützen. Sie ignorieren die Hinweise, die diese Vor-Urteile in Frage stellen.

- **Trägheit** – Die Manager versuchen ihren Status zu erhalten und unterschätzen dabei die Bedeutung der Zukunft. Dies beeinträchtigt ihre Motivation und ihre notwendige Energie, die sie brauchen, um sofort zu handeln, um die Unternehmenskrise zu verhindern. Lieber akzeptieren sie heute das kleine Unbehagen der Sorge als den großen Schmerz von übermorgen.

- **Vorstellungskraft** – Nur vor dem, was wir uns vorstellen können, haben wir Angst. Wer den Bären oder Löwen nicht kennt, der hat auch keine Furcht, wenn er ihm begegnet (wir haben keine Angst vor Löwen, sondern davor, dass sie uns beißen!). Unsere Erfahrung ist, dass sich manche Manager die Auswirkungen der Weltwirtschaftskrise für das eigene Unternehmen gar nicht vorstellen können und deshalb auch nicht reagieren.

- **Verzögern** – Schließlich möchte man sich nicht den Ruf eines Weltuntergangspropheten einhandeln. Auch wir ernten in unseren Vorträgen und Beratungen immer noch oft ein müdes, süffisantes Lächeln, wenn wir über die Folgen des Crashs sprechen.

Diese Aufzählung soll kein besserwisserisches Belehren mit erhobenem Zeigfinger sein, sondern eine mögliche Erklärung. Wir haben mit Psychologen darüber diskutiert, warum manche Führungskräfte kaum auf die Horrormeldungen in den Medien reagieren. Das Ergebnis dieser Diskussionen waren die oben aufgeführten Gründe.

Natürlich wissen auch wir, dass Manager mit ständig neuen Herausforderungen konfrontiert werden und diese gut lösen. Doch erstaunlich bleibt trotzdem, dass solche „not-wendigen" Führungsaufgaben eher zögerlich angegangen werden.

b. Andere Ursachen mangelnder Vorbereitung

Neben diesen eher persönlichen Ursachen von Handlungsbarrieren gibt es auch sachliche Gründe dafür, warum man „es" nicht sieht, „es" nicht will, „es" nicht kann oder „es" nicht darf.

Fehlen entsprechende Informationen oder sind die Signale zu schwach, mangelt es an der Kompetenz, solche Probleme zu identifizieren, dann haben die Verantwortlichen einen „blinden Fleck" – sie können den Ernst der Situation nicht erkennen und handeln auch nicht.

Kein Unternehmer ist in allen Leitungsfunktionen begabt. Eine gute Führungskraft zu sein bedeutet, um die eigenen Unbegabungen zu wissen und dafür zu sorgen, dass diese durch andere Ressourcen „ergänzt" werden.

Oft verhindern auch zu starre Hierarchien und aggressives Abteilungsdenken die Bereitschaft zu handeln. Entscheidungen werden hinausgezögert, weil man mehr darauf bedacht ist, die eigenen Vorteile einzufordern, als dem Ganzen zu dienen. Selbstverständlich ist man „reinen Herzens" und will ja nur das haben, was einem zusteht – und erkennt dabei nicht, was dieser Egoismus anrichtet. Die Krise wird zerredet. Diese Form von Entscheidungs-Unfähigkeit kommt leider auch vor.

Vertragliche Bindungen oder auch gesetzliche Vorschriften können den Handlungsrahmen ebenfalls erheblich einschränken. Oder man hat sich zu sehr auf einen großen Kunden konzentriert, weil es einfacher und kostengünstiger war, als eine „gesunde" Kundenstruktur zu haben. (So manche „feindliche" Übernahme ist dadurch möglich geworden, weil der A-Kunde drohte, nichts mehr zu kaufen, wenn man sich nicht unter seine Fittiche begeben würde.)

Unter Umständen können durch falsche persönliche Einschätzungen der Gesellschafter oder der Aktionäre die Geschäftsführer zu unsinnigen und auch existenziell gefährlichen Entscheidungen gezwungen werden. (Einer meiner früheren Chefs hat beinahe ein ganzes Einkaufszentrum „versenkt", nur um seinem Bruder zu zeigen, dass er mehr Macht hat als dieser.)

Sind die betrieblichen Ressourcen verbraucht, die Grenzen der Möglichkeiten, die Dinge zu gestalten, erreicht, dann will man, kann aber nicht mehr. Das Unternehmen muss sich seinem Schicksal ergeben, weil man schon seit einiger Zeit am Rande des wirtschaftlichen Abgrunds agierte. Die Dauerkrise erreicht das finale Ende, die Existenzberechtigung des Betriebes hat aufgehört.

c. Nicht Pessimist, nicht Optimist – sondern Realist sein!

In einem Vortrag berichtete ein Krisenmanager, der im Auftrag von Banken Sanierungsmaßnahmen durchführt, von Unternehmern kleinerer und mittlerer Betriebe, die lieber den letzten privaten Euro in ihr marodes Unternehmen investieren würden als zuzugeben, dass ihr Lebenswerk am Ende ist.

Dieser Krisenberater klagte darüber, wie schwierig es sei, die Unternehmensverantwortlichen davon zu überzeugen, dass

- der Zustand, in dem sich das Unternehmen befindet, die Summe aller Managemententscheidungen ist,
- die schwierige finanzielle Situation das Ergebnis von strategischen Fehlentscheidungen ist, die die Ertragssituation beeinträchtigt haben und bewirkten, dass der Cashflow dramatisch gesunken ist,

- es wenig Sinn ergibt, die Schuld bei der Konkurrenz, den Mitarbeitern, dem Betriebsrat, den hohen Rohstoffkosten usw. zu suchen. Vielmehr solle man froh sein, dass man „schuld" sei, sonst könne man die Dinge nicht verändern.

Er berichtete davon, dass diese Unternehmen in ihrer Angst eine Art „Tunnelblick" haben und teilweise so unsinnige Entscheidungen treffen, dass sich die Situation noch verschlimmert.

d. Unterschiedliche Sichtweisen

Die größte Gefahr in Zeiten der Veränderung ist nicht die Veränderung an sich, sondern das Handeln mit der Logik von gestern! Peter F. Drucker

Es geht uns nicht darum, Sie als Leser in Angst und Schrecken zu versetzen, sondern Ihnen unsere Sichtweisen und Erfahrungen vorzutragen, die sich in den letzten drei bis vier Jahren entwickelt haben und von denen wir sagen können, sie haben sich bewahrheitet. Unsere Erkenntnisse und Erfahrungen, die von manchem Klienten bei unseren Gesprächen noch belächelt wurden, haben sich (leider) als wahr erwiesen.

Für jedes Handy, jeden Fahrradtacho, für eine Waschmaschine oder für das Ikea-Regal braucht man eine Gebrauchs-, Bedienungs- oder Bauanleitung. Ohne Führerschein darf man kein Moped fahren und auch kein Auto. Wer Lehrlinge ausbilden will, muss den Nachweis erbringen, dass er das kann. Und nur wer die Prüfung bestanden hat, darf als Jäger oder Angler seinem Hobby nachgehen.

Um als Unternehmer gut durch eine mögliche Wirtschaftskrise zu steuern, braucht man auch eine Gebrauchsanweisung, eine Handlungsanleitung, wie man mit diesem Problem umgehen muss, gepaart mit der kreativen Intuition, das Richtige zu tun.

Ziel dieses Buches ist es, Ihnen eine solche „Bedienungsanleitung" vor-zustellen. Das ist das Anliegen, doch es ist nicht immer einfach, diese Überzeugungsarbeit zu leisten.

Wenn wir Vorträge halten, dann fällt uns immer auf, dass einige Zuhörer bei bestimmten Passagen nicken. Man kann spüren, was sie denken: Das stimmt, was der da vorn sagt. Bei anderen Ausführungen schütteln sie den Kopf und man sieht ihnen an, wie sie am liebsten sagen würden: Das stimmt doch gar nicht, da habe ich eine ganz andere Ansicht.

Es bietet sich dann an, den Teilnehmern klarzumachen: Wenn das, was wir hier vorn sagen, auch Ihre Meinung ist, dann sind Sie eigentlich um-sonst hier. Denn dann wissen Sie ja schon alles. Spannend sind unsere Aussagen für Sie dann, wenn Sie mit ihnen nicht einverstanden sind, denn dann fängt für Sie das Lernen an. Wenn Sie den Mut haben zuzu-lassen, dass zu der eigenen Erfahrung weitere Erfahrungen hinzukom-men, die die gleiche Existenzberechtigung haben wie Ihre eigenen, erst dann wird sich Ihr Wissenshorizont erweitern.

Das Gleiche gilt auch für die Ausführungen in diesem Buch. Uns ist daran gelegen, Ihnen möglichst andere Sichtweisen zu vermitteln. Wenn alles, was Sie hier lesen, Ihnen bekannt und bewusst ist und Sie schon lange danach handeln, dann ist das Buch für Sie unbrauchbar. Am bes-ten wäre es in dem Falle, Sie würden es jemandem schenken, der es brauchen kann.

Die Akzeptanz unserer Klienten, dass man die Welt auch mit anderen Augen sehen kann, ist die Basis unserer Arbeit. Wir stehen nicht im Stau – wir sind der Stau. Wir haben keine Krise (die wie eine Unperson be-handelt wird) – wir sind die Krise. Gott sei Dank – denn wenn wir nicht die Krise sind, wenn sie nicht in unserer „Gewalt" wäre, könnten wir auch nichts ändern.

Was wir meinen, soll ein Beispiel verdeutlichen: Welche Zahl sehen Sie in der nachfolgenden Abbildung?

Die Antwort ist klar: Es kommt darauf an, auf welcher Seite man steht. Beide Betrachter sehen die gleiche Zahl und trotzdem ist sie für jeden von ihnen anders. Jeder glaubt, dass  seine Zahl die richtige und somit seine Wahrheit wahrer als die des Anderen ist.

Es kommt also immer auf dem Standpunkt an. Alles, was wir Ihnen hier vortragen, ist wahr. Zugegeben, es ist unsere Wahrheit und wir wissen, dass es mindestens so viele Wahrheiten gibt, wie in Deutschland Menschen wohnen.

Aber vielleicht ist ja unsere Wahrheit ein wenig fundierter, weil wir uns intensiver mit dem Thema „Weltwirtschaftskrise" beschäftigt haben.

Leider ist es in unserer Welt so, dass dem Sieger und nicht dem Verhinderer eines Krieges ein Denkmal gesetzt wird. Auch ist der Krisenbewältiger in unserer Gesellschaft höher angesehen, wird in den Medien als Retter gepriesen, als der Manager, der eine Unternehmenskrise verhindert hat. Doch geht es hier nicht um Ruhm und Ehre, sondern darum, das zu tun, was man von einem verantwortungsbewussten Unternehmer erwartet. Denn „Wollen wollen viele. Nur Tun tun so wenige!"

e. Unterschiedliche Sichtweisen der Finanz- und Wirtschaftskrise

Wir alle beobachten die momentane wirtschaftliche Situation und werden zu unterschiedlichen Wahrnehmungen und Interpretationsergebnissen kommen.

Klar, es gibt auch die Weltuntergangspropheten und Dummschwätzer, die sich wichtigmachen wollen und nicht aufhören, alles in schwarzen Farben zu malen.

Gemeint sind auch nicht die Wahrheiten der Schönredner und Berufsoptimisten, die erst dann ihren Unsinn eingestehen (meistens aber auch nicht), wenn ihre Prognosen von den Ereignissen ad absurdum geführt worden sind. Die CEOs von ausländischen und landeseigenen Banken sind ein Musterbeispiel für diese merkwürdige Erscheinung. Am Dienstag prahlen die Vorstände noch damit, dass sie unbeschadet aus der Finanzkrise herausgehen werden („Wir sind gut aufgestellt!"), und Freitag bitten sie um staatliche Hilfe, um nicht in die Insolvenz zu gehen.

Unsere Überzeugung ist, dass wir damit rechnen müssen, in den nächsten Jahren eine weltweite, ziemlich schlimme Wirtschaftskrise zu haben. Diese Prognose wird durch einige Experten, die sich seit Jahren ausführlich mit diesem Thema beschäftigen, bestätigt. Zugegeben, es gibt auch einige andere Autoritäten und Spezialisten, die sich ebenfalls mit diesem Thema auseinandersetzen und die zu anderen Ergebnissen kommen. Allerdings habe ich so meine Zweifel an der Prognosefähigkeit von staatlich subventionierten Wirtschaftsweisen, wenn diese im Fernsehen auf die Frage, warum denn im letzten Gutachten nicht die Krise (im Jahr 2008/2009) prophezeit wurde, antworten: „Wir hatten ja nur die Zahlen aus dem vorletzten Jahr, die Werte des letzten Jahres lagen uns doch noch gar nicht vor."

Noch schlimmer empfinden wir, dass ein Bankdirektor uns neulich erklärte: „Privat sehe ich das auch so wie Sie. Die Krise, die auf uns zukommt, wird sehr schlimm werden. Aber beruflich muss ich das anders sehen. Sonst würden die Leute ja nur noch Schließfächer mieten, um ihr Gold und Silber darin zu lagern. Davon können wir nicht leben."

f. Die überraschende Krise, die keine Überraschung ist

Wie fragte neulich ein Klient: „Und Sie glauben wirklich, dass wir eine Krise bekommen?" Ich war ein wenig sprachlos, denn die Krise kommt nicht erst – sie ist da! Es ist hier nicht genügend Platz, um alle Ereignisse nur exemplarisch aufzulisten, die diese Einschätzung dokumentieren. Die Frage hätten vielmehr lauten müssen: „Sie nehmen also an, dass alles noch viel schlimmer kommt, als es im Moment ist?"

Viele Menschen erwarten noch ein finales Ereignis, sozusagen den Startschuss, damit sie handeln. Ein eindeutiges Signal, wie beim Fußballspiel der Anpfiff: Jetzt geht es los. Wir müssen loslegen, um das Krisenspiel zu gewinnen.

Doch wie so oft bedarf es nicht mehr zahlreicher Eimer Wasser, die das „Crash-Fass" zum Überlaufen bringen, sondern es reicht der berühmte eine Tropfen. Mit Verlaub – es tropft im Moment ziemlich heftig.

Seit mehr als vier Jahren verfolgen wir die Entwicklung an den Finanzmärkten. Man musste kein Hellseher sein, um zu erkennen, was letztlich eingetreten ist. In unseren ersten Vorträgen wurden wir noch als Exoten behandelt, die zur allgemeinen Erheiterung der Zuhörer beitrugen. Wenn wir unsere Strategien eines krisenorientierten Chancenmanagements darlegten, dann konnten wir nur wenige Menschen davon überzeugen, sich darum zu kümmern.

Schon seit Jahren gibt es Veröffentlichungen in Zeitschriften, auf Internetseiten und in Büchern, die genau das prognostizieren, was eingetreten ist. Zugegeben, manche Autoren haben die Krise wesentlich früher erwartet. Das lag aber auch daran, dass die Verfasser solcher Prognosen sich nicht die Reaktionen vorstellen konnten, mit denen die Zentralbanken und Regierungen den Crash im Moment hinauszögern. Ein Rettungspaket von 500 Milliarden innerhalb von zwei Wochen zu beschließen und durch alle Entscheidungsinstanzen zu jagen, das war für alle

Experten in dieser Disziplin einfach undenkbar. Dass die EZB – entgegen ihren eigentlichen Aufgaben – Staatsanleihen von Pleiteländern kauft, hätten viele Experten vor Jahren noch als unmöglich bezeichnet.

g. Alles war vorhersehbar, oder?

Eines sollte uns allen klar sein: Wenn die Medien von einem bundesdeutschen Rettungspaket sprechen, dann stellt sich doch die Frage: Was wird eigentlich gerettet? Ist das nicht eher ein Verlängern des Untergangs? Gibt man den durchgeknallten Finanzchaoten oder Politikern noch ein wenig Dope?

Das Ganze erinnert daran, dass man als Schuldnerberater einer verschuldeten Familie, die weder die Zinsen noch die Tilgung für die fälligen Darlehen aufbringen kann, erklärt: „Wir haben für euch ein Rettungspaket geschnürt. Wir haben eine Bank gefunden, die gibt euch noch mal ein paar Tausender. Damit könnt ihr endlich den Urlaub in der Karibik machen." Ist das wirklich die Rettung dieser verschuldeten Familie?

Haben Sie schon mal darüber nachgedacht, woher eigentlich das Geld kommt, welches man den staatlichen Banken gibt? Bei wem verschuldet sich unser Finanzminister, wenn er diese astronomischen finanziellen Mittel auftreibt? Wo wird das Geld fehlen, wenn zukünftige Milliardenlöcher gestopft werden müssen?

Ein Staat kann sich nur im Namen seiner Bürger verschulden. Dass dies anonym und in großem Stil geschieht, ändert nichts daran, dass diese Bürger für die Schulden irgendwann einmal aufkommen müssen. Wahrscheinlich zu einem Zeitpunkt, wenn die Politiker, die das verursacht haben, schon längst in Pension sind.

Das Schlimmste ist, es geht alles dramatisch schnell. Noch „gestern" behauptete unserer Finanzminister, die deutsche Wirtschaft sei robust und kaum davon betroffen, und schon heute gibt es mehr und mehr Kurzarbeit in den Firmen. Vor wenigen Monaten stellte der Chef einer der größten deutschen Banken fest, die Krise sei schon fast überwunden. Wenig später rief er den Staat um Hilfe, weil sonst alles zusammenbrechen würde. Es ist noch nicht lange her, da wiesen die strategischen Planungen der Maschinenbauer ein gesundes Wachstum auf, heute befürchten sie die schlimmsten Umsatzeinbrüche der letzten zwanzig Jahre.

Zwar sind die gerade zitierten Beispiele aus den Jahren 2008 und 2009, doch die Art und Weise solcher Vorkommnisse und Erklärungen ließe sich auch heute seitenweise fortsetzen und zeigt die Hilflosigkeit, auf eine solche Situation richtig zu reagieren.

Wir mussten neulich in einem Vortrag widersprechen, als eine Teilnehmerin behauptete: „Die Krise von heute ist doch mit der von damals (sie meinte die um 1930) nicht vergleichbar. Die haben doch heute ganz andere Möglichkeiten und ich denke, die haben inzwischen auch dazugelernt."

Achten Sie einmal auf die Entwicklung der Aussagen von Wirtschaftspolitikern und Wissenschaftsökonomen. Man müsste ihnen eigentlich raten: „Seid lieber still, ihr könnt euch mit euren falschen Prognosen nur blamieren."

Im Moment herrscht viel kommunikatives Chaos und an der Unglaubwürdigkeit der letzten Jahre hat sich nicht viel geändert. Nicht nur die Experten und Politiker widersprechen sich ständig. Auch die Unternehmer, die Banken, die Verbände, die Medien und alle die, die glauben, etwas zu diesem Thema sagen zu müssen, halten die Krise für beendet, oder doch nicht, sie machen die abenteuerlichsten Vorschläge zur Lösung der inzwischen europäischen Krise oder versuchen uns weiszumachen, sie hätten alles im Griff und es gehe ihnen im Vergleich zu diesen und jenen prächtig.

Wie hieß das Zitat aus dem Jahre 1932?

Die schlimmste Erscheinung der gegenwärtigen Krise ist, dass die Weisheit aller Politiker und Finanzleute vollkommen versagt hat. Dr. Roman Boos, 1932

Nein, es ist keine überraschende Krise, und wenn die Bundeskanzlerin schon vor Jahren davon sprach, dass Deutschland ein Sanierungsfall sei, dann wussten zumindest die da ganz oben Bescheid. Was aber inzwischen einfach ignoriert wird, ist, dass sich daran in den letzten Jahren nichts geändert hat. Außer dass wir die Schulden weniger verzinsen müssen, weil es anderen Ländern noch schlechter geht und der Finanzminister durch einen kleinen Aufschwung ein paar Milliarden Steuern mehr einnimmt.

Es gibt nur noch wenige Städte und Gemeinden, die – wären es Unternehmen, die dem Handelsrecht unterliegen – nicht Konkurs anmelden müssten. Und das, obwohl Schwimmbäder geschlossen werden, die Straßen voller Schlaglöcher sind, Zuschüsse für alle möglichen Vereine und Selbsthilfegruppen gestrichen werden und die Gewerbesteuer, die Grund- und die Vergnügungssteuer erhöht werden.

(WDR, im Juni 2012: *Oberhausen schreibt tiefrote Zahlen. Der Haushalt hat ein Gesamtvolumen von 720 Millionen Euro, das geplante Defizit beträgt 150 Millionen Euro, davon sind allein 55 Millionen Euro für Zinszahlungen eingeplant. Aus eigener Kraft wird sich die Stadt nicht aus der Schuldenfalle befreien können.*)

Schlimm ist nur, dass immer noch zu lange gewartet wird, bis man endlich handelt. Aber das haben wir ja schon bei den psychologischen Gründen für Unternehmenskrisen ausführlich behandelt, diese gelten leider auch für unsere Politiker. Ob das, was man nun als Rettungspaket eins und zwei oder vielleicht noch bis fünf entschieden hat, das Richtige ist, wird von vielen Sachverständigen bezweifelt.

Also warten wir es ab – oder besser: kümmern wir uns um unsere eigenen Probleme und hoffen wir nicht darauf, dass die da oben es schon richten werden.

5. Formale Aspekte des Chancenmanagements in der Krise

Wir haben schon ausführlich dargelegt, dass der Crash mit einer normalen Unternehmenskrise nicht zu vergleichen ist und dass es kaum Erfahrungen gibt, wie man damit umgehen sollte bzw. muss. Das von uns vorgeschlagene Chancenmanagement soll Ihnen helfen, die kommenden Herausforderungen zu meistern.

Es gibt aber noch einen anderen wichtigen Grund, sich mit einer potenziellen Krise zu beschäftigen, nämlich die persönliche Haftung von Unternehmern, Vorständen oder Geschäftsführern, verbunden mit Schadensersatzpflichten, wenn es zum Schlimmsten kommen sollte.

Möglicherweise wird es vergessen, dass eine Insolvenz durch einen Crash erfolgt ist. Und obwohl die Unternehmensführung in dem Fall nicht schuld ist, nehmen der Gesetzgeber und die Gerichte darauf keine Rücksicht und machen die scheinbar Verantwortlichen trotzdem haftbar bzw. verfolgen sie strafrechtlich. Für die private Haftung und strafrechtliche Beurteilung ist es ohne Relevanz, ob es sich um eine hausgemachte, selbst verursachte Insolvenz handelt oder um einen Konkurs, der von irgendwelchen verrückten Finanzjongleuren oder unfähigen Wirtschaftspolitikern initiiert wurde.

Deshalb ist auch hier der Grundsatz zu beachten: Vorsorgen ist besser als heilen!

Jährlich werden mehr als 12.000 Strafverfahren wegen des Verdachts von Insolvenzstraftaten eingeleitet. Die IHKs führen als Serviceleistung in diversen Broschüren seitenweise Paragrafen und Hinweise auf, wann, wer, wofür oder warum strafbar ist bzw. zu haften hat. Ein Thema, welches leider viel zu oft unberücksichtigt bleibt und dann umso heftiger trifft.

Welche Risiken sind zu berücksichtigen? Grob lässt sich sagen, es gibt strafrechtliche Probleme, wenn man

- nicht handelt, obwohl dies nach objektiver Wahrnehmung unbedingt notwendig wäre;
- falsch handelt, wobei auch hier die Unkenntnis nicht vor Strafe schützt;
- zu spät handelt und im Nachhinein festgestellt wird, dass die Insolvenz durch schuldhaftes Zögern verursacht wurde.

Experten befürchten, dass mehr als ein Drittel aller kleinen und mittelständischen Unternehmen die Krise nicht überstehen werden. Deshalb gehört das Thema „Konsequenzen für die Unternehmensleitung bei einer Insolvenz" bei den Vorbereitungen zu einem Zukunftsmanagement in der Krise dazu.

a. Gesetzliche Auflagen nach dem KonTraG

Es gibt eine große Zahl von gesetzlichen Vorschriften, die die Unternehmensverantwortlichen verpflichten, sich rechtzeitig um potenzielle Gefahren für das Unternehmen zu kümmern, um keine strafrechtlichen oder haftungsrelevanten Tatbestände zu schaffen.

Da ist zum Beispiel das Gesetz zur Kontrolle und Transparenz im Unternehmensbereich (KonTraG) aus dem Jahr 1998. Ziel dieses Gesetzes ist es, die Corporate Governance in deutschen Unternehmen zu verbessern. Mit dem KonTraG wurde die Haftung von Vorstand, Aufsichtsrat und Wirtschaftsprüfern in Unternehmen erweitert. Wörtlich schreibt das Gesetz dazu in § 91 Abs. 2 des AktG vor: „Der Vorstand hat geeignete Maßnahmen zu treffen, insbesondere ein Überwachungssystem einzurichten, damit den Fortbestand gefährdende Entwicklungen früh erkannt werden."

Dazu hat die Bundesregierung in mehreren Schriften ausführliche Anregungen, Interpretationshilfen und Checklisten zur Verfügung gestellt (www.bmi.bund.de).

Die Frage ist allerdings: Ist die Situation schon da? Ist der Vorstand bereits heute verpflichtet zu handeln? Und was sind geeignete Maßnahmen beim jetzigen Stand der Dinge?

Nach unseren Erfahrungen behandeln Katastrophenpläne üblicherweise den Ausfall der EDV, Fragen von Produkthaftung, die Verseuchung von Abwässern wegen eines Defektes einer Produktionsanlage usw. Maßnahmenplanungen zur Verhinderung von Auswirkungen bei einer Weltwirtschaftskrise sind uns in der Beratung bisher kaum bekannt geworden.

Wir sind keine Rechtsberater und keine Experten für solche Probleme. Wir können Ihnen allerdings nur raten, sich mit dieser Thematik zu beschäftigen und sich kompetente Hilfe zu besorgen. Denn dieser Bereich ist mehr als brisant und verlangt nicht nur größte Aufmerksamkeit, sondern vor allem fachkundige Unterstützung, und die nicht erst, wenn es zu spät ist.

b. Sonstige Haftungsprobleme

Die Vorschriften des KonTraG gelten für Aktiengesellschaften und größere GmbHs, doch gibt es neben den Vorschriften des KonTraG andere Paragrafen im BGB, GmbHG, der AO, dem StGB und dem HGB, die auf alle Firmen Anwendung finden.

Häufig werden die angeblichen Verfehlungen der Geschäftsführung erst nachträglich durch Liquidatoren oder Konkursverwalter aufgedeckt. Dann spielen sich oft persönliche Tragödien ab, weil neben dem Verlust des eigenen Unternehmens bzw. Arbeitsplatzes noch ein Strafverfahren mit Schadensersatzpflichten dazukommt.

Die entscheidende Frage ist dabei immer: Wann war es notwendig, (formalrechtlich relevant, damit man sich exkulpieren kann), im Unternehmen notwendige Schritte einzuleiten, um sich vor solchen „angeblichen" Pflichtverletzungen zu schützen? Denn rasches Handeln ist ja gesetzlich vorgeschrieben, weil Geschäftsführer und Vorstandsmitglieder innerhalb einer gesetzlichen Frist von drei Wochen ab Vorliegen eines Insolvenzgrundes (§§ 17, 19 InsO) den Insolvenzantrag stellen müssen.

c. Strafbare Tatbestände

Wenn es selbstverständlich ist, dass man immer für das Unternehmen da ist und dessen Interessen wahrnimmt, dann ist es genauso selbstverständlich, dass man sich ab und zu um die eigenen Belange kümmern sollte.

Hier eine Übersicht darüber, was Insolvenzvergehen bedeuten kann:

- Ein Schuldner ist zahlungsunfähig (nach § 17 der InsO), wenn er nicht in der Lage ist, die fälligen Zahlungsverpflichtungen zu erfüllen. Das heißt konkret, wenn er seine fälligen Rechnungen nicht innerhalb eines Monats beglichen hat (ohne Mahnung, ohne Fristsetzung). Eine weitere Verschärfung liegt im § 18 InsO. „Der Schuldner droht zahlungsunfähig zu werden, wenn er voraussichtlich nicht in der Lage sein wird, die bestehenden Zahlungspflichten im Zeitpunkt der Fälligkeit zu erfüllen."
- In beiden Fällen hätte der Geschäftsführer – um sich selbst zu schützen – innerhalb von drei Wochen beim Amtsgericht Insolvenz anmelden müssen.

d. Konsequenzen für das Top-Management

Geschieht die Meldung beim Amtsgericht nicht und würde das Unternehmen in der Wirtschaftskrise untergehen, müsste der Geschäftsführer bei einem Insolvenzverfahren mit folgenden Konsequenzen rechnen:

- Abgabe der eidesstattlichen Versicherung (Offenbarungseid)
- Veröffentlichungen des Geschäftsführer-Namens
  - im öffentlichen Schuldnerverzeichnis
  - im Bundesanzeiger
  - in der Tageszeitung
  - bei allen Auskunfteien
  - bei der Schufa

  (was nichts anderes bedeutet, als dass der persönliche Ruf ruiniert ist)
- Berufsverbot (§§ 70 ff Strafgesetzbuch)
  - Man darf zukünftig keine öffentlicher Ämter mehr ausüben.
  - Man darf zukünftig nicht mehr das Amt eines Geschäftsführers (GmbH) oder eines Vorstandes (AG) ausüben (was in der Regel fast einem Berufsverbot gleichkommt).
  - Generelles Verbot der Selbständigkeit (Berufsverbot?)
- Gewerbeverbot; die zukünftige Ausübung eines Gewerbes ist untersagt
- Untersagung der Anstellung von Angestellten (Antrag der Sozialversicherung)
- Keine neuen Bankkonten (Banken verweigern die Neueröffnung von Konten)
- Ein staatsanwaltschaftliches Ermittlungsverfahren wegen des Verdachts des Betruges und der Insolvenzverschleppung (früher: Konkursverschleppung) wird grundsätzlich, von Amts wegen, eingeleitet. Und weil man hinterher immer schlauer ist, sind die Staatsanwälte in ihren Beurteilungen nicht unbedingt auf der Seite des Betroffenen.
- Durchgriffshaftung gegen den Geschäftsführer und Vorstand auf das private Vermögen, wenn haftungsrelevante Tatbestände festgestellt werden (diese Form der Haftung ist heute die Regel)

- Postsperre im Insolvenzverfahren (gegen die GmbH und den Geschäftsführer persönlich)

Vielleicht sind Ihnen diese Konsequenzen bekannt, doch als man diese gesetzlichen Vorschriften schuf, wurden normale wirtschaftliche Verhältnisse unterstellt und dass eine Unternehmenskrise mehr oder weniger „durch Verschulden" der Unternehmensleitung entstanden ist.

Was jetzt die Unternehmensverantwortlichen bedrohen kann, hat eine andere Qualität. Das Management, welches sich vielleicht mit viel Engagement um die Rettung des Unternehmens bemüht und wegen der Hoffnung, es zu schaffen, „vergisst", einen Insolvenzantrag zu stellen, muss anschließend eine Suppe auslöffeln, die es sich wahrlich nicht vorsätzlich eingebrockt hat.

e. Was tun, um vorzusorgen?

In einem Crash werden die Vorgänge dramatisch beschleunigt, so dass ein rechtzeitiges und angemessenes Reagieren oft kaum möglich ist. Man ist in solchen Situationen unter Umständen schneller mit einem Fuß im Gerichtssaal, als man glaubt.

Krisenrelevantes Chancenmanagement bedeutet eine Rundumschau, um das unternehmerische Umfeld mit seinen Einflussgrößen zu erfassen. Darunter fallen auch solche Faktoren, die keine unmittelbare Wirkung auf die Firma haben, aber für die Führung wichtig sind.

Denn wo die Zeit und das Wissen für vorausschauendes Denken fehlen, entstehen „Erfolgspotenziale" für Konkurs- und Insolvenzverwalter. Wie diese gnadenlos solche Projekte abwickeln, habe ich leider schon selbst erfahren müssen. So wurde ich von einem Insolvenzverwalter verklagt, weil ich nicht den Einzahlungsbeleg für das Stammkapital der Firma beibringen konnte, die ich vor zweiundzwanzig Jahren gegründet hatte. Wie durch ein Wunder hatten frühere Mitgesellschafter alles aufgehoben und so konnte ich vor Gericht beweisen, dass alles mit rechten Dingen zugegangen war.

Die Chance, der Bedrohung wegen Verletzung formaler Vorschriften zu entgehen, besteht darin, sich mit externer Hilfe (IHK, Berater, Anwälte, Steuerberater usw.) kundig zu machen und zu dokumentieren, warum man diese oder jene Entscheidung getroffen hat (oder nicht).

f. Phasen der Krise

Das alles bedeutet, die haftenden Unternehmensverantwortlichen müssen sich rechtzeitig und ausreichend um die zukünftigen Bedrohungen kümmern, um nicht in persönliche Schwierigkeiten zu geraten. Hier wird auch noch einmal der Unterschied zwischen Krisen- und Chancenmanagement deutlich. Es ist wichtig, nicht erst in der konkreten Bedrohung zu reagieren, sondern vorzusorgen. Nur wer mögliche existenzielle Herausforderungen rechtzeitig erkennt, der hat die Chance, sie zu meistern.

Chancenmanagement in der aktuellen Wirtschaftslage bedeutet aber auch, sich mit den mehreren Phasen eines Crashs auseinanderzusetzen, um so eine wirklich gute Vorbereitung zu schaffen:

- *Phase des Erkennens*
  Der Umfang, die Wahrscheinlichkeit und die Intensität einer Krise

- *Phase der Vorbereitung auf eine mögliche Krise*
  Je früher, desto besser

- *Phase des Überstehens des Unternehmens in der Krise*
  Durchhalten

- *Phase der Vorbereitung des Unternehmens nach der Krise*
  Wieder Anlauf nehmen

Damit die Phasen optimal abgearbeitet werden können, müssen in jedem Unternehmen zunächst einige grundsätzliche Punkte geklärt werden:

- Zusammenstellen eines Zukunftsteams (die „besten Mitarbeiter" helfen mit)
- Festlegung von Zuständigkeiten innerhalb des Unternehmens (Wer macht was, wann, wie, mit wem, bis wann?)
- Freistellung von Ressourcen (Krisenverhinderungskosten sind wesentlich geringer als Krisenüberwindungskosten)
- Klärung rechtlicher Verpflichtungen (mit Ihrem Rechtsanwalt beraten)
- Festlegung von strategischen Schutzzielen
- Entwicklung von Handlungsstrategien
- Definieren von Kennziffern, Handlungsaktivitäten initiieren und nachvollziehbar machen

Egal ob aus der Verantwortung als unternehmerische Führungskraft und/oder um gesetzlichen Auflagen gerecht zu werden, ob aus Angst vor möglicher persönlicher Haftung oder weil man gar strafrechtliche Konsequenzen befürchtet – wir hoffen, Ihnen deutlich gemacht zu haben, dass Sie sich im Rahmen der strategischen Planung um alle möglichen denkbaren Auswirkungen und Konsequenzen in der Zukunft kümmern sollten.

g. Unternehmens-Check – eine erste Bestandsaufnahme

Die folgende Checkliste soll nicht nur mögliche Engpässe aufzeigen, um die Sie sich kümmern sollten, sondern sie soll Sie dafür sensibilisieren zu erkennen, wo sich günstige Gelegenheiten ergeben, die die unternehmerische Situation verbessern. Sie können sie auch als Grundlage für einen internen Workshop benutzen, um bei den Teilnehmern ein erstes Krisenbewusstsein zu schaffen.

1.	Uns ist bekannt, dass es gesetzliche Auflagen gibt, die Manager verpflichten, Krisenpläne zu erstellen.
2.	In unserem Unternehmen existiert ein Vorsorgeplan als Teil eines etablierten Risiko- und Krisenmanagements.
3.	Über den Stand der derzeitigen Wirtschaftskrise sind wir gut und umfassend informiert.
4.	Wir haben eine ungefähre Ahnung, was bei den letzten Weltwirtschaftskrisen (1930, Argentinien usw.) passierte.
5.	Wir haben uns damit beschäftigt, welche Auswirkungen eine solche Krise für unser Unternehmen haben könnte.
6.	Der Schwerpunkt unserer Beschäftigung war, welche günstigen Gelegenheiten sich für uns ergeben könnten.
7.	Wir haben bei der Ermittlung von Chancen auch deren Interdependenzen zu anderen Bereichen berücksichtigt.
8.	Wir haben auch die Wahrscheinlichkeit und die Intensität der möglichen Bedrohungen bewertet.
9.	Unsere Krisenpläne decken alle Perioden einer Krise ab: Vorsorge, Überstehen, Vorbereitung des Aufschwungs.
10.	Wir haben Meilensteine definiert, wo bestimmte – festgelegte und abgestimmte – Aktivitäten initiiert werden.
11.	Über die Auswirkungen eines möglichen Crashs haben wir mit unseren Mitarbeitern ausführlich gesprochen.
12.	Wir haben mit dem Betriebsrat die möglichen Entwicklungen besprochen und wollen es gemeinsam meistern.
13.	Würde unser Umsatz überraschend um 30 Prozent einbrechen, dann wüssten wir, was zu tun ist.
14.	Wenn es zu Problemen bei der Beschaffung von Roh-, Hilfs- und Betriebsstoffen käme – wir haben vorgesorgt.

15.	Wir haben in unserem Unternehmen ein finanzielles Polster von ca. zwei Monatsumsätzen.	
16.	Mit den wichtigsten Kunden haben wir über die mögliche Krise gesprochen und Vereinbarungen getroffen.	
17.	Mit den wichtigsten Lieferanten haben wir über die mögliche Krise gesprochen und Vereinbarungen getroffen.	
18.	Mit unseren Banken haben wir Kreditverträge ausgehandelt, die uns in der Krise finanziell absichern.	
19.	Ein Versicherungsmakler hat unsere Risiken – unter dem Aspekt eines Crashs – überprüft und optimiert.	
20.	Das Kaufverhalten von Menschen und Unternehmen in einer Krise ist uns bewusst und wurde berücksichtigt.	

Lassen Sie uns dieses Kapitel mit einem Gedicht des Schriftstellers und Dichters Kurt Tucholsky abschließen, welches zwar im Jahr 1930 verfasst wurde, das aber die heutigen Zustände treffend beschreibt:

Wenn die Börsenkurse fallen, regt sich Kummer fast bei allen,
aber manche blühen auf: Ihr Rezept heißt Leerverkauf.

Keck verhökern diese Knaben Dinge, die sie gar nicht haben,
treten selbst den Absturz los, den sie brauchen – echt famos!

Leichter noch bei solchen Taten tun sie sich mit Derivaten:
Wenn Papier den Wert frisiert, wird die Wirkung potenziert.

Wenn in Folge Banken krachen, haben Sparer nichts zu lachen,
und die Hypothek aufs Haus heißt, Bewohner müssen raus.

Trifft's hingegen große Banken, kommt die ganze Welt ins Wanken –
auch die Spekulantenbrut zittert jetzt um Hab und Gut!

Soll man das System gefährden? Da muss eingeschritten werden:
Der Gewinn, der bleibt privat, die Verluste kauft der Staat.

Dazu braucht der Staat Kredite, und das bringt erneut Profite,
hat man doch in jenem Land die Regierung in der Hand.

Für die Zechen dieser Frechen hat der kleine Mann zu blechen
und – das ist das Feine ja – nicht nur in Amerika!

Aber sollten sich die Massen das mal nimmer bieten lassen,
ist der Ausweg längst bedacht: Dann wird bisschen Krieg gemacht.

6. Chancenmanagement – vorausschauend die Krise angehen

Es ist unmöglich, die Zukunft vorherzusagen, aber es ist höchst gefährlich, es nicht zu versuchen! Sir H. W. A. Deterding

Um die Geschehnisse in der Zukunft zu wissen, ist ein alter Menschheitstraum. Es geht immer darum,

- unsere Neugier zu befriedigen – zumindest zu erahnen, was kommen könnte,
- unsere Furcht zu besänftigen, diese unspezifische Angst vor möglichen negativen Auswirkungen, und sich darauf vorzubereiten,
- unsere Angst zu nehmen, dass konkrete Bedrohungen uns überfordern und Gefahr für Leib und Leben mit sich bringen,
- rechtzeitig Chancen zu erkennen, damit wir diese für unseren eigenen Gewinn nutzen können,
- das Glücksstreben zu erfüllen, welches wir Menschen intuitiv praktizieren, um Vorteile für uns selbst zu erzielen.

Grundlage des Chancenmanagements ist das Zukunftsmanagement. Es ist die Brücke zwischen dem Strategischen Management (im Leben oder im Unternehmen oder überhaupt) einerseits und der Zukunftsforschung andererseits. Zukunftsforschung ist die interdisziplinäre Entdeckung und Analyse möglicher, plausibler, wahrscheinlicher und gestaltbarer Zukünfte. Sie soll helfen,

- die gegenwärtige Welt zu verstehen,
- das Wohlergehen der Menschheit zu verbessern,
- das Bewusstsein für die langfristige Zukunft zu steigern,
- bessere Entscheidungen zu treffen und

- das Denken über die Zukunft zu trainieren.

Zukunft ist keine unveränderliche Größe, sondern sie ist unberechenbar. Gott sei Dank, denn sonst wäre sie unveränderlich und wir müssten uns ohne die Möglichkeit der Gestaltung in unser Lebenslos begeben.

Egal ob privat als Familienvater oder im Beruf als Geschäftsführer:

- Je früher eine Chance erkannt wird, desto größer ist der potenzielle Gewinn.
- Je früher eine Bedrohung erkannt wird, desto größer ist die Chance, diese durch geeignete Maßnahmen zu mildern, zu verhindern oder gar zu beseitigen.

a. Anmerkungen zum Phänomen Zukunft

Robert Jungk, Zukunftsdenker und Erfinder von Zukunftswerkstätten, schrieb 1952: *Das Morgen ist schon im Heute vorhanden, aber es maskiert sich noch als harmlos, es tarnt und entlarvt sich hinter dem Gewohnten. Die Zukunft ist keine sauber von der jeweiligen Gegenwart abgelöste Utopie: die Zukunft hat schon begonnen. Aber noch kann sie, wenn rechtzeitig erkannt, verändert werden.*

Die Zukunft hat nicht nur für das Management einen hohen Stellenwert. Alle Menschen möchten die Dinge, die in der Zukunft geschehen werden, vorhersehen. Da wir aufgrund unserer Erfahrungen die Auswirkungen unserer Entscheidungen und Taten einschätzen können, sind zumindest in Teilbereichen sehr gute Vorhersagen über die Zukunft möglich.

Allerdings sind die zukünftigen Veränderungen unserer Unternehmenswelt das Ergebnis vieler Wirkkräfte in einem unüberschaubaren und kaum berechenbaren System von Ursache und Wirkung. Die große Vielfalt von Informationen über Szenarien, Trends, Prognosen, neue Technologien, wirtschaftliche Entwicklungen oder sonstige relevante Zukunftsthemen verwirren die Entscheider. Ohne eine systematische Methode verliert man den Überblick und die Orientierung. Deshalb, so zeigen wissenschaftliche Untersuchungen, werden die meisten strategischen Entscheidungen nach wie vor intuitiv getroffen (was nicht immer schlecht ist).

Aber in Zeiten dramatischer wirtschaftlicher Veränderungen haben solche „Bauch-Entscheidungen" ohne das notwendige Zukunftswissen oft fatale Folgen, weil man sich keine Fehler leisten kann. So manche Alternative wird deshalb ausgewählt, weil man entsprechende Erfahrungen in der Vergangenheit gemacht hat. Leider wurden die Erkenntnisse in Situationen gewonnen, die mit den derzeitigen Zuständen nicht vergleichbar sind. Um es noch deutlicher zu formulieren: Unsere Erkenntnisse aus der Vergangenheit sind für die Gestaltung der Zukunft manchmal nicht nur unbrauchbar, sondern oft sogar schädlich – weil die Verhältnisse völlig andere sind.

Neue Herausforderungen brauchen neue Kenntnisse und Fertigkeiten, denn wer nur den Hammer kennt, für den ist jedes Problem ein Nagel!

b. Die unterschiedlichen Zeithorizonte der Zukunft

Das Problem, dem sich das Management immer wieder stellen muss, ist, dass es – bezogen auf die unterschiedlichen Zeithorizonte der Zukunft – ständig wechselnde Herausforderungen geben wird. Die Aufgaben und Probleme, die in naher Zukunft zu lösen sind, werden anders sein als die in fünf oder gar erst in zehn Jahren.

Eine solche Unterscheidung ist einerseits richtig, andererseits auch wieder falsch, weil

- man nur in der Gegenwart die Zukunft gestalten kann, egal welche Zeiträume man dabei zugrunde legt und

- auch die Wechselwirkungen und die Intensität der Zusammenhänge berücksichtigt werden müssen.

Was nichts anderes bedeutet, als dass Entscheidungen, die momentane Schwierigkeiten beseitigen oder bessere Zustände schaffen sollen, auch Auswirkungen auf zukünftige Situationen haben können. Dies wiederum verändert das ferne Szenario, obwohl wir die Situation eigentlich nur für die nächste Zeit verändern wollten.

Der Schwerpunkt unserer Betrachtung ist die Zeit der Zukunft „im Jetzt". Das liest sich etwas verworren, doch ist damit die Zeit gemeint, in der eine weltweite Wirtschaftskrise die Unternehmen konkret bedroht. Es hat wenig Zweck, sich Gedanken über die ferne Zukunft zu machen, wenn es nicht gelingt, die nächsten Jahre gut zu überstehen.

Deshalb werden wir zunächst die möglichen Entwicklungen der nahen Zukunft antizipieren und ausführlich darlegen, welche Reaktionen auf diese Herausforderungen sinnvoll sind. Wir werden Ihnen das Zukunftsmanagement *vor* der Krise erklären.

Danach stellen wir das Chancenmanagement *in* der Krise vor. Welches Zukunftswissen ist bei schwierigen Bedingungen in der strategischen Planung zu berücksichtigen? Wie geht man nicht nur diese Probleme der Krise konsequent an, sondern was ist zu tun, damit gleichzeitig die Weichen für eine erfolgreiche Zeit nach der Krise gestellt werden?

c. Passive und aktive Sicht der Zukunft

Es gibt zwei Möglichkeiten, über die Wahrscheinlichkeit der Zukunft nachzudenken. Die passive Sicht geht davon aus, dass sich unser zukünftiges Umfeld unabhängig von unseren Aktivitäten entwickeln wird. Das ist die Sichtweise von außen nach innen, die unterstellt, dass wir das fast unabwendbar Kommende voraussehen müssen, um uns darauf rechtzeitig vorzubereiten.

Wenn wir die Zukunft von innen nach außen denken, dann unterstellen wir, dass wir unser Umfeld mit unseren Entscheidungen beeinflussen können. Wie pflegte einer unserer Klienten immer zu sagen: „Wir werden die Zukunft so nehmen, wie sie kommt. Doch wir sorgen dafür, dass sie so kommt, wie wir sie nehmen wollen!"

Beide Sichtweisen sind wichtig, weil es Bestimmungsfaktoren der Zukunft gibt, die wir tatsächlich nicht beeinflussen können (Entscheidungen von Politikern, der Konkurrenz usw.), und weil es sehr wohl eine Menge von eigenen Gestaltungsmöglichkeiten gibt, auf Zukünfte einzuwirken.

Fest steht, jeder Mensch, jedes Unternehmen kann die eigene Zukunft beeinflussen. So manche scheinbare Grenze wird durch aktives Gestalten überschritten. Plötzlich stellt man fest, dass die eigenen Entscheidungen andere Einflussgrößen dazu zwingen, sich anzupassen. Eine nicht gewollte Initialzündung verursacht Ergebnisse, die uns erstaunen.

Es ist wie auf einer Wackelplatte, die wir von Kinderspielplätzen kennen. Immer wenn sich ein Kind bewegt, dann müssen sich die anderen auf der Platte auch bewegen, um das ursprüngliche Gleichgewicht wiederherzustellen.

Wir beeinflussen durch unser Tun oder Nichtstun, dass etwas passiert. Wir haben, so könnte man es auch ausdrücken, immer 100 Prozent Erfolg. Was wir verursachen, das erfolgt. Wir stehen im Leben genau dort, wo wir uns entschieden haben zu sein. Das gilt sowohl für uns persönlich als auch für die betriebliche Situation. Wenn wir davon überzeugt sind, dass diese so sein wird, wie wir sie uns wünschen, und wenn wir dafür sorgen, dass diese Wünsche in Erfüllung gehen, dann wird es auch so geschehen.

Schließlich können wir auch entscheiden, ob wir eine optimistische Sichtweise der Zukunft haben oder eine eher pessimistische. Wenn wir uns für eine pessimistische Haltung der Zukunft entscheiden, weil wir befürchten, dass wir keinen Einfluss haben und alles zu unserem Nachteil geschieht, dann bleibt uns nur zu hoffen, dass die kommenden Monate und Jahre nicht allzu schlimm werden. Wir entscheiden dann, dass wir die Zukunft bewältigen und sie nicht gestalten wollen.

Egal für welche Sichtweise wir uns entscheiden, wir werden bewusst oder unbewusst dafür sorgen, dass es so kommt, wie wir erhofft oder befürchtet haben.

Henry Ford meinte einmal: *Ganz gleich, ob Sie denken, Sie können etwas oder Sie können es nicht, Sie haben recht.*

d. Märchenhaftes Zukunftsmanagement

Bevor wir Ihnen das krisenrelevante Chancenmanagement darstellen als eine bewährte Möglichkeit, die unterschiedlichen Zukünfte zu erfassen und zu bewerten, möchten wir einen kleinen Exkurs, einen literarischen Abstecher in eine Zeit machen, als uns das Krisenmanagement in Form von Geschichten und Märchen erklärt wurde.

Denn eigentlich sind wir alle mit dem Thema „Gestalten von Zukünften" sehr viel früher vertraut gemacht worden, auch wurde uns erklärt, wie man schwierige Zeiten und Probleme überwindet und scheinbar unlösbare Aufgaben oft nur dann lösen kann, wenn man die richtige geistige und körperliche Verfassung hat.

In den Märchen werden nämlich die perfekten Zukunftsmanager beschrieben, die selbst die schwierigsten Situationen bravourös meistern, weil sie rechtzeitig vorsorgen und sich auf mögliche Bedrohungen und wahrscheinliche Chancen vorbereiten. Die Helden in den Märchen haben das, was Fachleute heute „Zukunftskompetenz" nennen. Diese hilft ihnen, sich auf die dramatischsten und ungewöhnlichsten Situationen –

meist intuitiv und aus gutem Charakter heraus – adäquat vorzubereiten und die Herausforderung zu bestehen.

Die Akteure wissen, was zu tun ist, um das Leben zu meistern oder besser zu sein als die Konkurrenz. Egal ob es sich dabei um die Bremer Stadtmusikanten, Hänsel und Gretel oder den Froschkönig handelt, sie alle schaffen Voraussetzungen für zukünftige Aufgaben, die sie noch gar nicht kennen. Das ist ihnen möglich, weil sie ein gutes Herz haben, eine nützliche Intuition und achtsam sind für die Qualität der Zeit und für das, was ihnen das Leben an Möglichkeiten anbietet.

Märchen sind ausgezeichnete Lehrstücke, die einem zeigen, wie man lebensbedrohliche Krisen in erfolgreiche Chancen transformiert. Weil Märchen ohne zeitliche und räumliche Festlegung sind und die Heldenfiguren einladen, sich mit ihnen zu identifizieren, wollen wir uns einen der besten Zukunftsmanager gemeinsam anschauen und analysieren, welche Strategien er benutzt, um sein zukünftiges Leben erfolgreich zu gestalten.

Das tapfere Schneiderlein als Zukunftsmanager

Märchen sind in Metaphern verpackte Zukunftsstrategien. Das Märchen vom tapferen Schneiderlein gehört mit zu den bekanntesten, die die Gebrüder Grimm gesammelt und veröffentlicht haben.

Um was geht es? Der Schneider macht eine wichtige Erfahrung: Er kann – wenn er will – über Grenzen gehen, weil er sieben auf einen Streich schafft. Diese Erkenntnis gibt ihm die Kraft, die eingefahrenen Gleise zu verlassen. Er kennt seine Welt und weiß, wenn er nichts verändert, dann bleibt alles beim Alten. Er spürt nämlich, dass seine Werkstätte zu klein ist für seine Tapferkeit (er fühlt seine Potenziale).

Er hat seine Stärke, seine Vision sogar auf den Gürtel gestickt. Alle sollen es erfahren: *„Ei, was Stadt"*, sprach er, *„die ganze Welt soll's erfahren!",* und *sein Herz wackelte ihm vor Freude wie ein Lämmerschwänzchen.*

Und was gewinnt er dadurch? Ein Königreich und die Prinzessin dazu! Sein Traum wird wahr und das Märchen erzählt uns, welche Strategien und Taktiken er anwendet, um zu diesem fantastischen Erfolg zu kommen.

Denn vorher, also bevor er König wird und die Prinzessin heiratet, hat er einige Abenteuer zu bestehen. Heute würden wir sagen, er muss einige limitierende Engpässe überwinden. Diese Probleme stehen im direkten Zusammenhang mit dem Erfolg. Wenn ihm dieses und jenes gelingen würde, *so wollte er* (der König) *ihm seine einzige Tochter zur Gemahlin geben und das halbe Königreich zur Ehesteuer.*

Das sind keine einfachen Aufgaben, erst recht nicht für einen Schneider, der keinerlei Erfahrungen mit dem Leben „draußen" hat. Ja, es geht um alles oder nichts, die von ihm erwarteten Heldentaten sind so schwierig zu bewältigen, dass ein Versagen den Tod bedeuten würde. Denn *der König sann, wie er sich den Helden (wie Du kommst gegangen, so wirst Du auch empfangen, so schnell wurde der Schneider zum Helden!) vom Halse schaffen könnte.*

Damit es ihm gelingt, die geforderten Heldentaten zu bestehen, muss er zur Hochform auflaufen. Er muss vordenken, sich hineindenken und querdenken.

Das Vordenken beginnt, als er seine Werkstatt verlässt, er einen alten Käse und einen Vogel einsteckt. Beides hilft ihm, den Riesen, der sich ihm in den Weg stellt, zu beeindrucken, als dieser ihm die Aufgabe stellt, aus einem Stein (Käse) das Wasser herauszudrücken und diesen Stein (den Vogel) so hoch zu werfen, dass er nicht mehr zu sehen sei.

Das tapfere Schneiderlein beherrscht auch das strategische Denken im Sinne von Hineindenken, als er – es ist die erste königliche Aufgabe – die beiden Riesen aufeinander losgehen lässt. Er stellt sich vor, was passieren würde, wenn er sie beim Schlafen mit Steinen bewirft (die er vorher mit auf den Baum genommen hat). Wie er es vorausgeahnt hat, so geschieht es auch, die beiden erschlagen sich im Zorn gegenseitig.

Für ihn ist der Erfolg selbstverständlich. *„Ein Glück nur"*, sprach es (das Schneiderlein), *„dass sie den Baum, auf dem ich saß, nicht ausgerissen haben, sonst hätte ich wie ein Eichhörnchen auf einen andern springen müssen: doch unsereiner ist flüchtig!"*

Ein Einhorn fangen – die zweite Aufgabe des Königs, der ihn um den versprochenen Lohn bringen will –, das kann man nur, wenn man die Strategie des „Quer-Denkens" beherrscht, wenn man über den Tellerrand hinaus sehen kann. Wer mit Umständen umgehen kann, die er vorher noch nie erlebt hat, für den gibt es keine Grenzen. Der Schneider hat dieses Grundvertrauen, er beherrscht diese Kunst und kann sich deshalb diesem Fabelwesen in den Weg stellen und behände beiseite springen, damit es mit seinem Horn sich selbst am Baum aufspießt.

„Sachte, sachte", sprach er, *„so geschwind geht das nicht"*, blieb stehen und wartete, bis das Tier ganz nahe war, dann sprang er behändiglich hinter den Baum. Das Einhorn rannte mit aller Kraft gegen den Baum und spießte sein Horn fest in den Stamm. So überwindet man den Gegner – man schlägt ihn mit seinen eigenen Waffen.

Das Schneiderlein entwickelt im Laufe des Märchens immer wieder ein individuelles strategisches Denken und schafft es deshalb auch, das Wildschwein – es ist die letzte Aufgabe – in der Kapelle zu fangen. Selbst der König muss einsehen, dass dieser Mensch ein Held ist und *er mochte wollen oder nicht, er musste sein Versprechen halten und ihm seine Tochter und das halbe Königreich übergeben.*

Was lehrt uns dieses? Nun, man muss nicht unbedingt Herkules sein, um großartige Aufgaben zu lösen – es ist eine Frage der Strategie. Mit dem richtigen Chancenmanagement lässt sich fast jede Herausforderung meistern.

Ein guter Zukunftsmanager sichert aber auch seinen Erfolg ab. Der Schneider wird nicht nur König und heiratet die Prinzessin, sondern er bleibt im Erfolg. Deshalb findet er Verbündete, die ihm helfen, weil sie ihm gewogen sind. Und so erfährt unser Schneiderlein rechtzeitig von einem Anschlag auf sein Leben, weil er sich im Traum verraten hat, als er von seinen alten Zeiten als Schneider sprach.

Und wie schafft er es, seine erfolgreiche Existenz zu sichern? Nun, es reicht aus, dass er – scheinbar im Schlaf – seine Erfolge wiederholt. *„Ich habe Siebene mit einem Streiche getroffen, zwei Riesen getötet, ein Einhorn fortgeführt und ein Wildschwein gefangen, und sollte mich vor denen fürchten, die draußen vor der Kammer stehen!"*

Als diese den Schneider sprechen hörten, überkam sie eine große Furcht, sie liefen, als wenn das wilde Heer hinter ihnen wäre, und keiner wollte sich mehr an ihn wagen. Also war und blieb das Schneiderlein sein Lebtag König.

Andere märchenhafte Zukunftsmanager

In fast jedem Märchen der Gebrüder Grimm und anderer Autoren sind Zukunftsmanager am Werke. Ist nicht der Wolf ein großer Stratege, stellt er sich nicht geschickt an, um an die sieben Geißlein zu kommen? Konsequent nimmt er die Hinweise der Geißenkinder (des Marktes für wölfische Leibspeisen) auf und setzt sie zu seinen Gunsten um. Leider wird er, als er sein Ziel erreicht hat, leichtsinnig und verliert sein Leben.

Und was unternimmt Hans nicht alles, um endlich sein Glück zu erreichen? Er löst sich von allem Materiellen, um sich selbst zu verwirklichen – obwohl er nichts von der Maslowschen Bedürfnishierarchie wusste.

Arbeitet Aschenputtel nicht konsequent an der Gestaltung ihrer Zukunft (sie wird ja auch gut belohnt)? Selbst die allgewaltige Stiefmutter und die hinterhältigen Schwestern, die – um sie am Gewinnen zu hindern – Aschenputtel die schwierigsten Probleme aufhalsen und auch nicht vor Selbstverstümmelung zurückschrecken, können sie nicht daran hindern, den Prinzen zu „kriegen".

Wie würden Sie den gestiefelten Kater bezeichnen? Ist er nicht der Chancenmanager schlechthin, der seinen Herrn vom armen Müllersohn zum mächtigen Fürsten macht? Er plant alles sorgfältig und entwickelt erfolgreiche Zukunftsstrategien, um den König davon zu überzeugen, dass sein Herr der richtige Schwiegersohn für ihn sei. Und zum Schluss, damit alles auch so bleibt wie geplant, sichert er den Erfolg ab und überredet den bösen Zauberer, sich in eine Maus zu verwandeln, damit er sie auffressen kann. Einfach genial, was dieser Kater an Zukunftskompetenz demonstriert. Deshalb wird er auch, als der Müllersohn mit seiner Hilfe König wird, zu Recht sein erster Minister.

Konnten wir Sie von der „wirklichen" Botschaft der Märchen überzeugen? Wirklich ist, was wirkt, und diese alten Geschichten stellen dar, was wirkt und welche Auswirkungen möglich sind.

Sehr oft geht es in den Märchen darum: Wie kann ich meine Zukunft so gestalten, dass ich als Prinz einmal König werde bzw. König in meinem Reich (Unternehmen) bleibe.

Wenn man Märchen unter diesem Blickwinkel liest, dann wird deutlich, wie wichtig und erfolgversprechend es ist, sich gut auf die Zukunft vorzubereiten. Der Wortstamm von Erfolg ist „die Folge". Und was soll erfolgen? Richtig, das, was wir uns wünschen, ein sehr konkreter zukünftiger Zustand, für den es sich anzustrengen lohnt.

Erfolg-reich sein – dabei geht es um mehr! Wem das Erfolg-reich-sein wichtig ist, der sorgt nicht nur dafür, dass das Richtige *erfolg*-t, der will außerdem nicht nur materiellen *Reich*-tum erlangen, sondern er möchte auch sein „Sein" verbessern. Dieser Mensch strebt Glück und Zufriedenheit bzw. märchenhafte Zustände an.

e. Chancenmanagement – die Überlebensstrategie

Nicht nur die Helden in den Märchen, nein, jeder Mensch und jedes Unternehmen betreibt mehr oder weniger, besser oder schlechter Zukunftsmanagement. Bei unseren Entscheidungen werden zwar unsere Erfahrungen aus der Vergangenheit berücksichtigt, aber noch mehr werden sie durch die Annahmen über die mögliche Entwicklung in der

Zukunft beeinflusst. Unsere Vorstellung davon, welche Auswirkung die zu treffende Entscheidung zukünftig wohl haben wird, ist der wichtigste Aspekt dafür, welche Alternative wir wählen.

Ein Axiom des Neurolinguistischen Programmierens (NLP) lautet: Menschen treffen entsprechend ihrem Informationsstand immer die richtigen Entscheidungen. Dieser Informationsstand wird von unserem Wissen und unseren Erfahrungen geprägt. Deshalb gibt es auch keine falschen Entscheidungen, sondern höchstens einen falschen Informationsstand.

Wir können uns nicht gegen das Zukunftsmanagement entscheiden, weil wir es sowieso praktizieren. Die Frage ist nur: Mache ich es bewusst und systematisch oder nur zufällig und ohne viel darüber nachzudenken?

„Zukunftsmanagement, so wie wir es verstehen und lehren, ist die Gesamtheit aller Methoden, Prozesse und Werkzeuge, die der Führung eines Unternehmens laufend aktuelle Antworten auf die fünf Kernfragen geben:

- Welche Veränderungen der Kunden, des Marktes und der Technologien oder der Weltwirtschaft kommen in den nächsten Jahren auf uns zu?
- Welche Bedrohungen ergeben sich aus diesen Veränderungen?
- Welche Chancen liegen in diesen Veränderungen?
- Wie soll unser Unternehmen in der Zukunft aussehen (Vision)?
- Welche Zukunftsprojekte führen wir jetzt auf dem Weg zu unserer Vision durch?

In der unternehmerischen Zukunftsforschung sind die zwei schon dargestellten, fundamental unterschiedlichen Sichtweisen der Zukunft miteinander zu vereinbaren. In der passiven Sicht auf die Zukunft gilt es, die wahrscheinliche Zukunft von außen nach innen zu verstehen. Die aktive Sicht auf die Zukunft will dagegen die gestaltbare Zukunft von innen nach außen erkennen und nutzen.

Um diese Sichtweisen zu vereinen, bedarf es einer praktikablen Methode, mit der die Treiber der zukünftigen Veränderung erfasst, strukturiert und auf ihre Konsequenzen hin untersucht werden können. Es geht dabei aber nicht darum, die Zukunft zu berechnen, sondern die wesentlichen Zukunftsfaktoren (das sind die treibenden Kräfte) zu erkennen und ihre Wirkungsweise zu verstehen. Dabei müssen sich Unternehmensführer auf die wirklich wichtigen Kräfte konzentrieren und erkennen, dass mit wolkig-blumiger Sprache beschriebene kurzfristige Erscheinungen aus der Trendforschung nichts mit ernsthaften Zukunftsentwicklungen zu tun haben.

Chancenmanagement als konkretisierter Teil des Zukunftsmanagements ist daher der unternehmerische Teil der Zukunftsforschung und der zukunftsforscherische Teil der strategischen Unternehmensführung.

Zukunftsmanagement sichert die Existenz Ihres Unternehmens, weil es Ihnen die Bedrohungen und Unsicherheiten der Zukunft bewusst macht und Ihr Unternehmen darauf vorbereitet.

Zukunftsmanagement verbessert die Strategie, weil es durch solide Zukunftsanalysen klare Orientierungsgrundlagen bietet. Zukunftsmanagement verbessert Motivation und Zuversicht von Management und Mitarbeitern, weil es das gute Gefühl gibt, die wichtigsten Fragen an die Zukunft systematisch und umfassend untersucht und beantwortet zu haben.

Zukunftsmanagement ist die Basis für das Tagesgeschäft. Was wir täglich tun, hängt davon ab, welche Vision wir verfolgen, welche Ziele wir daraus abgeleitet haben und welche Projekte und Prozesse wir durchführen, um diese Ziele zu erreichen.

In der jetzigen gesamtwirtschaftlichen Situation – in der die Zeichen auf einen globalen Wirtschafts-Tsunami stehen –, ist Zukunftsmanagement für die Unternehmen nicht nur sinnvoll, sondern überlebensnotwendig. Durch das Erkennen des Notwendigen, Möglichen und Gewollten wird

so die unternehmerische Zukunft auch in schwierigen Zeiten gestaltbar."
(Quelle: www.futuremanagementgroup.com)

f. Zukunftskompetenz in schwerer See

Auch am Ende dieses Kapitels möchte ich eine meiner Kolumnen anfügen. Wie ich schon in der Einleitung schrieb, sollen diese Geschichten und Artikel eine andere Sichtweise der Thematik darstellen und meine persönlichen Einschätzungen, die ich hier darlege, ergänzen.

Neulich sah ich mir mit meinen beiden Jungen den Film „Asterix und die Wikinger" im Fernsehen an. Es ging darum, dass die furchtlosen Krieger aus dem Norden gehört hatten, dass Angst Flügel verleihe und dass man deshalb auch fliegen könne. Diese Vorstellung schien sehr attraktiv und sie machten sich auf den Weg, jemanden zu finden, der ihnen Angst beibrachte (was dank Asterix ziemlich schiefging, aber das ist eine andere Sache).

Macht Ihnen die derzeitige Krise Angst? Brauchen Sie vielleicht Flügel, weil Sie gezwungen werden, sich von der Normalität zu verabschieden, aufzusteigen (oder unterzugehen) in eine neue ökonomische Dimension? Es kommt darauf an, ob Sie die Angst in Energie, in entschlossenes Handeln transformieren oder nicht. Ob Sie und Ihr Führungsteam begreifen, dass diese Veränderungsprozesse sehr konkrete Hinweise darauf sind, dass es so nicht mehr funktioniert, dass der Zustand korrigiert und das System Unternehmen verbessert werden sollte. Das ist eigentlich alles, dafür sind Manager ja schließlich da!

In uns allen und damit auch in den Unternehmen gibt es Erfahrungen und Fähigkeiten, die sich erst dann richtig entfalten, wenn wir durch eine Krise herausgefordert werden. So mancher Unternehmer berichtet davon, dass schwierige Zeiten ihm und seinem Team zu Höchstleistungen verholfen haben und er samt seiner Firma gestärkt aus dem scheinbaren Desaster herausgekommen sei.

Ohne Krise kein Wachstum – kein Wachstum ohne Krise. Richtig ist, dass eine gewisse Unübersichtlichkeit (Was kommt alles auf uns zu?), die zunächst offensichtliche Überforderung der Führungskräfte (mangelnde Krisenkompetenz) und vor allem eine scheinbare Ausweglosigkeit hinsichtlich der unternehmerischen Zukunft typische Kennzeichen von Krisen sind. Doch das sind „Scheinriesen", die bei näherer Betrachtung zu lösbaren Problemen schrumpfen können.

Entscheidend ist, welche Bedeutung das Management dieser Zeit des Wandels zumisst und wie es auf die neue Situation reagiert. Was für die einen eine existenzielle Bedrohung darstellt, ist für andere eine stimulierende Situation, die genutzt werden soll.

In einer Beratung erlebten wir einmal ein extrem anderes Beispiel von der „Wirksamkeit" eines Unternehmensleitbildes:

Dem Unternehmen ging es nicht gut. Es waren einige unpopuläre Entscheidungen zu treffen. Der Chef war in Rage und schoss ziemlich über das Ziel hinaus, als er uns erklärte, was er vorhatte. Seine Assistentin meinte daraufhin: „Aber Herr ..., das ist doch gegen unser Firmenleitbild", und sie zeigte auf eine Tafel, die an der Wand hing. Dort waren die mühsam erarbeiten Verhaltensregeln und Unternehmensprinzipien aufgelistet. Da ging der Inhaber zur Wand, drehte das Bild um und meinte erbost: „In Krisenzeiten gilt so was nicht!"

Sie erinnern sich, es wurde bereits ausgeführt, wie irrational die Verantwortlichen manchmal auf besondere Herausforderungen reagieren und wie sie durch ihr Verhalten die möglichen Auswirkungen von Krisen verschlimmern.

g. Der Nutzen des Chancenmanagements

Der Nutzen, der sich für die Firmen daraus ergibt, die Zukunft managen zu wollen, ist eindeutig:

- Es wird möglich, die Innensicht durch die Perspektive der strukturierten Außensicht zu ergänzen.
- Die Qualität der strategischen Entscheidungen – die zum Teil auch intuitiv erfolgen – kann so methodisch fundiert werden.
- Im Ergebnis machen Sie Ihr Unternehmen kompetent für die zukünftigen Herausforderungen und gewinnen so an den Märkten einen enormen Vorsprung im Wettbewerb.
- Die strategische Voraussicht sichert die „Lebensgrundlagen" des Unternehmens und damit auch die aller Beteiligten. Egal ob es sich um Lieferanten, Banken, Mitarbeiter oder Sie als Manager handelt.

Nach der Erkenntnis über die Zukunft bleibt richtiges Handeln jedoch die Voraussetzung für einen greifbaren und rechenbaren Nutzen.

Denn nur: Erkenntnis x Handeln = Erfolg!

Fassen wir zusammen:

Ein Unternehmen kann nur dann dauerhaft erfolgreich sein, wenn seine Führung eine gute Vorstellung von den Bedrohungen und den Chancen der Zukunft und von der eigenen Zukunftsausrichtung hat. Da die Zukunft nicht in letzter Konsequenz vorhersagbar ist, kann das Management wie auch jeder Einzelne die Verantwortung für die richtige Einschätzung der Zukunft nicht delegieren. Führungskräfte müssen die Zukunft als Gestaltungsaufgabe begreifen.

Erst durch die systematische Auseinandersetzung mit der Zukunft und die Offenlegung der Zukunftsannahmen (die jeder der Beteiligten hat, zwar nicht offen legt, sich aber sehr wohl danach entscheidet und sich entsprechend verhält) kann eine solide Zukunftsstrategie entwickelt werden. Das bedeutet:

- Die Krise ist ein eindeutiges Signal, der klare Hinweis auf unvermeidbare Investitionen für eine bessere Zukunft.

- Wachstum ist stets mit einer Krise verbunden. Der Übergang von einer Ära zur anderen (Wachstumsschwellen) ist immer und unvermeidlich für die Mitwirkenden bzw. Beteiligten beunruhigend und schmerzlich. Es gibt nun mal keine Veränderungen ohne Ängste und Widerstände.
- Bei solchen Übergängen ist die Stabilität des Systems gefährdet. Die alte Unternehmensphase wird aufgegeben, das neue Zeitalter ist noch nicht etabliert. Das ist die Zeit, in der es Aufgabe der Führung ist, mit neuen Strukturen, Regeln und Zielen die Existenz des Unternehmens zu sichern.
- Mit einem schwachen Zukunftsmanagement ist man dem Wandel hilflos ausgeliefert, weil man sich nicht vorbereitet hat. Die Wachstumskrise wird zur existenzbedrohenden Situation.
- Wer die neue Ära früher als andere annähernd richtig erahnen kann, hat einen großen Vorteil gegenüber seinen Wettbewerbern.
- Man kann Wirtschaftskrisen nicht verhindern, aber man kann sie in ihren Auswirkungen auf das eigene Unternehmen begrenzen oder abfedern.
- Ob die Krise für uns gut ist und Wachstum ermöglicht oder schlecht ist und unseren Untergang bedeutet, entscheidet nicht die Krise. Das entscheidet die Art und Weise, wie wir mit der neuen Situation umgehen.

h. Ihr Zukunftsmanagement-Audit

Bevor wir uns dem konkreten Zukunftsmanagement in der Krise zuwenden, können Sie mit dem folgenden Fragenkatalog prüfen, wie es bei Ihnen um den Organisationsgrad „Unternehmenszukunft" bestellt ist.

Die Fragen können helfen, weiße Flecken zu entdecken und dabei unterstützen, einen ersten Schritt in Richtung betriebliches Zukunftsmanagement zu gehen.

1.	Informationen über zukünftige Entwicklungen, die unser Unternehmen betreffen könnten, werden gesammelt, strukturiert und dokumentiert.
2.	Es wird systematisch externes Zukunftswissen von Beratern, Lieferanten, Geschäftspartnern (Banken, Verbände) und Kunden einbezogen.
3.	Für die gezielte Suche nach Zukunftsannahmen existiert ein Indikatorenkatalog und Anreizsystem, damit alle Mitarbeiter zur Informationssuche animiert werden.
4.	In unserem Unternehmen wurde ein interdisziplinäres Zukunftsteam zusammengestellt, welches halbjährlich zusammenkommt.
5.	Diese Form eines Zukunftsmanagements liefert uns zufriedenstellende Informationen, die in die Führungs- und Strategieprozesse einfließen.
6.	Bedrohungen und Chancen werden vom Zukunftsteam regelmäßig identifiziert, analysiert und auf mögliche Interdependenzen untersucht.
7.	Wir betrachten Bedrohungen als veränderungswürdige Zustände und damit als Grundlage für Chancen.
8.	Das Zukunftsteam erarbeitet Handlungsoptionen, wie man Bedrohungen begegnen und Chancen nutzen kann.
9.	Einmal jährlich werden Projektionen und Szenarien überraschender Zukünfte und Entwicklungen auf ihren Einfluss auf die Unternehmensstrategie untersucht.
10.	Es existieren Eventualstrategien, die das Unternehmen gegenüber nicht vorhersehbaren Überraschungen absichern.
11.	Es existiert eine klar formulierte Vision als konkretes Bild einer faszinierenden, gemeinsam erstrebten und realisierbaren Zukunft.
12.	Diese Vision wurde auf der Basis der vom Zukunftsteam erarbeiteten Zukunftsannahmen, der gefundenen Bedrohungen und Chancen sowie möglicher Überraschungen entwickelt.

13.	Die Vision vereint sowohl die Bedürfnisse des Unternehmens und seiner Mitglieder als auch die externer Beteiligter.
14.	Die Vision bildet den Bezugsrahmen für engagiertes und motiviertes Handeln der Mitarbeiter und Führungskräfte.
15.	Es findet eine regelmäßige (jährliche) Überprüfung und Anpassung der Vision statt.
16.	Alle Ziele, Prozesse, Projekte und Aktivitäten dienen der Erreichung der strategischen Vision.
17.	Die Verwirklichung der langfristigen Ziele wird durch eine Zukunftsstrategie, also durch Teilziele, Projekte, Prozesse und Systeme sichergestellt.
18.	Die Zukunftsstrategie wird mit professionellem Change-Management umgesetzt.
19.	Jedem Mitarbeiter ist der von ihm geforderte Beitrag zur Umsetzung der Zukunftsstrategie bekannt.
20.	Die Zukunftsstrategie wird regelmäßig überarbeitet und angepasst.
21.	Das unternehmerische Zukunftsmanagement wird neuen Mitarbeitern grundsätzlich immer vermittelt.
22.	Die Geschäftsführung steht vollständig hinter dem Zukunftsmanagement und wirkt an den entscheidenden Punkten aktiv mit.
23.	Es existiert für das Zukunftsmanagement eine abgestimmte und fördernde Organisationsstruktur.
24.	Mitarbeiter des Zukunftsteams sind persönlich und methodisch speziell qualifiziert und bilden sich ständig in Zukunftsmanagement weiter.
25.	Alle Mitarbeiter sind sich bewusst, dass Zukunftsmanagement mehr als zwei Drittel des dauerhaften Unternehmenserfolges garantiert.

In diesem Buch bauen wir eine Art Büfett von Erfahrungen, Empfehlungen, Lerninhalten, Warnungen oder bewährten Strategien und Fertigkeiten für unsere Lesegäste auf. Wir wissen vorher nicht, für was Sie sich entscheiden, was Sie zu sich nehmen werden. Wir können nur eine möglichst große Auswahl an geistiger Nahrung bzw. erfolgversprechenden Methoden anbieten und Sie entscheiden, wann, wie und wo Sie „zulangen".

Das Angebot „Chancenmanagement in der Krise" ist neu auf der Tafel. So mancher Unternehmer oder Manager ist zunächst irritiert, und weil er nicht weiß, wie es schmeckt, holt er sich vielleicht zunächst nur eine Kostprobe.

Dieses Buch ist eine Kostprobe, kann aber eine richtige Mahlzeit, nämlich das konkrete Zukunftsmanagement im Unternehmen, nicht ersetzen. Wie eine Landkarte nicht die Landschaft ist und eine Speisekarte nicht das Essen selbst, so ist es ein großer Unterschied zwischen dem hier Geschriebenen und dem tatsächlich Erlebten.

Wer einmal den Prozess des Chancenmanagements in seinem Unternehmen erlebt hat und erstaunt zur Kenntnis nimmt, wie das Zukunftsteam mit Kreativität und Engagement arbeitet, der stellt sich vielleicht die Frage, warum es erst einer potenziellen Krise bedarf, um das Unternehmen zukunftssicher zu machen.

Doch was auf jeden Fall bleibt, ist, dass die hier angebotenen Hilfen nicht die eigene Art und Weise ersetzen, wie man die zukünftigen Probleme angehen will.

7. Grundlagen des Chancenmanagements

Wir halten die Vorsorge bei kommenden schwierigen Zeiten nicht nur für effizienter und kostengünstiger, sondern auch deshalb für wichtig, weil durch die Simulation von möglichen Auswirkungen und den angemessenen Reaktionen darauf die gesamte Belegschaft fit gemacht wird für den vielleicht eintretenden unternehmerischen Überlebenskampf.

Dabei stellt sich für die Geschäftsführung oft die Frage, wie man vorgehen soll und was zu tun ist, damit der interne Prozess des Zukunftsmanagements möglichst strukturiert und zielorientiert abläuft.

Aus vielen Hundert Projekten, bei denen eine Brücke zwischen der Zukunftsforschung und der strategischen Planung gebaut wurde, hat sich ein Denkmodell entwickelt, das als das „Eltviller Modell" in der Wirtschaft bekannt geworden ist. Es ist ein strukturierter Prozess in sieben Schritten, mit dem das Zukunftsmanagement durchgeführt und etabliert wird.

Den nachfolgenden Ausführungen liegt das Eltviller Modell zugrunde, die Gliederung der Vorgehensweise und die Vorschläge orientieren sich an diesem Denkmodell.

a. Beispiel: Urlaubsplanung

Bevor wir die einzelnen Schritte des unternehmerischen Chancenmanagements erklären, wollen wir sie zunächst mit einem Beispiel aus dem täglichen Leben erläutern:

Wir planen eine Urlaubsreise! Der erste Schritt ist, wir beschaffen uns Wissen. Wir besorgen uns Reisekataloge und reden unter Umständen mit Experten im Reisebüro über unseren Plan. Die Informationen, die wir dabei gewinnen, helfen uns, einen Überblick über mögliche Alternativen zu gewinnen. Das ist die Annahmeanalyse.

Danach treffen wir die erste Auswahl aus dem Angebot der Kataloge. Die Frage, deren Antwort uns interessiert, lautet: Welche Möglichkeiten werden uns von den Reiseveranstaltern angeboten? Welche Informationen stellen uns die Reiseunternehmen zur Verfügung? Es ist die Sichtweise von draußen (mögliche Urlaubsorte) nach innen (familiäre Möglichkeiten). Wir prüfen, wo die Chancen liegen, dass wir die eigenen Bedürfnisse und Ziele am ehesten befriedigen bzw. erreichen.

Im nächsten Schritt ist zu klären, wie wir uns vor möglichen Überraschungen schützen können. Ist das ausgewählte Urlaubsland auch sicher (Tibet, Syrien oder Südafrika sind vielleicht im Moment nicht zu empfehlen!)? Gibt es Informationen über andere drohende Gefahren wie Hochwasser, Seuchen oder Hurrikans? Ist mit Entführungen zu rechnen oder ist die Kriminalitätsrate so hoch, dass wir um unser Leben fürchten müssen?

Nach diesen Vorabaktivitäten (Annahmen, Chancen, Überraschungen) entscheiden wir, welche Urlaubsziele in die nähere Auswahl kommen. Das ist die Sichtweise von uns (innen) nach „draußen". Was sind unsere Möglichkeiten (Urlaubszeit, Geld, individuelle Ansprüche usw.)? Welche Chancen bestehen, dass wir ein günstiges Angebot (Last Minute) buchen können? Können wir vorhandene Erfahrungen (Sprachen, Hobby usw.) mit den neuen Urlaubserlebnissen verbinden? Das Ergebnis könnte sein, dass uns mehrere Alternativen zur Verfügung stehen.

Nun entwickelt sich langsam ein Bild (in der Sprache der Unternehmensplanung handelt es sich um eine Vision), vor allem, wenn wir uns gemeinsam mit unseren Kindern ausmalen, wie unser Urlaub sein wird. Wir stellen uns vor, wie es sein könnte (die Kinder quietschen vor Vergnügen, planschen schon im Pool und buddeln im Sand am Meer), wenn wir eine der Alternativen ausgewählt haben.

Dann müssen wir in einem letzten Schritt nur noch dafür sorgen, dass unser Traum auch Wirklichkeit wird. Jetzt wird festgelegt, was zu tun ist. Wir buchen den Urlaub, wir bezahlen ihn und frischen unsere Impfungen auf, besorgen uns vielleicht ein Visum und schreiben unsere Packlisten für die Koffer. Irgendwann – in der Zukunft, wenn Schulferien sind – treten wir gemeinsam die Urlaubsreise an.

Zunächst geht es also darum, alle „Urlaubsmöglichkeiten" zu erfassen und kennenzulernen. Dann wird eine erste Entscheidung getroffen, die das Urlaubsziel eingrenzt. Diese Entscheidung wird dadurch beeinflusst, dass geprüft wird, ob es irgendwelche Verhältnisse gibt, die unsere Ferien stören könnten. In die nähere Auswahl kommen dann die Urlaubsorte, die unseren zukünftigen Vorstellungen von einem idealen Ferienaufenthalt am besten entsprechen.

Letztlich wird dann die endgültige Entscheidung getroffen und dafür gesorgt, dass der Urlaub wie geplant stattfinden kann.

Die unterschiedlichen Sichtweisen, Bewertungen und Vergleiche sowie die sich daraus ergebenden Erkenntnisse ermöglichen eine gute Entscheidung und somit das Gelingen des Projektes „Urlaub".

Diese Vorgehensweise hat sich nicht nur bei Urlaubsplanungen oder anderen „familiären Entscheidungen" (Autokauf, Umzug, neuer Arbeitsplatz usw.) bewährt. Dies wird noch deutlicher, wenn wir das Denkmodell auch beim krisenrelevanten Chancenmanagement anwenden.

b. Krisenrelevantes Chancenmanagement in der Praxis

Welche Denkhaltungen sind einzunehmen, um einen möglichst umfassenden Überblick über die möglichen Zukünfte zu erhalten und die richtigen strategischen Entscheidungen vorzubereiten?

Der erste Schritt ist eine Rundumschau – sozusagen eine Art Radar, was die möglichen Zukünfte angeht. Ziel ist es, das von Experten oder Autoren schon aufbereitete Zukunftswissen über mögliche, über wahrscheinliche und eher unwahrscheinliche Zukünfte zu ermitteln und zu beschaffen.

Um diese Aufgabe zu erfüllen, brauchen wir möglichst viele Informationen über Hintergründe, Entwicklungen, Auswirkungen oder andere Prognosen bezüglich der befürchteten Krise. Sonst laufen wir Gefahr, dass wir das Projekt „Chancenmanagement in der Krise" wegen angeblicher Geringfügigkeit einstellen. Ohne Bewertung wird alles gesammelt, was interessant erscheint bzw. im Zusammenhang mit dem Thema „weltweiter Crash" steht.

Danach machen wir die Annahmen-Analyse. Hier wird die Sichtweise – im Gegensatz zur allgemeinen Ortung der Möglichkeiten – etwas fokussiert, es konzentriert sich mehr auf die unternehmerische Umgebung. Wir stellen uns die Frage: Wie wird sich unser Umfeld in einer Wirtschaftskrise hinsichtlich der Kunden, dem Markt, der Lieferanten und neuer Technologien für die Mitarbeiter und sonstige Einflussfaktoren verändern?

Eine vollkommen andere Betrachtung möglicher zukünftiger Entwicklungen ist die Analyse von möglichen Überraschungen. Was sind denkbare überraschende Einflussgrößen, Bedrohungen und Chancen, die möglicherweise einen direkten Einfluss auf das Unternehmen haben könnten, die wir uns im Moment nicht vorstellen können, die aber denkbar sind? Der Schwerpunkt der Suche liegt darin herauszufinden, welches die schlimmsten Auswirkungen dieser Einflüsse sind, die das Unternehmen schließlich bedrohen könnten. Mehrfach haben wir in Workshops erlebt, dass dort genannte Überraschungen (die bei manchen Teilnehmern ein ungläubiges Kopfschütteln verursachten) bei näherer Betrachtung als durchaus realistisch eingestuft wurden (A-Kunde wird insolvent, EU-Gesetz verlangt große Investitionen, die Bank kündigt Kredite, die wir für unkündbar hielten usw.).

Im Fokus unserer Überlegungen sind eher negative unvorhersehbare Ereignisse, wobei wir natürlich auch hoffen, dass es positive Überraschungen geben wird, wir z. B. einen unerwarteten zusätzlichen Großauftrag erhalten oder mit einem bereits abgeschriebenen Geldeingang eines Kunden beschenkt zu werden.

Jetzt haben wir ein ausreichendes Informations- und Orientierungsfundament, um daraus mögliche Chancen zu entwickeln. Wie können wir die Chancen erkennen, und was noch wichtiger ist, wie können wir aus einer Bedrohung eine Chance machen? Jede Bedrohung ist ein Hinweis auf eine notwendige Veränderung, auf eine Möglichkeit, die Zukunft positiv zu gestalten. Das über uns schwebende Damoklesschwert wird zu einer Waffe für den Überlebenskampf transformiert.

Die Chancen, die wir in diesem Zusammenhang meinen, sind keine betrieblichen Verbesserungsvorschläge, sondern Veränderungsmöglichkeiten, die der Existenzsicherung des Unternehmens dienen.

Ist dies alles erledigt, kommt die Visions-Entwicklung, das Leitbild, der Leuchtturm, der dem Unternehmensschiff dient, damit man bei schwerer See, bei Windstärke zehn, gut im Zielhafen ankommt. Eine „lebendige" Idee, wie es einmal sein wird, hilft, die notwendige synergetische

Kraft und Weisheit aller Beschäftigten (nicht nur der Schiffsoffiziere, sondern vor allem der Mannschaft) entstehen zu lassen, die man braucht, um nicht unterzugehen.

Eine betriebswirtschaftliche Binsenweisheit ist doch, dass Unternehmen ohne eine wegweisende Vision es schwerer haben werden als solche, die ein eindeutiges Richtungszeichen vor sich haben. Wenn die Mannschaft den Weg zum rettenden Hafen sehen kann, werden wie selbstverständlich alle Kräfte mobilisiert, um dem Sturm zu trotzen, weil das (Unternehmens-)Schiff bald vor Anker gehen kann. Im sicheren Hafen kann dann überlegt werden, wie man sich neu rüstet, um wieder Fahrt aufzunehmen.

Bei dem vorläufig letzten Schritt geht es um die notwendige Vorgehensweise, alle Überlegungen in die Tat umzusetzen. Welche konkreten Ziele, Projekte und Aufgaben zur Verwirklichung der Vision bestehen, um gut durch das Unwetter oder die Untiefen zu kommen und den rettenden Hafen zu erreichen? Ergeben sich daraus unter Berücksichtigung der gefundenen Bedrohungen Chancen? Was ist zu tun, um das Unternehmen zu schützen? Was ist zu tun, um die günstigen Gelegenheiten zu nutzen?

Der letzte Schritt ist, dass man das Chancenmanagement als dauerhafte Einrichtung organisiert. Zu planen und zu organisieren ist Folgendes: Wer macht als laufenden Prozess was, wann, wie, mit wem, warum, wie lange, bis wann, um zu garantieren, dass das unternehmensrelevante Zukunftswissen weiter gesammelt, aufbereitet und für die Entscheidungen zur Verfügung gestellt wird? Außerdem ist festzulegen, wie oft man mit welchem Team Zukunftsmanagement praktiziert will.

Denn nicht ein einmaliger Prozess sichert unsere Zukunft, sondern das stete Bemühen um neue Erkenntnisse, den Wandel draußen und die notwendigen Neuerungen drinnen. Dauerhaftes Zukunftsmanagement ist wichtig, um immer wieder andere, noch nicht erkannte Gefahren, weitere Bedrohungen, neue Chancen und günstige Gelegenheiten zu erfassen und darauf zu reagieren.

Es kann sogar passieren, dass die Führungskräfte und Mitarbeiter in diesem Prozess begreifen, dass die Krise nicht nur ein Impuls ist, um qualitativ und quantitativ zu wachsen, sondern auch eine Chance bietet im Kampf um zukünftige Marktanteile, denn nur so wird man Sieger gegenüber dem unvorbereiteten Wettbewerb.

Mehr über das „Eltviller Modell" erfahren Sie in den Büchern von Dr. Pero Mićić oder auf der Website www.futuremanagementgroup.com.

c. Bewusstsein erschafft Realitäten

Wie wichtig dieser Prozess für das Überwinden der Krise ist, warum es diesen Leuchtturm braucht und welche Wirkung eine kraftvolle und überzeugende Vision haben kann, hängt mit unserem Bewusstsein zusammen. Denn diese Maßnahmen helfen, die Energie und die menschlichen Ressourcen auf einen Punkt auszurichten, um so erfolgreich die kommenden Herausforderungen zu bestehen.

Mit fokussiertem Bewusstsein schaffen oder beeinflussen wir unsere Realität. Dabei wird unter Realität die Wirklichkeit verstanden, die wir mit unseren Sinnen wahrnehmen können. Um die gewünschten Realitäten zu schaffen, ist eine zielgerichtete Intention des Bewusstseins notwendig, damit das geschieht, was gewollt ist, und nicht irgendetwas.

Egal ob ein Kind eine Sandburg baut, ein Koch eine Mahlzeit zubereitet, ein Sänger ein Lied komponiert oder ein Unternehmer eine Firma gründet – wir benötigen zum Gelingen des Vorhabens absichtliche und zweckbestimmte innere Vorstellungen, damit die erforderlichen Informationen und Energien in uns entstehen. Informationen z. B. darüber, welche Ressourcen benötigt werden und was entstehen soll, und Energie dafür, dass durch Transformation etwas Neues oder Anderes entstehen kann.

Mit der gerichteten Absicht unseres Bewusstseins können wir uns selbst ändern und damit neu und anders entscheiden und tun. Diese Veränderungen von Geist und Verstand haben zwangsläufig zur Folge, dass sich in Zukunft die eigene Realität verändert. Egal ob uns dies bewusst ist oder wir uns intuitiv und gedankenlos für andere Alternativen entscheiden und abweichend handeln von dem, wie es bisher geschehen ist.

William James, ein amerikanischer Psychologe, erkannte: *Die größte Revolution unserer Generation ist die Entdeckung, dass die Menschen die äußere Lage ihres Lebens verändern können, wenn sie ihre innere Geisteshaltung ändern.*

Das ist Problem und Chance zugleich, denn damit liegt die Verantwortung bei jedem Menschen selbst.

Wir können mit unserem Bewusstsein auch andere Menschen beeinflussen, damit die sich anders als bisher verhalten. Dabei gilt es allerdings zu berücksichtigen, dass diese auch ein Bewusstsein mit vielleicht vollkommen anderen Wünschen und Vorstellungen haben, was ihre zukünftige Realität angeht. Damit kommen wir zu der spannenden Frage: Ist es einfacher, sich selbst oder andere zu beeinflussen, um die inneren Überzeugungen bzw. die Einstellung zu verändern?

Um diese Frage gleich zu beantworten: Natürlich ist es einfacher, bei sich selbst Korrekturen im zukünftigen Verhalten herbeizuführen, weil man nicht die Akzeptanz der anderen braucht. Diese müssen bewusst zulassen. Jawohl, muss der Mitarbeiter denken, ich sehe es ein, die Argumente meines Vorgesetzten haben mich überzeugt, ich werde mein Verhalten nicht nur überdenken, ich werde es ändern.

Wenn wir als Manager planen, dann wünschen wir uns, wie es in Zukunft sein soll. Wir unterstellen sehr konkret und detailliert, welchen Zustand wir erreichen wollen, und glauben daran, dass es auch so passiert. Mit dem Ergebnis unserer Planungen überzeugen wir Banken, uns Kredite zu geben, beruhigen die Gesellschafter, treffen Zielvereinbarungen mit den Mitarbeitern und kümmern uns um die Ressourcen, damit wir am Ende des Planungszeitraumes das Planziel erreicht haben. Als

Beobachter des Ganzen setzen wir Controller ein, damit das geschieht, was gewollt und vereinbart wurde.

Doch haben wir mit der Planung und den sich daraus ergebenden Konsequenzen auch das Bewusstsein aller Beteiligten verändert? Sicher nicht, aber zumindest beeinflusst! Wenn es stimmt, dass das Bewusstsein auch unternehmerische Realitäten in Form von Gewinnen und Verlusten schafft, was passiert denn dann, wenn in einem Unternehmen unterschiedliche „Bewusst-seine" existieren? Und darüber muss man nicht lange diskutieren, dass es vielfältige – teilweise konträre – Vorstellungen, Wünsche und Überzeugungen bei den Beteiligten gibt.

Wie lässt sich die notwendige fokussierte Aufmerksamkeit von Informationen und Energien der Mitarbeiter erreichen, damit die geschaffenen Wirklichkeiten nicht auseinanderdriften, sich gegenseitig blockieren, sich vielleicht zwangsläufig sabotieren oder sich gar aufheben? Es braucht offensichtlich mehr bei den Mitarbeitern als nur eine schriftliche Zielvereinbarung, verbunden mit einer Prämie, wenn das Vereinbarte erreicht wurde.

Deshalb sind Visionen, strategische Leitlinien und Controlling so wichtig, denn es sollen alle Gedanken, Überzeugungen, das gesamte Wissen und alle Prozesse auf die unternehmerischen Zielsetzungen fokussiert werden. Doch über all diesen Zukunftswegweisern sind es vor allem die Entscheidungen und Handlungsweisen der Führungskräfte, die dem Unternehmen die Richtung vorgeben und so die gewünschten Realitäten schaffen.

Auf der höchsten „geistigen" Ebene eines Unternehmens entscheidet sich seine Existenzberechtigung, dort werden die Voraussetzungen geschaffen und es wird die Frage geklärt, ob es einen Sinn ergibt, dass die Firma existiert.

Wird der Sinn in Frage gestellt bzw. kann sich das Management nicht auf die Art und Weise der Führung einigen, gibt es unterschiedliche Ansichten über den Sinn und Zweck der Produkte und Dienstleistungen des

Unternehmens und glaubt man auch nicht an eine erfolgreiche Zukunft, dann fehlt auf Dauer die existenzielle Grundlage. Die Folge ist, dass die Mannschaft mehr oder weniger lustlos ist. Weil sie dafür bezahlt wird, werden die Kenntnisse und Fertigkeiten nicht ausgeschöpft, was sich im schlechten erwirtschafteten Ergebnis niederschlägt.

Wenn umgekehrt alle Beteiligten Zweck und Bedeutung des Unternehmens begeistert akzeptieren und sich mit den Produkten und Leistungen identifizieren, dann werden die vorhandenen Ressourcen umfassend genutzt und entsprechend hoch sind die Gewinne.

Das gesamte unternehmerische Bewusstsein ist kein Ding, keine Sache, welche sich so einfach managen lässt, sondern ein Prozess, der von Emotionen, unseren Erinnerungen, Gedanken aller Art sowie unseren Wahrnehmungen und den dabei empfundenen Gefühlen geprägt wird. Wie kann also die Brücke von den geplanten Zuständen zu dem Bewusstsein der Betroffenen gebaut werden, damit die beabsichtigten Zielzustände sich fast von selbst realisieren?

Die entscheidenden Erfolgsfaktoren, die es ermöglichen, bei den Mitarbeitern eine Verhaltensveränderung herbeizuführen, sind die Vorbildfunktion der Manager und deren Charakter, ihre Geisteshaltung, ihre Eigenarten und vor allem ihr Handeln. Auch dies wird vom Bewusstsein geprägt und somit besteht die Chance, sich auf übergeordneter, der mentalen Ebene zu treffen und dort die Brücke zu bauen.

Wir leben in einer Zeit der Austauschbarkeit von Produkten und Leistungen, sofortiger und umfassender Information sowie der Verfügbarkeit fast aller Technologien. Einzige imitationsgeschützte Wettbewerbsfaktoren sind die Qualität der Mitarbeiter, ihre Fähigkeit zu lernen und sich zu entwickeln sowie ihre Bereitschaft, diese Fähigkeiten für die Ziele der Organisation einzusetzen. Nur Menschen können Antworten auf die neuen Fragen der Zukunft finden! (Quelle unbekannt)

Die Menschen, deren Bewusstsein und die dadurch entstehenden Wirklichkeiten werden also noch mehr in den Vordergrund unternehmerischer Leistungsprozesse und damit dauerhafter Überlebensfähigkeit rücken.

Die gute Nachricht lautet: Wer als Manager sein Bewusstsein verändert, verwandelt nicht nur seine innere Welt, sondern auch zwangsläufig das äußere Umfeld. Da sich der Einfluss einer Führungskraft über die Mitarbeiter verbreitet und multipliziert, verändern sich nicht nur diese Menschen, sondern das gesamte Unternehmen; oft auch die Realitäten der Kunden, der Lieferanten, der Banken und der sonstigen Geschäftsfreunde. (In einem weiteren Buch „Management by Wunder" habe ich diese Phänomene, die Prozesse und die Konsequenzen von Bewusstseinsveränderung ausführlich behandelt.)

Es wurde schon darauf hingewiesen, dass man unterschiedliche Sichtweisen haben kann und dass jede nicht nur ihre Berechtigung hat, sondern dass sie auch notwendig ist, um alle „Wahrheiten" kennenzulernen.

Bei dem oben beschriebenen Prozess des Chancenmanagements geht es darum, das „Objekt zukünftige Krise und die möglichen Einflüsse auf unser Unternehmen" auf möglichst vielfältige Art und Weise zu betrachten. Alle Sichtweisen werden am Ende zusammengeführt und bilden das sinnvolle Fundament für die richtige strategische Planung.

Doch lassen Sie uns nun den virtuellen Workshop „Chancenmanagement in der Krise" beginnen.

8. Der erste Schritt – einen Überblick verschaffen

Der wichtigste erste Schritt ist: Anfangen!

Schon Goethe erkannte: *Anfangen ist die Hälfte vom Ganzen!*

Im Eltviller Modell wird diese Phase „Zukunftsradar" genannt. Es geht darum, alle Informationsquellen anzuzapfen, die für die Zukunft des Unternehmens wichtig werden könnten. Sie haben einen guten Anfang gemacht, denn Sie haben schon viel über das, was kommen kann und was kommen wird, was notwendig ist, was man tun kann und was nicht, in diesem Buch gelesen.

a. Ein fiktives Tagebuch aus der Wirtschaftskrise um 1930

Wenn Sie meinen, sich eine noch breitere Wissensbasis verschaffen zu müssen, haben wir für Sie in **Kapitel 17** dieses Buches das fiktive Tagebuch eines Unternehmers aus der „KrisenZukunft" erstellt. Da wird von einem scheinbar Betroffenen „praktisch erlebt und beschrieben" was ihm in Zeiten der kommenden Weltwirtschaftskrise alles passiert.

Dieses hypothetische Tagebuch ist das Ergebnis unserer Recherchen aus diversen Krisen in der Vergangenheit. Es gibt wieder, was den Menschen 1930 in Deutschland passierte und was 2001 in Argentinien, welche Situation 1995 in Japan war, wie es den Bürgern 1996 in Russland erging und wie die Manager solche Situationen erlebten. Wir haben versucht, eine fiktive Zusammenfassung der Erfahrungen von Menschen und Unternehmen zu erstellen, Herr Müller hat sich die Mühe gemacht und das Tagebuch verfasst.

Diese scheinbare „Tagebuch"-Realität muss bei uns nicht so eintreffen, aber es könnte ähnlich passieren. Wahr ist: So, wie wir es aufgeschrieben haben, ereignete es sich schon einmal – irgendwo und irgendwann.

Wenn der erste Schritt die ausführliche Recherche von Informationen und Signalen ist, dann ist diese Form einer bildhaften Darstellung in Form eines fiktiven Erlebnisberichtes der möglichen Zukunft vielleicht für Sie sehr aufschlussreich. Sie erinnern sich an das Informationsbuffet – jeder hat seine besondere Art und Weise, das angebotene Zukunftswissen aufzunehmen und bei den eigenen Entscheidungen zu berücksichtigen. Vielleicht ist das Tagebuch der Impuls für Sie, der Sie animiert, das Chancenmanagement in Ihrem Unternehmen zu starten.

b. Anleitungen zur Vorgehensweise

In der Regel wird sich das Management zunächst allein mit dem Thema „Chancenmanagement in der Krise" auseinandersetzen. Denn dort müssen die Entscheidungen über die Notwendigkeit sowie die Art und Weise dieses innovativen Projektes getroffen werden.

Wir schlagen folgenden Ablauf vor, um krisenrelevantes Chancenmanagement in Ihrem Unternehmen zu etablieren:

- Bevor Sie weitere Führungskräfte und Mitarbeiter einschalten, sollte in dieser wichtigen Angelegenheit ein Wissensvorsprung bei Ihnen im Management vorhanden sein. Dieses Wissen haben Sie sich durch dieses Buch angeeignet, Sie haben jetzt einen guten Überblick über die Wirkkräfte und über mögliche Entwicklungen der nahen Zukunft.

- Der nächste Schritt wäre das Einberufen eines ersten Workshops (ganztägig), an dem die wichtigsten Mitarbeiter – das Zukunftsteam – teilnehmen. Teilnehmer können auch Mitarbeiter aus der zweiten und dritten Ebene sein, wenn es sich dabei um Personen handelt, die für ihre Kreativität, ihre Kompetenz und für ihr Verantwortungsbewusstsein bekannt sind (evtl. Mitglieder des Betriebsrates?).

- Legen Sie mit den Teilnehmern einen Zukunftshorizont fest, den Sie gemeinsam betrachten wollen. Unser Vorschlag wären in einem ersten Schritt die nächsten 24 bis 36 Monate. Diesen kurzen Zeitraum empfehlen wir deshalb, weil wir annehmen (Zukunftsannahme der Autoren), dass sich das Umfeld für die Unternehmen in dieser Zeit dramatisch verändern kann. Aber auch, weil die Einschätzung und Bewertung der kommenden Zeiträume einfacher ist als die in fünf oder zehn Jahren.

- Bringen Sie die Teilnehmer auf einen einheitlichen Informationsstand. Bewährt hat sich eine Power-Point-Präsentation, mit der das Folgende dargelegt wird:

  o Was ist bisher passiert?
  o Was könnte passieren?
  o Wie wird die gesamtwirtschaftliche Perspektive sein?
  o Mit welchen Auswirkungen ist generell zu rechnen?
  o Mit welchen Auswirkungen müssen wir selbst rechnen?
  o Welche Auswirkungen hat eine mögliche Krise auf unsere Märkte, die Konkurrenz, die Finanzen, unsere Produkte und Dienstleistungen?
  o Was wäre ein GAU für uns?
  o usw.

Sinnvoll ist, danach eine Diskussion zuzulassen, um offene Fragen zu klären und die Gruppe auch emotional auf das Kommende vorzubereiten.

Danach erklären Sie die geplante Vorgehensweise und erläutern die Bedeutung der unterschiedlichen Sichtweisen des Chancenmanagements. Wenn notwendig, bieten Sie wieder ausreichend Gelegenheit, offene Fragen zu klären.

Folgende drei Übungen (mit einigen „Unteraufgaben") empfehlen wir zum „Aufwärmen" als Teamarbeit (jeweils 3 bis 5 Teilnehmer je Team). Ob das Team alle drei Aufgaben absolviert oder nur eine bestimmte, bleibt Ihnen als „Moderator" überlassen.

Unsere Empfehlung ist, alle Übungen durchzuführen, auch wenn es etwas Zeit kostet. Es geht also zunächst nur darum, die Teilnehmer – die bisher mit dieser Thematik noch nicht konfrontiert wurden – auf die existenzielle Wichtigkeit des Projektes einzustimmen.

In diesem Zusammenhang soll noch einmal darauf hingewiesen werden, dass ein solches existenzielles Problem nicht mal gerade so nebenbei gelöst werden kann. Die Vorbereitungen und der Workshop selbst sollten der Bedeutung dieses schwerwiegenden Problems entsprechen. Damit soll zum Ausdruck gebracht werden, dass man wohl kaum eine solch „schicksalhafte" Bedrohung durch eine einmalige Teamsitzung in den Griff bekommen kann.

Eine wichtige Erfolgsregel besagt: Investiere immer ein Prozent in die angemessene Vorbereitung, damit gute Entscheidungen getroffen werden können. Wenn mehrere Hunderttausend an Umsatz oder gar an Gewinn auf dem Spiel stehen oder die mögliche Krise mehrere Jahre dauert, dann kann man leicht ausrechnen, wie viel ein Prozent ist, die man einsetzen sollte, um ein erfolgreiches Chancenmanagement zu installieren.

c. Übungen zum Zukunftsradar

Erste Runde der ersten Übung

Stellen Sie sich vor, eine Hellseherin (eine, die das wirklich kann!) würde Ihnen die Möglichkeit geben, auf drei Fragen bezüglich der zukünftigen wirtschaftlichen Entwicklung die richtigen Antworten zu geben. Antworten, die für das Unternehmen tatsächlich von Bedeutung sind.

Was wären die drei Fragen? (Jeder Teilnehmer am Workshop schreibt seine Fragen auf.)

Alle Fragen werden anschließend am Flipchart visualisiert und in ihrer Bedeutung für das Unternehmen bewertet. Die wichtigste Frage erhält drei Punkte, die zweitwichtigste zwei Punkte und die letzte darf jeder Teilnehmer mit einem Punkt bewerten. Daraus ergibt sich dann eine Rang-Reihenfolge bestehend aus den drei oder fünf wichtigsten Fragen zu den möglichen Entwicklungen, die von Bedeutung sein können.

Zweite Runde der ersten Übung

Welche Antwort wird die Hellseherin wahrscheinlich auf diese drei bzw. fünf Fragen geben? Diese Antworten herauszufinden, geschieht am besten in Teamarbeit, nach der wieder visualisiert, bewertet und dann diskutiert wird. Letztlich sollten die Teilnehmer abstimmen, welche Fragen und welche Antworten sie für wichtig und nach ihrem Informationsstand für richtig halten.

Das Ergebnis der beiden ersten Aufgaben: Das vorhandene Wissen der einzelnen Teilnehmer wurde sichtbar gemacht und bewertet. Das gesamte Zukunftsteam wurde auf die wesentlichsten Fragen zukünftiger Entwicklungen (unter Berücksichtigung der möglichen Krise) fokussiert. Alle haben den gleichen Informationsstand und ein einheitliches Bild von dem, was geklärt werden müsste.

Dritte Runde der ersten Übung

In der nächsten Übung gehen wir die Fragestellungen etwas anders an. Dabei werden die Erkenntnisse der beiden ersten Übungen einfließen.

Stellen Sie sich vor, man hat Sie als Team beauftragt, ein konkretes Konzept vorzuschlagen (Investitionen, Aktivitäten usw.), damit sich das Unternehmen auf eine mögliche Wirtschaftskrise vorbereiten kann. Dafür werden Ihnen 100.000 Euro (je nach Größenordnung des Unternehmens kann dies mehr oder weniger sein) zur Verfügung gestellt.

Welche Vorschläge würden Sie der Geschäftsführung machen?

- Welche Investitionen schlagen Sie vor?
- Warum halten Sie die vorgeschlagenen Investitionen für wichtig?
- Welche Aktivitäten schlagen Sie vor?
- Warum halten Sie diese Aktivitäten für wichtig?
- Welche Bedrohungen haben Sie unterstellt?
- Welche positiven Entwicklungen haben Sie unterstellt?
- Was würde sich verändern, wenn Ihre Vorschläge realisiert würden?

Auch die Vorschläge für Investitionen und Aktivitäten werden am Flip-chart visualisiert. Das Team erläutert, welches die Hintergründe der Empfehlungen sind. Danach werden die Vorschläge wieder nach dem schon dargestellten Schema bewertet. Daraus ergeben sich dann die drei wichtigsten Investitionsvorhaben und Aktivitäten, die nach Meinung der Gruppe notwendig wären, um angemessen auf eine mögliche Krise zu reagieren.

Vierte Runde der ersten Übung

Auf einer Skala von 1 bis 9 tragen Sie jetzt ein, welchen Beitrag diese Maßnahme zur effektiven Vorbereitung der Krise leistet und wie hoch Sie die Notwendigkeit einschätzen, dass diese Investitionen bzw. Aktivitäten umgehend erledigt werden.

Als Ergebnis dieser Übung erhält das Zukunftsteam eine Einschätzung von den Alternativen und der Dringlichkeit des Handelns. Erst nachdem man die Handlungsmöglichkeiten herausgestellt hat, kann man die Frage nach dem zeitlichen Erfordernis beantworten.

Fünfte Runde der ersten Übung

Stellen Sie sich vor, dass, ohne dass wir davon etwas mitbekommen haben, über das Wochenende ein Wunder geschehen ist. Unsere wich-tigsten Probleme, die uns unter Umständen in einer Krise Schwierigkeiten bereitet hätten, haben sich in Luft aufgelöst. Die Zwangslagen, Problemstellungen, Engpässe und Bedrohungen existieren einfach nicht mehr. Woran würden wir merken, dass unsere wichtigen Probleme nicht mehr da sind?

Alle gefundenen Antworten und Vermutungen werden am Flipchart visualisiert und anschließend diskutiert.

Sechste Runde der ersten Übung

Teamarbeit: Was bedeuten Ihnen diese Erkenntnisse? Welche Empfehlungen würden Sie einem anderen Unternehmen geben, das in einer ähnlichen Situation ist wie Sie?

Fazit zu diesen Übungen

Mit diesen einführenden Übungen haben Sie nicht nur Ihre Mitarbeiter inhaltlich und mental eingestimmt, sondern auch mit Hilfe von deren Intuition (Weisheit der Gruppe) das entsprechende „Material" geschaffen, mit dem Sie anschließend das Thema „Annahmen über zukünftige Entwicklungen" weiter bearbeiten.

Man könnte auch sagen, es wurde eine Art Führerschein in Sachen „Chancenmanagement in der Krise" gemacht. Die Teammitglieder fühlen sich gut eingeführt, gefragt und haben die gemeinsame Erkenntnis, dass es zwar schwierig werden kann, aber auch, dass etwas passiert.

Damit wäre der erste Schritt abgeschlossen und der Prozess mit den fünf Sichtweisen des Chancenmanagements kann beginnen.

Letztlich ist es das Ziel eines solchen Workshops, dass die Teammitglieder die Möglichkeit haben, alles Denkbare und Mögliche zu entdecken und zu entwickeln, um sich frühzeitig für die kommenden Veränderungen zu öffnen, den Handlungsbedarf zu erkennen und sich außerdem positiv in dieses Projekt einzubringen.

9. Die Annahmenanalyse

Das Wesen dieses Schrittes ist es, die wahrscheinliche Zukunft zu verstehen.

Wenn Unternehmer an der Umsetzung ihrer Strategie scheitern, dann liegt es nicht an der schlechten Strategie, sondern daran, dass sie falsche Annahmen der Zukunft bei der Festlegung dieser Strategien unterstellt haben.

Jede Entscheidung des Managements wird – wie im „normalen" Leben auch – wesentlich durch unsere Vorstellungen von der Zukunft beeinflusst. Egal ob es sich um Investitionen, Produktentwicklungen oder die Einstellung von Mitarbeitern handelt, immer basieren diese Entscheidungen auf unseren Annahmen, welche wahrscheinlichen Auswirkungen diese Entscheidungen zukünftig haben werden.

a. Anleitungen zur Vorgehensweise

Mit der Annahmenanalyse wollen wir keine Zukünfte prognostizieren, sondern wir stellen Zukunftsvermutungen an. Wir untersuchen die möglichen Entwicklungen des Marktes, des Wettbewerbs, der Technologien, Gesetze, Rohstoffmärkte oder auch, welche gesellschaftspolitischen Einflussfaktoren Bedeutung haben werden. Wir sammeln das, was nach unserer Auffassung sein wird, und nicht das, was wir uns wünschen, wie es sein sollte.

Wichtig dabei ist, dass Übertreibungen, Schönfärberei oder Wunschdenken ebenso verboten sind wie pessimistische Schwarzmalerei oder negative Vorurteile. Unsere Haltung bzw. Sichtweise ist kritisch, intuitiv und realistisch.

Diese Analyse dient dazu, eine passive Sicht nach außen und eine aktive Sicht nach innen zu ermöglichen. Im Umfeld wollen wir die treibenden oder hemmenden Kräfte zukünftiger Veränderungen erkennen. Das sind Trends, Einflüsse, Technologien, Wirksamkeiten und andere Themen, die als Zukunftsfaktoren wahrscheinlich etwas bewirken werden.

Die Frage, die mit der Annahmenanalyse beantwortet wird, lautet: Was wollen Sie über die möglichen Zukünfte wissen? Wenn jede Entscheidung auf Zukunftsannahmen basiert, dann müssen Ihnen die zukünftigen Einflussgrößen bekannt sein und in den von Ihnen erwarteten Wahrscheinlichkeiten berücksichtigt werden. Ohne dass Sie den Anspruch haben, die Zukunft vorherzusagen, schaffen Sie so eine solide Basis für die Entwicklung Ihrer Zukunftsstrategie.

b. Übungen

In Ihrem Workshop „Chancenmanagement in der Krise" gehen Sie in einem nächsten Schritt wie folgt vor: Entweder Sie fragen die Teilnehmer, was sie über die Zukunft wissen wollen (was immer der bessere Weg ist), und notieren diese Fragen, um sie anschließend gemeinsam zu beantworten, oder Sie geben Annahmefragen vor, auf die die Teilnehmer eine Antwort finden sollen. Beispielsweise könnten Sie folgende Fragen vorbereiten, die Sie bitte bezogen auf Ihre Branche, Ihr Unternehmen, Ihre spezielle Situation usw. ergänzen bzw. korrigieren:

1. Wie hoch schätzen wir die Wahrscheinlichkeit ein, dass es zu einer dramatischen wirtschaftlichen Entwicklung kommen kann?
2. Wie wird sich das Verhalten unserer Kunden in einer möglichen Krise verändern?
3. Welche Bedeutung hätte es für uns, wenn die Menschen nur noch das kaufen, was sie wirklich brauchen?
4. Gibt es relevante Entwicklungen im Bereich der Technologien, auf die wir auch während der Krise achten sollten?

5. Ist damit zu rechnen, dass die Regierung Gesetze, Verordnungen oder Bestimmungen erlässt, die unsere unternehmerische Tätigkeit nachhaltig beeinträchtigen?
6. Wie werden sich möglicherweise die Marktverhältnisse verändern?
7. Wird sich die allgemeine wirtschaftspolitische Situation auf unser Geschäft auswirken?
8. Wie wird sich unser Wettbewerber in einer Krise verhalten?
9. Wie werden sich die Rohstoffmärkte entwickeln?
10. Gibt es Anzeichen dafür, dass die Krise „im Sande verläuft"?

Fragen Sie die Teilnehmer, bevor diese mit der Beantwortung beginnen, ob ihnen noch weitere Fragen zu Zukunftsannahmen einfallen. Fragen Sie sie außerdem, was noch fehlt, damit auch wirklich der gesamte Wissensbedarf über die wahrscheinliche Entwicklung des Umfeldes abgedeckt wird. Thematischer Fokus sind Trends und Projektionen im Sinne einer globalen Marktumfeldbetrachtung. Die gefundenen Annahmen sind zwar zunächst allgemein, sie sollten trotzdem immer einen Bezug zum eigenen Unternehmen haben.

Mögliche Ergebnisse

In einem moderierten Workshop, den wir mit 15 Teilnehmern veranstalteten, sollten zu vier Themenbereichen mögliche Zukunftsannahmen gefunden werden. Es ging um

- Zukunftsmärkte: Wofür bezahlen Menschen künftig Geld?
- Wie macht man Marketing und Vertrieb in der Krise?
- Wie kann man Systeme und Prozesse in der Krise optimieren?
- Mensch und Kultur: Was bedeutet dies in Krisenzeiten?

Die Gruppen rotierten nach etwa 30 Minuten und ergänzten die gefundenen Annahmen ihrer Vorgängergruppe. Das Ergebnis waren 95 mögliche Entwicklungen, Ereignisse oder unternehmensrelevante Zustände, und das Ganze dauerte gerade mal zwei Stunden. Selbst wenn man nur

20 Prozent der gefundenen Umstände für wichtig und bedeutsam hält, hat man einen Fundus von fast 20 möglichen zukünftigen Szenarien und damit einen guten Überblick.

Sie sehen, es ist mit wenig Zeitaufwand sehr viel möglich. Doch was stand am Beginn eines der vorigen Kapitel? – Anfangen ist die Hälfte vom Ganzen!

Einen Aspekt sollte man dabei auch noch erwähnen, nämlich das gemeinsame Lernen, die kollektive Einschätzung dessen, was kommen kann. Sie erinnern sich, dass Bewusstsein Realitäten schafft und es wichtig ist, die „Bewusst-seine" des Managements und der Mitarbeiter auszurichten, damit die menschlichen Ressourcen gebündelt und auf ein einheitliches Zukunftsbild fokussiert werden.

c. Entwicklung der Wirtschaftskrise in Deutschland 2015–2018

Nachfolgend haben wir für die wichtigsten Bereiche jeweils drei Szenarien entwickelt. Es handelt sich dabei um folgende Komplexe bzw. Teilfelder unseres staatlichen Gefüges:

- Allgemeine Wirtschaftslage in Deutschland
- Rohstoffe
- Finanzmärkte
- Unternehmen
- Arbeitsmarkt
- Staatliche/Öffentliche Finanzen
- Sozialsysteme
- Gesellschaft
- Privater Konsum/Investitionsverhalten
- Bildung und Kultur

Diese Szenarien haben wir mit einigen typischen Merkmalen beschrieben und zum Schluss haben wir eine subjektive Wertung der möglichen Eintrittswahrscheinlichkeit vorgenommen. Dabei bitten wir Sie zu bedenken, dass sich diese Merkmale ständig durch die Maßnahmen der Politik und andere Einflussgrößen verändern können.

Diese Szenarien helfen Ihnen und Ihrem Zukunftsteam, sich einen Überblick darüber zu verschaffen, welche Tendenzen in den nächsten zwölf Monaten denkbar sind. Damit haben alle Teammitglieder die Gelegenheit, sich mit den unterschiedlichsten Entwicklungen auseinanderzusetzen, und sie sind gefordert, Position zu beziehen.

Sicher gibt es die eine oder andere Überschneidung, wenn die einzelnen Möglichkeiten dargestellt werden, doch geht es mehr darum, ein Gefühl für die zukünftigen Situationen zu bekommen. Es kommt nicht auf Genauigkeit an, sondern darauf, eine Beurteilung abzugeben, die vielleicht hilft, die eigene bisherige Einschätzung der Lage zu überdenken.

Eine gute Idee kann es auch sein, diese Übung mit anderen Geschäftsfreunden, Kollegen, Freunden und Bekannten durchzuführen und anschließend zu diskutieren, warum man zu unterschiedlichen Sichtweisen und anderen Urteilen gekommen ist.

Das erste Szenario heißt: Alles wird gut! Dabei gehen wir davon aus, dass die Krise nur ein „Kriselchen" sein wird und die Verantwortlichen in Wirtschaft und Politik alle Probleme auf die nächste Generation verschieben. Mit staatlichen Eingriffen und Staatsschulden in bislang ungeahnten Höhen schafft man es, den Crash zu vertagen.

Die insgesamt etwas schwierigere Situation haben wir „Das blaue Auge" genannt, weil wir dabei unterstellt haben, dass es zwar insgesamt heikel werden wird, dass auch einige nicht lösbare Probleme auftreten können, doch insgesamt die Situation beherrschbar sein wird. Wir kommen also mit einem blauen Auge davon.

Das „Déjà-vu 1930" ist ein Szenario, bei dem es richtig kracht und zum Schluss die Wirtschaft am Boden liegt. Diese dramatische Situation lässt sich auf fast allen Ebenen und Bereichen mit derjenigen in den dreißiger Jahren vergleichen. Es dauert fünf bis zehn Jahre, bis sich die Weltwirtschaft erholt hat, und in dieser Zeit müssen alle Menschen für die Fehler der Vergangenheit und den rücksichtslosen Wohlstand büßen.

Für jede dieser drei Möglichkeiten gibt es ernstzunehmende Experten, die die von uns hier beschriebenen Tendenzen für möglich halten. Wenn Sie die Medien genau studieren, dann werden Sie leicht die Vertreter der einzelnen Möglichkeiten mit ihren Prognosen und Erklärungen finden.

In meinen Vorträgen lasse ich die Teilnehmer mögliche Szenarien bewerten. Damit haben sie die Gelegenheit, sich mit den unterschiedlichsten Entwicklungen auseinanderzusetzen, und vor allem müssen sie Position beziehen.

Allgemeine Wirtschaftslage

Alles wird gut	Das blaue Auge	Déjà-vu 1930
• Die Wirtschaftslage wird zwar schlechter, doch können durch die wirtschaftspolitischen Maßnahmen der Regierung dramatische Entwicklungen verhindert werden. • Die Steuergeschenke der Regierung zeigen bei den Bürgern Wirkung, es wird weniger gespart, das Vertrauen in den Aufschwung wächst. • Die Schwächephase wird zu Lasten zukünftiger Generationen verschoben.	• Die Wirtschaft wird entsprechend den Prognosen der Regierung einen Einbruch erleben. • Einige Unternehmen und Banken kollabieren, doch insgesamt kann die Krise unter Kontrolle gehalten werden. Zusammenfassend lässt sich sagen: Es kracht zwar, aber wir schaffen es. • Ab 2017 geht es wieder aufwärts.	• Von Italien ausgehend weitet sich die Krise aus. Die Unternehmen und Banken fallen wie Dominosteine um. • Alle Konjunkturprogramme, Rettungspakete oder staatliche Regulierungen nutzen wenig bis nichts. • Immer neue „Leichen" werden ausgegraben, eine Blase nach der anderen platzt, das Vertrauen implodiert. • Es gibt einen weltweiten Crash, der dem von 1929–1931 in nichts nachsteht.

Rohstoffe

Alles wird gut	Das blaue Auge	Déjà-vu 1930
• Die Rohstoffpreise fallen, weil es eine weltweite Rezession gegeben hat. • Energieversorgung ist kein Problem, die Erdöl und Erdgas produzierenden Länder sind froh, in der weltweiten Rezession ihre Produkte zu halbwegs günstigen Preisen verkaufen zu können.	• Die Rohstoffpreise bleiben stabil. • Die Balance wird auch dadurch erreicht, dass die Unternehmen alternative Einkaufsmöglichkeiten suchen und konsequent Einsparpotenziale nutzen. • Wegen der schwierigen finanziellen Situation verlangen die Lieferanten von Rohstoffen Vorauskasse. Einige Unternehmen gehen in Konkurs, weil sie die Vorauskasse nicht leisten und keine Waren produzieren können.	• Die Rohstoffpreise steigen um 200 bis 300 Prozent. Schwellenländer sind bereit, jeden Preis zu zahlen. • Spekulanten haben die Rohstoffe für sich entdeckt und pushen die Marktpreise in höchste Höhen. • Die Energieversorgung wird eingeschränkt, die Preise steigen ebenfalls extrem an. • Für die Unternehmen wird die Versorgung mit Roh-, Hilfs- und Betriebsstoffen zu einem existenzbedrohenden Problem.

Finanzwirtschaft

Alles wird gut	Das blaue Auge	Déjà-vu 1930
• Die Banken geben den Unternehmen gegen entsprechende staatliche Sicherheiten in der Regel ausreichende Kredite. • Es werden weitere staatlich finanzierte Bad-Banken gegründet, die ähnlich gut wirken wie seinerzeit in Schweden. • Nur kleinere Banken gehen in Konkurs oder werden mit Hilfe von staatlicher Unterstützung durch Großbanken übernommen.	• Die Grenzen der staatlichen Finanzhilfen sind erreicht, einige Großbanken werden insolvent. • Obwohl die Notenbanken die Geldmenge ständig erhöhen und die Zinsen dafür niedrig sind, gibt es keine billigen Kredite. • Es kommt zunächst zur Deflation, die dann Ende 2016 durch die extreme expansive Geldpolitik in eine Inflation übergeht. • Die Regierung beschließt massive Regulierungen für die Finanzbranche.	• Die Finanzmärkte brechen zusammen, reihenweise gehen Banken pleite. • Die Regierungen, die bereits durch diverse Rettungsprogramme ihr „Pulver verschossen" haben, müssen hilflos zuschauen, wie das Wirtschaftssystem kollabiert, weil den Unternehmen keine finanziellen Mittel zur Verfügung stehen. • Der Dax steht auf 2000.

Unternehmen

Alles wird gut	Das blaue Auge	Déjà-vu 1930
• Die Insolvenzrate steigt zwar, doch ist dies eher ein Marktbereinigungsprozess, der anderen Betrieben zugutekommt. • Die großen Unternehmen bekommen die Situation mit diversen Maßnahmen wie Kurzarbeit, Entlassung von Leiharbeitern und Kostenreduzierung in den Griff. • Nachdem die Talsohle im Jahr 2016 durchschritten ist, sind die Unternehmen für 2017/18 wieder optimistisch, zumal der Export in die Schwellenländer wieder anzieht.	• Durch starke Rückgänge im Exportgeschäft werden die Ertragsprobleme der mittelständischen Unternehmen verschärft. • Wer keine ausreichende Liquidität oder Sicherheiten hat, wer unrentabel arbeitet und nicht die hohen Zinsen bezahlen kann, bekommt keine Finanzierung. • Wer keine stillen Reserven auflösen oder auf anderem Weg Geld besorgen kann, geht unweigerlich in Konkurs. • Insgesamt bricht die Wirtschaft erheblich ein, doch es ist beherrschbar.	• Die Wirtschaft bricht zusammen, weil Banken keine Kredite mehr gewähren und bestehende Verträge kündigen, um selbst zu überleben. • Die Insolvenzrate erreicht astronomische Höhen, fast 40 Prozent aller Unternehmen in Deutschland werden 2015 und 2016 insolvent. • In großem Maße werden Rohstoffe und Materialien gestohlen. Die Kriminalitätsrate steigt dramatisch. • Durch die vielen Unternehmenspleiten wird die negative Spirale der schweren Depression in Gang gesetzt.

Arbeitsmarkt

Alles wird gut	Das blaue Auge	Déjà-vu 1930
• Unternehmen bauen ihre personellen Überkapazitäten aus Kostengründen ab.	• Die Arbeitslosenquote steigt um mehr als 50 Prozent – es gibt 2016/2017 über 5,0 Mio. Arbeitslose.	• Die Zahl der Arbeitslosen steigt auf weit über 6,0 Mio. – Unternehmen stellen praktisch keine Mitarbeiter mehr ein.
• Die BfA legt ein Weiterbildungs- und Qualifizierungsprogramm auf, um die fachlichen Kenntnisse der Arbeitslosen zu verbessern.	• Menschen aus EU-Niedriglohnländern verdrängen deutsche Arbeitnehmer.	• Die Arbeitsmoral sinkt erheblich, weil jederzeit mit Kündigungen zu rechnen ist.
• Öffentliche Aufträge und staatliche Anreize mindern ein zu dramatisches Ansteigen der Arbeitslosenquote.	• Es gibt nur Einstellungen von Leiharbeitern und diese erhalten lediglich die gesetzlichen Mindestlöhne.	• Die Möglichkeiten der Einflussnahme von Gewerkschaften/Betriebsräten werden ignoriert.
• Die Arbeitsmoral ist gut; die Mitarbeiter hoffen, die Unternehmen gemeinsam aus der Krise zu führen.	• Weil die Finanzlage der BfA miserabel ist bzw. sich ständig verschlechtert, können kaum arbeitsmarktrelevante Maßnahmen initiiert werden.	• Gerichte sind überfordert – Arbeitsgerichtstermine dauern bis zu zwei Jahre.
		• Menschen mit Schildern sind bereit, für einen Euro pro Stunde zu arbeiten.

Öffentlicher Finanzsektor

Alles wird gut	Das blaue Auge	Déjà-vu 1930
• Die Maßnahmen der Politiker haben sich als richtig erwiesen.	• Die öffentlichen Finanzen sind strapaziert, weil die Steuereinnahmen sich vermindert haben.	• Die öffentliche Hand ist fast zahlungsunfähig.
• Die Wirtschaft hat zwar eine kleine „Delle", doch bereits gegen Ende 2015 ist die Krise im Wesentlichen überwunden.	• Die Verschuldung durch Kreditaufnahme und Ausgabe von Staatsanleihen hat deutlich zugenommen.	• Staat, Länder und Gemeinden können ihren Verpflichtungen nur teilweise und/oder verzögert nachkommen.
• Die öffentlichen Finanzen wurden zwar belastet, doch wird davon ausgegangen, dass in den kommenden Jahren ein erheblicher Teil der Staatsschulden wieder aus wachsenden Steuereinnahmen getilgt werden kann.	• Die Staatsschulden betragen fast das Zweifache des Bruttosozialproduktes, das ist im Vergleich zu anderen Ländern noch tragbar.	• Die einzige Lösung ist eine Währungsabwertung von mindestens einem Drittel.
	• Die Bundesregierung erwägt in Abstimmung mit den anderen EU-Ländern eine „kleine Währungsreform".	• Die Bundesregierung erwägt (wie andere Länder schon vorher), aus der EU auszutreten, weil die Nettozahlungen an die EU den finanziellen Rahmen sprengen.

Sozialsysteme

Alles wird gut	Das blaue Auge	Déjà-vu 1930
• Die meisten staatlichen Sozialleistungen sind von der Krise kaum betroffen. • Die Sozialleistungen werden mehr nach den Möglichkeiten und weniger nach Begehrlichkeiten ausgerichtet. • Die Sozial- und Arbeitsämter werden angewiesen, konsequenter gegen Missbrauch vorzugehen.	• Viele staatliche Sozialleistungen sinken, um die steuerliche Belastung der Wirtschaft zu reduzieren. • Jugendliche werden mehr zur Verantwortung gezogen und müssen Sozialdienste und andere öffentliche Arbeiten verrichten, um finanzielle Unterstützung zu erhalten. • Das Renteneintrittsalter wird auf 68 Jahre erhöht und die laufende Altersrente, das Arbeitslosengeld und die Sozialhilfe werden um pauschal zwanzig Prozent gekürzt.	• Staatliche Sozialleistungen werden um ein Drittel reduziert. • Es gibt viele Bettler und Obdachlose in den Straßen. • Gemeinden und wohltätige Vereinigungen richten Armenküchen ein. • Die Bevölkerung verarmt dramatisch, auf Flohmärkten und Tauschringen werden verzichtbare Dinge verkauft, um zu überleben. • Die Selbstversorgung durch Eigenanbau lebt auf. • Die Menschen befinden sich in einer tiefen Depression.

Gesellschaft

Alles wird gut	Das blaue Auge	Déjà-vu 1930
• Kriminalität nimmt nicht wesentlich zu. • Nachbarschaftshilfen gelten als normal. Die Menschen unterstützen sich gegenseitig, weil sie erkennen, dass sie gemeinsam stärker sind. • Familienleben rückt wieder in den Fokus, es werden Freundschaften gepflegt. • Es gibt eine stärkere Selbstverantwortung in der Krise. • Die Bürger akzeptieren auch unpopuläre politische Entscheidungen. Radikale Gruppierungen werden angeprangert, es kommt zu Gegenreaktionen der Bevölkerung.	• Die Verarmung führt zu einer Zunahme der Kriminalität. • Gleichzeitig steigt aber der Zusammenhalt unter den Menschen. • Es schließen sich zivile Interessenverbände zusammen, die teilweise öffentliche Aufgaben übernehmen, auch in der inneren Sicherheit. • Es bilden sich ständig neue radikale und extremistische Gruppen, die allerlei einfache Lösungen versprechen.	• Kriminelle (aber auch Rentner und Arbeitslose) terrorisieren die Bevölkerung. Es kommt zu Plünderungen, Überfällen und Einbrüchen. • Immer häufiger werden alte Menschen überfallen, Autos aufgebrochen und Ladendiebstähle begangen. • Die Polizei ist überfordert. Innere Sicherheit kann nicht gewährleistet werden. • Private Sicherheitsfirmen sorgen für Ordnung. • Radikale Gruppierungen bekommen Oberwasser. • Die Selbstmordrate steigt dramatisch.

Privater Konsum/Investitionsverhalten

Alles wird gut	Das blaue Auge	Déjà-vu 1930
• Das Konsum- und Investitionsverhalten der Bürger ist vorbildlich. • Aufrufe zu mehr Investitionen (Autos, Möbel, Hausbau usw.) werden befolgt. • Trotz der anfangs schlechten Nachrichten erhöht sich der private Konsum; er trägt die deutsche Wirtschaft durch die Krise. • Auch in den Abnehmerländern deutscher Exportgüter stabilisieren sich die Wirtschaft und die Nachfrage.	• Die Menschen kaufen überwiegend billig ein. • Nur diejenigen Unternehmen überleben, die Produkte und Dienstleistungen anbieten, die tatsächlich gebraucht werden. • Größere Investitionen für Anschaffungen und Auslandsreisen werden zurückgestellt oder nur dann vorgenommen, wenn die Preise niedrig sind. • Man spart für bessere Zeiten und für ein Sicherheitspolster.	• Die Menschen kaufen nur, was sie unbedingt zum Überleben brauchen. • Läden werden geplündert. Ladendiebstähle sind an der Tagesordnung. • Sicherheitsdienste sind in fast allen Geschäften tätig. • Tauschmärkte erleben eine Hochkonjunktur. • Alle privaten Investitionen werden zurückgestellt. • Familien können Schulden nicht bezahlen, Häuser werden versteigert, die Zahl der Privatinsolvenzen steigt dramatisch.

Bildung und Kultur

Alles wird gut	Das blaue Auge	Déjà-vu 1930
• Konzert-, Schauspiel- und Opernhäuser werden nicht mehr subventioniert, doch höhere Eintrittspreise können dies ausgleichen. • Die Spielpläne richten sich konsequent nach den Wünschen der Besucher. Einige Kultureinrichtungen müssen schließen. • Kosten verursachende „Gewohnheiten" werden reduziert. • Die Menschen wenden sich eher konservativen Bildungsinhalten zu. • In den Schulen wird wieder Wert auf Disziplin gelegt.	• Viele öffentliche Einrichtungen werden geschlossen. • Das Interesse an kulturellen Veranstaltungen nimmt ab, man kümmert sich um andere Dinge, muss das Geld zusammenhalten. • Etwa ein Drittel aller Kultureinrichtungen schließen. • In den öffentlichen Schulen und Weiterbildungseinrichtungen ist das Chaos kaum noch zu beherrschen. • Viele Kinder und Jugendliche gehen nicht zur Schule, weil dort die Kriminalität stark gestiegen ist.	• Die meisten Kultureinrichtungen werden aus Kostengründen geschlossen. • Massenarbeitslosigkeit herrscht in den kulturellen Bereichen. • Unterricht findet in den Schulen teilweise unter Polizeiaufsicht statt. • Eltern gründen private Schutzvereine, um ihre Kinder vor Übergriffen zu schützen. • Die Unternehmen bilden nicht mehr aus oder haben erhebliche Probleme, freie Lehrstellen mit kompetenten Bewerbern zu besetzen.

Was die Bewertung angeht, so hat sich folgende Vorgehensweise bewährt: Bewertet wird von 1 bis 9 und jedes Szenario hat drei Wertungsvarianten:

- **Alles wird gut:** 1 bis 3 (1 wäre super – 3 wäre ... na ja)
- **Das blaue Auge:** 4 bis 6 (4: Wir schaffen es – 6 wäre ziemlich schlimm)
- **Das Déjà-vu 1930:** 7 bis 9 (7 wäre die mittlere Katastrophe – 9: Schlimmer geht's nimmer)

Da die Teilnehmer wahrscheinlich unterschiedliche Einschätzungen haben, ist es sinnvoll, die Gründe für die Abweichungen zu diskutieren, um dann einen gemeinsamen Nenner zu finden. Wobei es wieder nicht so sehr um die genaue Bestimmung der Beurteilung der möglichen Situationen geht, sondern darum, Tendenzen zu ermitteln.

Was die mögliche Krisenentwicklung angeht, die man so gemeinsam herausgefunden hat, könnte die Bewertung des Teams wie folgt aussehen:

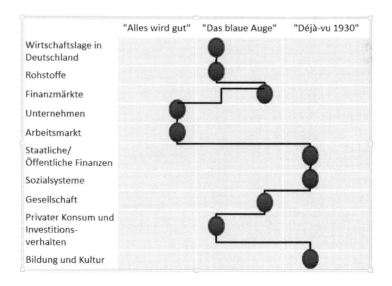

Es ist immer wieder beeindruckend, welche Bewertungen die einzelnen Teilnehmer vornehmen und wie sie erkennen müssen, dass sie viele mögliche Entwicklungen bisher noch nicht wahrgenommen haben. In der Regel liegen die Bewertungen zwischen 2 und 2,5.

Nach unseren Erfahrungen ist es sehr wichtig, sich ausreichend mit diesen Szenarien auseinanderzusetzen. Sie machen dem Zukunftsteam bewusst, welche Auswirkungen auftreten können und welche Zusammenhänge zwischen den einzelnen möglichen Entwicklungen bestehen.

In unseren Vorträgen und Workshops waren die Teilnehmer immer von den aufgezeigten Tendenzen überrascht und haben in der Regel Probleme damit, die Eintrittswahrscheinlichkeit der vorgeschlagenen Szenarien zu bewerten. In der anschließenden Diskussion entsteht ein notwendiger Informationsaustausch, wenn die einzelnen Mitglieder des Teams begründen, warum sie zu dieser oder jener Wertung gekommen sind.

Solche Szenarien lassen sich natürlich auch für das eigene Unternehmen entwickeln. Auch hier könnten Sie jeweils von drei möglichen Entwicklungen ausgehen und festlegen:

- Was sind die typischen Merkmale dieses denkbaren Szenarios?
- Wie hoch ist die Eintrittswahrscheinlichkeit dieser Erwartungen?
- Welche Bedeutung hat diese Situation für unsere derzeitigen Vorsorgemaßnahmen.

d. Beispiel-Ergebnisse aus Workshops

Die nachfolgenden Stichworte sind ausgewählte Ergebnisse aus Workshops, in denen nach Zukunftsannahmen gesucht wurde. Die Resultate sind mehr unternehmensbezogen und können Ihnen dabei helfen, eigene Annahmefragen zu formulieren bzw. die erarbeiteten Ergebnisse zu ergänzen.

(a) Märkte

- **Alles wird gut:** Wir haben keine Probleme, unsere Produkte auf dem inländischen Markt abzusetzen. Für unseren Export rechnen wir mit geringen Umsatzeinbußen. Es wird eine Marktbereinigung geben, die uns einige Vorteile bringt. Insgesamt sehen wir keine großen Schwierigkeiten, unsere Marktposition zu halten.
  Eintrittswahrscheinlichkeit: xy Prozent

- **Das blaue Auge:** Der Markt wird vor allem aufgrund ausländischer Konkurrenz mit Dumpingpreisen schwieriger. Unsere Konkurrenten aus Übersee versuchen die schlechte Qualität ihrer Produkte durch niedrige Preise zu kompensieren. Einige Produkte sind in der Krise nur mit großen Rabatten verkäuflich. Wir rechnen im Jahr 2012 und 2013 mit Umsatzeinbußen von etwa 20 Prozent. Wir haben einige Neuentwicklungen initiiert, mit denen wir diese Rückgänge ausgleichen können.
  Eintrittswahrscheinlichkeit: xy Prozent

- **Déjà-vu 1930:** Der Markt bricht ein, unsere Produkte sind kaum noch verkäuflich. Wir müssen akzeptieren, dass unsere Waren in einer Krise nicht unbedingt benötigt werden. Wir rechnen mit einem Umsatzeinbruch von mehr als 60 Prozent. Unser Exportgeschäft muss vollkommen neu aufgebaut werden.
  Eintrittswahrscheinlichkeit: xy Prozent

(b) Kunden

- **Alles wird gut:** Wir haben eine Kundenstruktur, die uns die Sicherheit gibt, dass, wenn einige Kunden ausfallen, dadurch keine großen Umsatzeinbußen zu erwarten sind. Mit den wichtigen Kunden haben wir Vereinbarungen getroffen, wie wir gemeinsam eine mögliche Krise meistern können. Unsere Kunden sind solvent, wir rechnen nicht mit Forderungsausfällen wegen Zahlungsunfähigkeit. Wir gehen davon aus, dass wir aufgrund von Konkursen unserer Konkurrenten neue Kunden gewinnen können.

Eintrittswahrscheinlichkeit: xy Prozent

- **Das blaue Auge:** Wir haben analysiert, wie viele Kunden wahrscheinlich die Krise nicht überleben werden. Es sind fast ein Drittel unserer Abnehmer. Einige Kunden werden nur noch gegen Vorauskasse beliefert, dafür müssen wir Rabatte gewähren. Wir rechnen mit einigen Forderungsausfällen, vor allem bei unseren ausländischen Kunden. Das Problem ist, dass sich viele unserer Käufer kaum auf schwierige Zeiten vorbereitet haben. Neue Kunden zu akquirieren, wird vom Verkauf als sehr schwierig dargestellt.
Eintrittswahrscheinlichkeit: xy Prozent

- **Déjà-vu 1930:** Unsere Kunden gehen reihenweise in Konkurs. Es wird weniger bestellt, weil man nur noch wenig am Lager haben will. Die Forderungsausfälle steigen sehr stark, die Bank lehnt ihre Abtretung als Kreditsicherheit ab. Ein Problem ist die schnelle Resignation der Firmen, die bei der erstbesten Gelegenheit ihre Unternehmen liquidieren, um das private Vermögen zu retten und nicht in strafrechtliche Haftungsprobleme zu kommen.
Eintrittswahrscheinlichkeit: xy Prozent

Dies können Sie noch weiterentwickeln und für Ihr Unternehmen passende und detaillierte Szenarien für die anderen Bereiche finden:

- Produkte
- Rohstoffe und Energien
- Konkurrenzverhalten
- Mitarbeiter
- Systeme und Prozesse
- Finanzierung/Liquidität
- usw.

Lassen Sie sich auch von diesen Zukunftsannahmen nur anregen. Jeder Mensch, jedes Unternehmen hat seine eigenen Wahrnehmungen und Interpretationen. Es gibt keine bessere Möglichkeit, die wahrscheinliche Zukunft für das eigene Unternehmen abzuschätzen, als die Befragung der Mitarbeiter. (Die besten Unternehmensberater, die intuitivsten und engagiertesten Kümmerer befinden sich im Unternehmen selbst!)

Natürlich können Sie zu diesem Findungsprozess auch gute Geschäftsfreunde (Kunden oder Lieferanten) einladen bzw. mit denen die Ergebnisse eines solchen Workshops diskutieren.

Je umfassender Ihre Zukunftsannahmen sind, desto geringer ist die Wahrscheinlichkeit, dass Sie auf die falschen Probleme die richtigen Lösungen suchen.

e. Weitere Vorgehensweise

Die sich aus den Annahmefragen ergebenden etwa 20 bis 50 Antworten sind Projektionen und Szenarien der Zukunft.

Es bietet sich an, die Zukunftsannahmen auch noch auf ihre Wahrscheinlichkeit hin einschätzen zu lassen. Was spricht dafür, dass diese Annahme eintritt, und was spricht dagegen? Dabei kann man folgende Aufteilung vornehmen:

- Nicht-Erwartung: Wir glauben an keine Eintrittswahrscheinlichkeit der Annahme.
- Eventualität: Wir vermuten eine mögliche Eintrittswahrscheinlichkeit.
- Erwartung: Wir nehmen eine hohe Eintrittswahrscheinlichkeit an.

Sie können die erarbeiteten Zukunftsannahmen zunächst diesen drei Kategorien zuordnen. Dann wird jede Annahme noch einmal bewertet, z. B. als Rangreihe. Die Annahme mit der größten Erwartungswahrscheinlichkeit steht an erster Stelle, die Zukunftsannahme mit der zweitgrößten Erwartungswahrscheinlichkeit an der nächsten Stelle usw.

Um eine Übersicht zu erhalten, werden diese in einem sogenannten Annahmenpanorama tabellarisch und grafisch übersichtlich zusammengestellt.

Dabei werden in einer Tabelle folgende Informationen aufgelistet:

- die Annahmefragen
- die gefundenen Projektionen (Antworten)
- die Argumente, die dafür und dagegen sprechen
- die Wertung der Erwartungswahrscheinlichkeiten

Anschließend sollten Sie gemeinsam mit den Mitarbeitern dieses Annahmenpanorama diskutieren und es nach möglichen Ergänzungen und Widersprüchen abklopfen.

Um mehr Sicherheit bezüglich der Einschätzungen zu bekommen, können Sie dieses Annahmenpanorama anderen Mitarbeitern, Geschäftsfreunden oder Experten zur Beurteilung überlassen.

f. Ergebnisse der Annahmen über zukünftige Entwicklungen

Mit diesem Schritt haben Sie mit Ihrem Team einen Überblick erarbeitet, der darstellt, welche Auskunft es darüber gibt, was wahrscheinlich zukünftig „draußen" passieren wird. Dass einiges, nicht immer Angenehmes in der nächsten Zeit geschehen wird, haben wir ausführlich dargelegt. Umso wichtiger ist diese Außensicht, um zu erkennen, auf was man sich unter Umständen vorbereiten sollte.

Mit diesen Erkenntnissen müssen die folgenden wichtigen Fragen beantwortet werden können:

- Wie werden sich unser Markt und unsere Arbeits- und Lebensbedingungen in den kommenden Jahren verändern?
- Welche Signale können wir schon heute empfangen, die einmal von Bedeutung sein werden?
- Was werden die fördernden und hemmenden Kräfte der Zukunft sein?
- Wie können wir rechtzeitig erfahren, ob uns neue Produkte oder andere Wettbewerber Konkurrenz machen werden?
- Welche attraktiven Einkaufsquellen für unsere Roh-, Hilfs- und Betriebsstoffe müssen wir neu erschließen?
- Welche Zukunftsfaktoren (Technologien und sonstige Themen) werden für uns wichtig?

Diese gefundenen Zukunftsannahmen haben Sie nach Wahrscheinlichkeiten sortiert und Sie haben festgelegt, ob diese Annahmen wahrscheinlich eintreten und ob sie für Ihr Unternehmen von Bedeutung sein werden.

Das ist ein erster wichtiger Schritt zu einem fundierten und effektiven krisenrelevanten Chancenmanagement. Mancher Wettbewerber wäre froh, wenn er ebenfalls über solche Informationen verfügen könnte. (Das ist einer der Wettbewerbsvorteile, die Sie sich verschafft haben.)

Einen wichtigen Vorteil dieser gemeinsamen Zukunftsbetrachtung haben wir bereits erwähnt. Er soll noch einmal verdeutlicht werden: Es ist der kollektive Lernprozess und damit eine neue einheitliche Sichtweise der Mitarbeiter auf das, was die Zukunft betrifft. Wenn alle die gleichen Annahmen davon haben, wie sich die Umstände in den nächsten Monaten und Jahren entwickeln werden, dann werden auch die Entscheidungen besser und der zielorientierte Einsatz der betrieblichen Ressourcen hebt sich nicht durch die unterschiedlichen Einschätzungen auf.

Wenn Zukunftswissen und Erfahrungen, die nun mal jeder hat und die ja auch wertvoll sind, gleichberechtigt und abgestimmt die zukünftigen

Entscheidungen beeinflussen, dann werden sich die kommenden Situationen und Ergebnisse verbessern.

10. Überraschungsanalyse

Das Wesen der Überraschungsanalyse ist, die folgenden Fragen zu beantworten:

- Wie könnte uns die Zukunft überraschen und wie bereiten wir uns darauf vor?
- Was könnten die härtesten Auswirkungen für unser Unternehmen sein?
- Welches Ereignis könnte uns überrumpeln, verblüffen oder in Angst und Schrecken versetzen?
- Welche Bedrohungen könnten wir einfach ignorieren und gegen welche Überraschungen müssen wir vorbeugen?
- Welche ungeplanten „helfenden Hände" könnten uns unterstützen?
- Gibt es mögliche Zufälle oder gar Wunder? Was müssten wir tun, um diese zu verursachen?

Und die wichtigste Frage, auf die wir Antworten finden müssen, wäre: Wie ist es uns möglich, überraschende Bedrohungen in Chancen zu transformieren?

Gerade in schwierigen Zeiten sollten Sie Ihr Unternehmen gegen möglicherweise existenzbedrohende Situationen immunisieren. Das geht aber nur, wenn Sie sich mutig „in die Tiefen" der schlimmsten Befürchtungen begeben. Halbherzige bzw. hoffnungsvolle Prognosen sind nicht nur sinnlos, sondern sie verleiten auch zu falschen Vorsorgestrategien.

Mit Überraschungen bezeichnet man üblicherweise unvorhersehbare Ereignisse und Entwicklungen. Fast immer lösen Überraschungen zunächst Verwirrung, heftige Emotionen (Wut, Angst, Freude usw.) und manchmal auch unkontrollierte (fatale) Reaktionen aus. Um dies zu vermeiden, bedienen wir uns der Sichtweise des Unvorhersehbaren (was fast ein Widerspruch in sich ist), um möglichst viele Überraschungen zu erahnen und in ihren möglichen Auswirkungen zu erkunden.

Es geht dabei um Vermutungen und um intuitiven Verdacht, denn wenn wir uns mit unseren Befürchtungen und Erwartungen sicher sind, dann wären es keine Überraschungen, sondern konkrete Zukunftsannahmen.

Also müssen wir uns schon „zielstrebig" in die Welt des Unwahrscheinlichen begeben, um herauszufinden, was wahrscheinlich werden könnte.

Stets findet Überraschung statt, da, wo man's nicht erwartet hat. Wilhelm Busch

Wir konzentrieren uns bei unseren Ausführungen auf die zwei Formen von Überraschungen:

- auf die, die unser Unternehmen bedrohen und
- auf solche, die unser Unternehmen unterstützen und fördern.

Wobei der ersten Art von Überraschungen besondere Aufmerksamkeit zu schenken ist, weil nur diese die Existenz Ihres Unternehmens in Frage stellen kann. Auf die nützlichen, fördernden, unerwarteten Ereignisse sollten Sie nicht spekulieren, sondern dafür sensibel sein, damit Sie sie rechtzeitig erkennen und in das Unternehmensgeschehen integrieren können.

a. Anleitungen zur Vorgehensweise

Nur nach einer sorgfältigen Anamnese kann der Arzt die Krankheit richtig diagnostizieren und eine erfolgversprechende Therapie einleiten. Nur mit einer realistischen Einschätzung dessen, was wir unter Umständen in naher Zukunft zu befürchten haben, ist die Diagnose der Gefahren möglich und der vorsorgliche Prozess zur möglichen Heilung erfolgversprechend.

Fest steht, dass wir alle die Wirtschaftskrise nicht verhindern können, aber Sie können sich darauf vorbereiten. (Manchmal bin ich in den Gesprächen mit den Unternehmensverantwortlichen schon sehr irritiert. Kein Mensch würde einfach nur so in Urlaub fahren, sondern der wird detailliert und systematisch geplant. Wenn es jedoch um die Vorbereitung auf das geht, was in jeder Zeitung steht, hält sich die Planung in Grenzen!)

- Erstens können Sie mit Ihrem Team – bevor „es" eingetreten ist – die möglichen Überraschungen identifizieren.
- Danach können Sie die Wahrscheinlichkeit und die Intensität der Bedrohung für sich „in aller Ruhe" bewerten.
- Schließlich können Sie überlegen, welche Maßnahmen notwendig sind, um die drohenden Überraschungen zu vermindern oder gar zu verhindern.
- Sie können aber auch das scheinbar kommende Unheil transformieren und in eine Chance verwandeln. Denn eine überraschende Bedrohung ist ein Hinweis, dass etwas geändert werden muss, damit wir besser geschützt sind. Sehr konkret gibt uns die Bedrohung – in ihrem Potenzial richtig erkannt – die Anweisung, wo die Chance liegt und wo, wann und wie eine Absicherung notwendig ist.
- Wenn Sie nichts tun und die Vermutung ignorieren, dann wird die mögliche Überraschung bittere Realität und richtet Schaden an.

Die wohl größte Bedrohung eines Unternehmens ist die, nicht mehr liquide zu sein. Wenn Sie gezwungen sind, innerhalb von drei Wochen Insolvenz anzumelden, dann nicht deshalb, weil Sie keine Gewinne mehr erzielen, sondern weil Sie „wahrscheinlich" Ihre Schulden nicht mehr fristgerecht bezahlen können. Die möglichen Konsequenzen für die Unternehmensleitung haben wir Ihnen detailliert dargelegt.

In unseren Beratungen haben wir bereits mehrmals erlebt, wie sich solche finanziellen Schwierigkeiten durch korrigierende Handlungen transformiert haben. Hier einige Beispiele, was damit gemeint ist:

In einem Fall konnte ein Klient (vor der Finanzkrise 2008) seine Bank davon überzeugen, dass es besser sei, einen kurzfristigen Kontokorrentkredit in ein langfristiges Darlehen umzuwandeln. Außerdem wurde noch einmal die Kreditlinie vergrößert. Das geschah damals seitens der Bank, um den „krisenängstlichen" Kunden zu beruhigen. Der Bankberater meinte ein paar Monate später: „Da haben Sie aber Glück gehabt. Heute würden wir den Änderungen nicht mehr zustimmen."

Ein anderer Kunde konnte mit seinen Kunden neue Zahlungsmodalitäten vereinbaren, die ihm mehr finanziellen Spielraum gaben. Das ging zwar etwas zu Lasten der Rendite, aber ihm war die Verbesserung der Liquidität wichtiger. Ob die Kunden in der kommenden Situation einer solchen Vereinbarung zugestimmt hätten, darf bezweifelt werden.

In einem weiteren Fall hatte die Unternehmensleitung einer Maschinenfabrik mit 1.200 Mitarbeitern beschlossen, nicht mehr benötigte Unternehmenswerte zu verkaufen. Es war sehr erstaunlich, was zusammenkam. Weil die Führung sofort gehandelt hatte, wurden auch gute Verkaufspreise erzielt. Damit konnte man zwei kurzfristige Kredite zurückzahlen. In einer Krisensituation, darüber war man sich einig, wäre vieles unverkäuflich gewesen oder hätte nur zu einem Spottpreis veräußert werden können.

In dieser Fabrik gab es zudem einen Workshop – eine Art Betriebsversammlung – mit nur einem Thema: Was bedeutet eine mögliche Wirtschaftskrise für unser Unternehmen? Alle Mitarbeiter wurden über die Pläne, einer möglichen Krise zu begegnen, informiert – das schuf großes Vertrauen in die Führung. Die Mitarbeiter boten nach ein paar Tagen an, ohne Entgelt notwendige Überstunden zu leisten, wenn zusätzliche Aufträge kommen würden. Auch dies würde die finanzielle Situation stark entlasten. Alle hatten ein gutes Gefühl, weil sie spürten, dass nicht nur gewollt wurde, sondern dass man sich um das mögliche „Überleben" konkret kümmerte.

Die Aktivitäten dieser drei Klienten waren aber nur möglich, weil sie sich rechtzeitig mit den möglichen Problemen der Zukunft auseinandergesetzt und die gefährliche Überraschung einer plötzlichen finanziellen Notlage rechtzeitig „befürchtet" hatten. Gerade im letzten Fall gab es sehr viele Widerstände, weil einige Führungskräfte von dieser „Panikmache" nichts hielten. Inzwischen sind alle Beteiligten froh, ein gutes finanzielles Polster geschaffen zu haben, und ihre Zuversicht, die denkbaren wirtschaftlichen Schwierigkeiten zu meistern, ist ausgezeichnet. Es ist ein kaum erklärbares Gemeinschaftsgefühl entstanden, was am ehesten mit der Floskel „Uns kann keiner!" erklärt werden kann.

Jede Unternehmenssituation ist individuell. Nur die gemeinsame Analyse und Bewertung – wenn möglich mit fremder, kompetenter Moderationshilfe – kann zeigen, wo sich voraussichtliche Überraschungen auftun werden und was getan werden muss, um darüber Herr zu werden. Wobei natürlich – wir werden gleich noch darauf zurückkommen – Überraschungen auch von Vorteil sein können.

Wollen Sie adäquate Strategien entwickeln, um den plötzlichen Bedrohungen rechtzeitig und ausreichend zu begegnen, dann ist es notwendig, dass Sie sich mit den „schlimmsten" Überraschungen und deren Auswirkungen für das eigene Unternehmen beschäftigen. Dabei geht es nicht darum, Angst und Schrecken zu verbreiten, die lähmen oder die Mitarbeiter resignieren lassen, sondern es geht darum, angemessen vorzusorgen, damit – wenn die böse Überraschung wider Erwarten doch eintritt – wir gewappnet sind. Das Beste allerdings, was passieren kann, ist, dass das Drama außen vor bleibt.

Es ist eine ähnliche Vorsorge wie

- das Ersatzrad im Auto (niemand will eine Panne haben),
- der Rettungsring auf dem Schiff (wenn wir wüssten, dass wir ihn brauchen, würden wir nicht einschiffen) oder
- der Abschluss einer Lebensversicherung (nicht, um unser schlechtes Gewissen gegenüber der Hinterbliebenen zu beruhigen, sondern weil wir für überraschende Ereignisse, die uns finanziell übermäßig belasten, vorsorgen wollen).

Bei der Überraschungsanalyse im Rahmen des krisenrelevanten Chancenmanagements gibt es keinen Artenschutz für unangenehme oder unwahrscheinliche Einschätzungen. Auch hier wird zunächst ohne Wertung gesammelt und aufgelistet. Anschließend werden die möglichen Überraschungen nach ihrer Eintrittswahrscheinlichkeit und ihren Auswirkungen sortiert und bewertet.

Wir schlagen vor, den Zeithorizont auf die nächsten 24 bis 36 Monate festzulegen. Zugegeben, das ist eine ziemlich kurze Zeitspanne, doch lässt sich diese noch halbwegs gut einschätzen und bewerten. Sie und Ihre Führungsmannschaft werden schon bald feststellen, dass Ihnen selbst dieser kurze Zeitabschnitt mit seinen denkbaren Überraschungen und deren Ausprägungen und Eventualitäten schon sehr viel Aufmerksamkeit, Geduld und Engagement abverlangt.

b. Die Ergebnisse der Annahmenanalyse nutzen

Das Ergebnis der Annahmen war ein nach ihren Eintrittswahrscheinlichkeiten bewertetes Annahmenpanorama des unternehmerischen Umfeldes. Mögliche Überraschungen wären, wenn die dort gemachten Annahmen, die wir mit einer geringen Erwartungswahrscheinlichkeit bewertet haben, doch eintreten könnten und umgekehrt, wenn solche, mit denen wir mit Sicherheit gerechnet haben, nicht passieren.

Mit dieser Denkhaltung könnten Sie das Annahmenpanorama noch einmal mit dem Schritt „Überraschungsanalyse" überprüfen. Das ist auch deshalb wichtig, damit Sie nicht irgendwann feststellen, mit diesem Ereignis am allerwenigsten gerechnet und aus diesem Grund auch keine Vorsorge getroffen zu haben.

Weil problematische Überraschungen unsere normale Reaktionsfähigkeit und Reaktionszeit überfordern, müssen wir Eventualstrategien erarbeiten. Dabei gilt es herauszufinden, wo wir verletzlich sind, welche Bereiche in der Krise besonders anfällig sein können und zu wissen, welche Überraschung wie, wann, wo passieren kann.

Durch diese Art der Sichtweise werden oft neue Lösungen und Strategien erkannt. Wie überhaupt durch einen solchen Workshop und das Verfremden der Situation die Teilnehmer zu neuen Ein- und Ansichten kommen, die ohne die Lernplattform „Chancenmanagement in der Krise" nicht möglich gewesen wären.

Ideal wäre, wenn wir alle Überraschungen identifizieren könnten und passende Vorkehrungen treffen. Dann hätten wir keine Überraschungen mehr zu befürchten. Zumindest wären wir dann so lange dieser Meinung, bis wir irgendwann doch wieder überrascht werden. Was nichts anderes bedeutet, als dass wir wahrscheinlich nur die „großen" Diskontinuitäten finden werden.

Anzumerken ist noch: Wir benutzen einen Teil der Überraschungsergebnisse, die wir gefunden haben, um sie im nächsten Schritt der Chancenanalyse in günstige Gelegenheiten umzuwandeln. Ein Teil der gefundenen bedrohlichen Entwicklungstendenzen sind unsere Bausteine für Chancen.

In einem zweiten Schritt sollten Sie aber auch darüber nachdenken, welche positiven Überraschungen möglich sind, damit Sie mit Ihrem Team hierfür die notwendige Sensibilität entwickeln. Denn nichts wäre schlimmer, als eine überraschende Chance ungenutzt zu lassen, weil man sie nicht wahrgenommen hat oder keine Ressourcen frei sind, um sie zu nutzen.

Die Erfahrung lehrt, dass sich auch in schwierigen Zeiten immer wieder unerwartete Vorteile ergeben können, mit denen wir nicht gerechnet haben. Wenn wir auch diese fördernden Überraschungen identifizieren, dann haben wir fast hellseherische Fähigkeiten entwickelt (zumindest im Vergleich zu unserer Konkurrenz, die sich nicht mit diesem Thema beschäftigt hat).

c. Übungen

Zur Eröffnung dieses Teils des Workshops „Chancenmanagement in der Krise" schlagen wir wieder eine „Anwärmübung" für die Teilnehmer vor. Diese könnte, im Team oder in Einzelarbeit, wie folgt lauten:

Erster Teil der Übung

Stellen Sie sich denkbare gefährliche Überraschungen vor. Für diese sollen Sie jeweils drei Strategien, Abwehrmechanismen bzw. Lösungskonzepte finden, damit die Überraschungen Sie nicht überrumpeln. Für welche wahrscheinlichen „brenzligen Situationen" würden Sie diese drei Schutzschilde nutzen?

1. Bedrohliche Überraschung – unser Abwehrvorschlag
2. Bedrohliche Überraschung – unser Abwehrvorschlag
3. Bedrohliche Überraschung – unser Abwehrvorschlag
4. usw.

Alle erfassten Überraschungen und Vorschläge sowie deren Abwehr werden am Flipchart visualisiert und in ihrer Bedeutung für das Unternehmen bewertet. Die wichtigste Bedrohung bzw. Wunschstrategie erhält drei Punkte, die zweitwichtigste zwei Punkte und die scheinbar unwichtigste darf jeder Teilnehmer mit einem Punkt bewerten.

Daraus ergeben sich die drei wichtigsten möglichen Überraschungen und die adäquaten Gegenmaßnahmen, die nach Meinung der Gruppe notwendig wären, um angemessen auf diese möglichen Konfusionen zu reagieren.

Zweiter Teil der Übung

Nach der möglichen – vorstehend vorgeschlagenen – Anwärmübung (Bedrohung kontra Abwehrstrategie) sollten Sie mit Ihren Mitarbeitern das Thema „bedrohliche und positive Überraschungen" bearbeiten.

Folgende Fragen können dabei helfen, zunächst die bedrohlichen Überraschungen zu ermitteln:

- Was hat uns in der Vergangenheit überrascht?
- Gibt es biosphärische Überraschungen (Klima, Pandemien usw.), die in naher Zukunft Einfluss auf unser Unternehmen haben könnten?
- Gibt es technologische Überraschungen (Cyberangriff, freie Energie usw.), die in naher Zukunft Einfluss auf unser Unternehmen haben könnten?
- Gibt es politische Überraschungen (Euro scheitert, Völkerwanderungen usw.), die in naher Zukunft Einfluss auf unser Unternehmen haben könnten?
- Gibt es wirtschaftliche Überraschungen (Verfall des Dollars, Währungsreform usw.), die in naher Zukunft Einfluss auf unser Unternehmen haben könnten?
- Gibt es gesellschaftliche Überraschungen (Terrorismus, Alterspyramide usw.), die in naher Zukunft Einfluss auf unser Unternehmen haben könnten?
- Können wir schon heute mögliche positive Überraschungen erkennen, die in naher Zukunft einen fördernden Einfluss auf unser Unternehmen haben könnten?

Es bietet sich an, diese Fragen in Kleingruppenarbeit beantworten zu lassen. Alle Überraschungen – sortiert nach „für uns gefährliche" und „für uns begünstigende" – werden am Flipchart visualisiert und in ihrer Bedeutung für das Unternehmen bewertet. Daraus ergeben sich drei bis fünf wichtige Überraschungen, die nach Meinung der Gruppe eintreten könnten und bei denen es wichtig wäre, wenn man sich darauf vorbereitet.

Außerdem gibt es eine Übersicht über mögliche angenehme Überraschungen. Diese Erkenntnisse sind auch ein Fingerzeig, nicht darauf zu warten, sondern dafür zu sorgen, dass sie geschehen.

In diesem Zusammenhang möchten wir wieder auf den gemeinsamen Lernprozess hinweisen. Wenn alle Mitarbeiter nicht nur für mögliche Überraschungen sensibilisiert sind, sondern auch die wichtigsten Überraschungen identifiziert wurden, dann entsteht ein großes Maß an Sicherheit, welches gerade in Krisensituationen dringend notwendig ist.

d. Beispiel-Ergebnisse aus Workshops

Die nachfolgenden Überraschungen sind aus durchgeführten Workshops. Dabei werden zunächst die tendenziell negativen Überraschungen dargestellt, danach die positiven Möglichkeiten.

Diese Aussagen können Ihnen helfen, weitere außergewöhnlichen Ereignisse und deren Folgen für Ihr Unternehmen zu finden.

Negative Überraschungen – unsortiert und nicht bewertet:

- Wir müssen ein Drittel der Belegschaft entlassen. Die Gewerkschaft organisiert Streiks. Wir können nicht mehr arbeiten, die Produktion wird lahmgelegt.
- Die Energiepreise steigen um fast 100 Prozent. Wir können unsere Lieferverträge nicht ändern, weil eine entsprechende Klausel fehlt.
- Massive Handelshindernisse (Zölle etc.) verursachen, dass uns mehrere Auslandsmärkte wegbrechen.
- Unsere Zentrale in Amerika beschließt, dass wir drei von fünf Standorten in Deutschland schließen müssen.
- Weil die Zentrale ständig finanzielle Mittel aus Deutschland abzieht, werden wir langsam illiquide. Die Banken setzen uns ein Ultimatum.
- Wir erhalten ein Angebot, die chinesische Konkurrenz will die Hälfte unseres Unternehmens kaufen. Wir befürchten allerdings, dass man nur am Know-how interessiert ist.
- Die Konkurrenz verbreitet das Gerücht, wir seien pleite. Die Lieferanten wollen nur noch gegen Vorkasse liefern.

- Der Staat streicht Subventionen, die wir dringend für ein Entwicklungsprojekt brauchen. Es ist zu entscheiden: auf eigene Kosten weiterentwickeln oder beenden?

- Eine Bank, bei der wir Geld angelegt haben, geht in Konkurs.

- Es gibt eine Währungsreform. Die gesamte finanzielle Situation ist für uns unübersichtlich.

- Die Konkurrenz will eine feindliche Übernahme initiieren.

- Gegen uns wurde Anzeige erstattet, weil wir angeblich Steuern hinterzogen haben. Die Steuerfahndung beschlagnahmt unsere EDV. Wir können nicht mehr weiterarbeiten.

- Die Bank will den Kredit um die Hälfte reduzieren, weil sie sonst selbst in Konkurs geht.

- Eine radikal-extremistische Gruppe versucht, den Betriebsablauf zu stören, weil wir angeblich „rassistische" Produkte herstellen.

- Ein A-Kunde geht in Konkurs. Wir haben eine Umsatzeinbuße von 12 Prozent und einen hohen Forderungsausfall.

- Wir könnten ein Konkurrenzunternehmen kaufen. Vorteil: plus 20 Prozent Marktanteile; Nachteil: Die Schulden von x Mio. Euro müssten übernommen werden.

- Immer wieder wird bei uns eingebrochen und es werden Rohstoffe oder andere Produkte gestohlen.

- Die Umsatzprognose musste um ein Drittel reduziert und es müssen erhebliche Rabatte (bis zu 50 Prozent) eingeräumt werden.

- Ein neuer Computervirus legt unsere EDV lahm (Sabotage eines gekündigten Mitarbeiters?). Der Ausfall der Anlage dauert mindestens zwei Wochen.

- Die Hälfte der Mitarbeiter wird entlassen, der von der Gewerkschaft verlangte Sozialplan wäre der Untergang des Unternehmens.

- Als Ergebnis eines politischen Streits gibt Russland nur noch zwei Drittel seiner Gaslieferungen ab. Auswirkung: Statt 16 Stunden (zwei Schichten) kann nur noch 10 Stunden produziert werden.

- Unser Prokurist (Kassierer) hat sich mit mehreren Millionen aus dem Staub gemacht bzw. hat diese verzockt.

- Einige bewährte und wichtige Mitarbeiter müssen entlassen werden, weil sie Produkte gestohlen und dann verkauft haben.

Mögliche positive Überraschungen – unsortiert und nicht bewertet:

- Wir erhalten aus einer Konkursmasse 50 Prozent einer bereits abgeschriebenen Forderung.
- Die Konkurrenz macht uns ein faires Kooperationsangebot, gemeinsam ein neues Produkt zu entwickeln.
- Wir erhalten eine staatliche Bürgschaft in Höhe von 300.000 Euro.
- Für die Entwicklung einer neuen Technologie, die unsere Zukunft sichern würde, erhalten wir eine 60-prozentige staatliche Subvention.
- Einer unserer Gläubiger, dessen Forderungen wir nicht bezahlen können, übernimmt 24,9 Prozent des Eigenkapitals.
- Wir erhalten einen größeren Auftrag aus dem Ausland.
- Die Mitarbeiter erklären sich bereit, freiwillig und ohne Bezahlung Überstunden zu machen, um diesen Auftrag abzuwickeln.
- Wir können einen Teil unserer Lagerbestände an einen ausländischen Kunden verkaufen.
- Die Bank nimmt eine „unsichere" Kundenforderung als Sicherheit an.
- Unsere Gesellschafter entschließen sich, privat für ein Bankdarlehen zu haften. Das gibt uns erheblichen finanziellen Spielraum.
- Wir können günstig ein Patent erwerben, welches unsere Wettbewerbsfähigkeit nachhaltig steigert.
- Die Effizienz unseres Vertriebs wird stark verbessert, weil wir eine Kooperation mit einem Mitbewerber eingegangen sind.
- Der Betriebsrat stimmt einer leistungsorientierten Entlohnungsform zu.
- Die Rohstoffpreise sinken dramatisch, und da wir flexible Verträge haben, ist unsere Gewinnspanne erheblich gestiegen.

- Die Mitarbeiter verzichten auf einen Teil ihres Gehalts, damit keine Kollegen entlassen werden müssen.
- Wir können eine unwirtschaftliche Abteilung outsourcen.
- Wir erhalten eine staatliche Bürgschaft, die unsere ausländischen Lieferanten akzeptieren.
- Die Regierung beschließt, die gesetzlichen Arbeitgeberanteile zur Sozialversicherung erheblich zu verringern, um die Exporte anzukurbeln.

e. Weitere Vorgehensweise

Die sich aus dieser Sichtweise ergebenden etwa 20 bis 30 Überraschungen sind Projektionen und Szenarien der nahen Zukunft.

Es bietet sich an, auch hier die gefundenen Aussagen auf ihre Wahrscheinlichkeit einschätzen zu lassen. Was spricht dafür, dass diese Überraschung eintritt, und was spricht dagegen? Dabei kann man folgende Aufteilung vornehmen:

- Nicht-Erwartung: Wir glauben an keine Eintrittswahrscheinlichkeit der Überraschung (wird als Möglichkeit bewusst ausgeschieden).
- Eventualität: Wir vermuten eine mögliche Eintrittswahrscheinlichkeit.
- Erwartung: Wir nehmen eine hohe Eintrittswahrscheinlichkeit an (was dann kaum noch eine Überraschung ist, sondern eine konkrete Bedrohung oder Chance).

Sie können die erarbeiteten Überraschungen zunächst vorsortieren, sie nämlich diesen drei Kategorien zuordnen. Eine weitere Bewertungsmöglichkeit wäre der Einfluss auf das Unternehmen. Es gibt Überraschungen, die zwar sehr wahrscheinlich sind, aber kaum einen Einfluss auf das unternehmerische Geschehen haben, und umgekehrt solche, die fundamental sind.

Eine andere Form der Beurteilung der Überraschungen könnte die Frage sein, ob die unerwarteten Ereignisse einen Dominoeffekt verursachen, d. h. andere ungeplante Phänomene initiieren.

Wenn Sie mit Ihrem Team zu dem Ergebnis gelangen, dass Sie alle möglichen Überraschungen bezüglich ihrer Eintrittswahrscheinlichkeit und der Intensität ihres Einflusses bewertet haben, dann sind Sie wieder einen guten Schritt mit Ihrem Chancenmanagement vorangekommen.

f. Bedrohungen in Chancen transformieren

Krisen sind bedrohliche Zeiten. Warum sind es dann auch gleichzeitig Wachstumsimpulse? Warum können uns solche wirtschaftlichen Notzeiten Chancen bieten?

Bedrohungen sind Hinweise auf existenzgefährdende Kräfte, denen wir Aufmerksamkeit deshalb widmen müssen, weil sie

- das System Unternehmen aus dem Gleichgewicht bringen können
- und weil sie uns Anweisungen zu notwendigen Veränderungen geben.

Bedrohungen, richtig gedeutet und transformiert, können uns einen Vorsprung auf den Märkten verschaffen.

Die nachfolgenden Beispiele sollen Anregungen geben, welche Möglichkeiten der Umgestaltung bzw. Transformation möglich sind. Vor allem aber sollen sie zeigen, dass es zu jeder Bedrohung eine Alternative gibt, und die heißt Verbesserung der Aussichten bzw. der Situation.

Bedrohung: sinkender Absatz
Chance: Forcieren der Entwicklung neuer Produkte und Dienstleistungen

Bedrohung: Reklamationen
Chance: kontinuierliche Verbesserung der Produktionsabläufe

Bedrohung: mögliche Forderungsausfälle
Chance: Vorauskasse verlangen

Bedrohung: Dumpingpreise durch ausländische Konkurrenz
Chance: Kooperation mit der Konkurrenz

Bedrohung: steigende Reklamationen
Chance: Aufklärung der Mitarbeiter über den Ernst der Lage – mit ins Boot nehmen

Bedrohung: Betriebsrat blockiert
Chance: deutlich machen, was passiert, wenn ... Informationen an die Belegschaft

Bedrohung: Diebstahl von Rohstoffen und Produkten
Chance: Versicherung, Aufklärung, eigener Werksschutz

Bedrohung: finanzielle Engpässe
Chance: stille Reserven auflösen, unproduktive Vermögensgegenstände verkaufen

Bedrohung: Steuererhöhung
Chance: Standortverlagerung durch Kooperation

Bedrohung: starre Organisation
Chance: Artenschutz fällt weg, Krisenteam erhält Vollmachten

Bedrohung: geringes Eigenkapital
Chance: Mitarbeiterbeteiligung, Partner suchen, Fusionen eingehen, öffentliche Mittel in Anspruch nehmen

Bedrohung: schlechte Presse
Chance: professionelle Medienarbeit

Es ist immer wieder erstaunlich, welche kreativen Chancen die Teilnehmer in den Workshops dadurch finden, dass sie die Überraschungen und Bedrohungen transformieren.

Wie sagte Sir Winston Churchill: *Der Pessimist sieht in jeder Chance ein Problem, das er lösen muss. Der Optimist sieht in jedem Problem eine Chance, die ihn animiert, das Problem zu lösen!*

Wenn Wachstum immer mit Krisen verbunden ist, dann werden in der nächsten Zeit den Unternehmen viele Wachstumshormone zur Verfügung stehen. Diese ökonomischen Wirkstoffe zu finden und sie zur Erhöhung der Unternehmensqualität zu nutzen, das ist die eigentliche Aufgabe, die sich dann den Führungskräften stellt.

g. Ergebnisse

Mit dieser Analyse haben Sie und Ihr Führungsteam einen Überblick darüber erarbeitet, was an hemmenden und fördernden Überraschungen auf Ihr Unternehmen zukommen kann.

Die erarbeiten Ergebnisse sollten die folgenden Fragen beantworten:

- Was könnte uns schlimmstenfalls bedrohen?
- Wie können wir uns gegen diese härtesten Auswirkungen absichern?
- Wie müssen wir unser Risikomanagement verbessern?
- Was könnte unsere Zukunftsstrategien in Frage stellen?
- Welche positiven Überraschungen sind möglich?
- Woran können wir diese rechtzeitig erkennen?

Ein Sprichwort lautet: „Gefahr erkannt, Gefahr gebannt!" Das gilt auch für solche Einflussgrößen, von deren Existenz wir im Moment noch keine konkreten Hinweise haben und bei denen Sie sich nur auf Ihre Intuition und Vermutung verlassen können. Doch viele Intuitionen bzw. innere Weisheiten konkretisieren heimliche Vermutungen und ergeben kollektive Wahrheiten. Solche gemeinsamen Wahrheiten zeigen auf, was zu tun ist.

Die so erarbeiteten Eventualstrategien verkürzen Ihre Reaktionszeiten und ermöglichen, Erster zu sein, wenn es darum geht, Chancen zu nutzen, und Letzter zu sein, wenn eine existenzgefährdende Überraschung eintritt.

11. Die Chancenanalyse

Sinn und Zweck der Chancenanalyse ist es, die machbare Zukunft zu erkennen. Welche Zukunftschancen und Handlungsoptionen haben Sie?

Während Sie mit der Annahmenanalyse das mögliche zukünftige Umfeld analysieren, wird mit der Chancenanalyse nach günstigen Gelegenheiten gesucht, die sich für das Unternehmen ergeben können. Das Ziel ist es, Handlungsoptionen zu finden, die Ihre Existenz in der Zukunft sichern.

Auf den gefundenen Annahmen bauen Sie Ihre Zukunftschancen auf.

Die vorbereitenden Schritte bzw. Sichtweisen waren notwendig, um den Topf der Entscheidungshilfen zu füllen. Dieser Topf hat den Namen: „Erwartete oder nicht erwartete Annahmen in der Zukunft aus dem Unternehmensumfeld, ergänzt um mögliche Überraschungen". Erst dieser Inhalt macht Sie kompetent, die Chancen bewusst zu erkennen, sie zu formulieren, um sie anschließend zu realisieren. Nur so entsteht das sinnvolle und erfolgreiche Zusammentreffen von Aufgabe und Lösung, so entsteht die notwendige Zukunftskompetenz, die Sie befähigt, die richtigen Entscheidungen zu treffen (Kompetenz aus dem Lateinischen: competere = zusammentreffen, ausreichen, zu etwas fähig sein, zustehen).

Wenn Ihre Mitarbeiter erkennen, dass es trotz eventueller Risiken und Bedrohungen viele Chancen gibt, so viele, dass man gar nicht alle realisieren kann, dann wird die allgemeine Zuversicht steigen. Die konkrete Aussicht auf eine bessere Zukunft mobilisiert nicht nur zusätzliche Kräfte, sondern lässt auch so manche schwierige Situation leichter ertragen.

Die Chancenanalyse listet zunächst nur die Gelegenheiten zum planvollen und zweckmäßigen Handeln auf, die möglich sind, damit die Zukunft so kommt, wie wir sie haben wollen. Was wir davon konkret umsetzen, wird im letzten Schritt entschieden.

Es ist also eine Art Inventur von günstigen Möglichkeiten, egal ob diese klar und eindeutig vorhanden sind oder durch die Transformation von Bedrohungen entstehen.

a. Anleitungen zur Vorgehensweise

Die Chancen bilden das „Material", aus dem eine erfolgversprechende Zukunftsplanung mit strategischen Zielen, Projekten, Prozessen und Systemen gebaut wird.

Im Fokus unserer gemeinsamen Betrachtungen standen zunächst vor allem die möglichen Entwicklungen außerhalb des Unternehmens; zwar nicht nur, aber doch als Schwerpunkt, weil von „draußen" die von uns am wenigsten beeinflussbaren Impulse und Ursachen kommen. Dies befähigt, überraschende Bedrohungen und günstige Gelegenheiten zu erkennen und darauf zu reagieren. In dieser ersten Phase haben Sie erfahren, wie man die zukünftigen Situationen erfassen und einschätzen kann.

Den Sinn und Zweck der Chancenanalyse zeigt folgende Übersicht:

- Sie erhalten einen Überblick über die möglichen Zukunftschancen.
- Diese Sichtweise konzentriert sich auf das Machbare, auf die Lösungen, und nicht auf die Probleme.
- Sie verbessern die Motivation und die Zuversicht aller Beteiligten.
- Sie haben gegenüber Ihrem Wettbewerb nicht nur einen mentalen, sondern auch einen strategischen Vorteil.
- Eine genutzte Chance steht der Konkurrenz nicht mehr oder erst später zur Verfügung.
- Zukunftschancen sind keine Verbesserungsvorschläge im üblichen Sinne, sondern sie stärken die Existenzfähigkeit des Unternehmens in einem fundamentaleren Sinne.

- Die Ergebnisse der Annahmen werden optimiert und für das Unternehmen aufbereitet.
- Die aus der Chancenanalyse erkannten Handlungsmöglichkeiten sind Grundlage für die späteren Projekte und Aufgaben.
- Viele Zukunftschancen bedeuten mehr Flexibilität und damit mehr Zukunftssicherheit.

Bevor wir zu den einzelnen konkreten Chancenfragen kommen, um die Handlungsmöglichkeiten in den wichtigsten Gestaltungsfeldern des Unternehmens zu bestimmen, möchten wir auf einige grundsätzliche Chancenphänomene in schwierigen Zeiten hinweisen.

b. Beispiel-Ergebnisse aus Workshops

Die nachfolgenden Stichworte waren das Ergebnis eines Workshops, der unternehmensübergreifend von einem Wirtschaftsverband organisiert wurde. Die Idee war herauszufinden, welche generellen positiven Aspekte eine Krise haben kann.

Die Teilnehmer dieses Workshops waren davon überrascht, wie sich in einer Krise die Atmosphäre und die Gestaltungsmöglichkeiten positiv verändern, wenn man sich auf diese Sichtweise konzentriert. Am Ende der Veranstaltung schienen die Teilnehmer im Geiste die Ärmel hochzukrempeln und voller Zuversicht nach Hause zu gehen: „Na, dann wollen wir mal, besser wird es nimmer!"

Hier einige Ergebnisse aus diesem Workshop:

- **Veränderungen**
  - In Krisenzeiten sind interne Veränderungen schneller durchzusetzen, die Notwendigkeit wird eingesehen.

o Unternehmensinterner „Artenschutz" gilt nicht mehr, es werden liebgewonnene Verhaltensweisen, kleine Fürstentümer usw. nicht mehr akzeptiert.

- **Zusammenhalt**

  o Schwierige Zeiten schweißen zusammen – der Abteilungsegoismus löst sich auf, alle ziehen an einem Strang. Der Ernst der Lage verhindert, dass man Zeit und Geld in kleinliche Streitereien verplempert.
  o Krisen initiieren synergetische Effekte unter den Beteiligten, die Mannschaft begreift, wie wichtig es jetzt ist zu überleben und einen guten Neuanfang zu finden.
  o Auch so manches Verhältnis zu Kunden und Lieferanten wird zur eingeschworenen Überlebensgemeinschaft.
  o Häufig entstehen Netzwerke, wo „Kollegen" bzw. „Geschäftsfreunde" uns auf günstige Gelegenheiten hinweisen.

- **Spreu vom Weizen trennen**

  o Sehr schnell wird in solchen Zeiten klar, welche Lieferanten zuverlässig sind.
  o Hält die Bank mit uns durch oder nutzt sie die erste Gelegenheit, uns fallen zu lassen, um sich selbst zu retten?
  o Auf welche Mitarbeiter ist Verlass? Wer ist bereit, Verantwortung zu übernehmen und auch mal eine Leistung zu erbringen, die keine Entlohnung mit sich bringt.
  o Werden von unseren Partnern die geschlossenen Verträge eingehalten oder versucht man, „irgendwie" rauszukommen.

- **Günstige Gelegenheiten nutzen**

  o Wir beobachten unser Umfeld und können so schneller als die Konkurrenz reagieren, weil wir für günstige Gelegenheiten sensibilisiert sind.

o Für die sich bietenden Chancen haben wir schon die benötigten Ressourcen bereitgestellt. Wir empfangen die für uns vorteilhaften Angebote mit offenen Armen.
o Durch das Chancenmanagement sind wir für mögliche Bedrohungen und Chancen sensibilisiert.

• **Vorsprung**

o Wir können uns in der Krise auf das Wesentliche konzentrieren! Wir haben die nicht sinnvollen, die nicht notwendigen Wege bereits bedacht und verabschiedet.
o Wir sind auf unsere Aufgaben fokussiert und lassen uns nicht durch alle möglichen „Nebenkriegsschauplätze" ablenken.
o Wir kennen viele der möglichen Gefahren und Risiken und haben keine Angst vor der Zukunft, weil wir ausreichend vorgesorgt haben – wir sind gerüstet!
o Wir sind unserer Konkurrenz nicht nur in der Einschätzung der Marktsituation voraus, sondern können rechtzeitig wählen, welche Zukunftschancen wir den Mitbewerbern überlassen.

• **Nutzung von Potenzialen**

o Die betrieblichen Potenziale (ungenutzte Ressourcen) werden gesucht und besser als bisher genutzt.
o Die Effektivität der Entscheidungen und Prozesse erhöht sich ständig, die Gewinnchancen der Zukunft werden so verbessert.

• **Vorsorgen**

o Zusätzliche Versicherungen gegen mögliche Risiken sichern uns ab – doch wir wissen inzwischen auch: Nur wer das Risiko kennt, weiß, welche Deckung notwendig ist.
o Der gesetzlich vorgeschriebene Katastrophenplan wurde erheblich erweitert. Wir haben auch Gefahren und Risiken erfasst, die

durch eine mögliche Wirtschaftskrise entstehen können und nicht nur durch „übliche Unglücke".

- **Erster sein – Letzter sein**

  o Wenn uns Chancen begegnen, werden wir diese als Erste erkennen und in der Lage sein, sie zu nutzen. Wir sind dafür sensibilisiert, unser Chancenradar sucht ständig das unternehmerische Umfeld nach günstigen Gelegenheiten ab.
  o Wenn allgemeine Risiken die Wirtschaft bedrohen, haben wir diese schon gedanklich und planerisch durchgespielt. Wir sind mental auch für die „schwere See" gerüstet. Wir sind die Letzten, die – wenn überhaupt – untergehen werden.

Diese möglichen guten Bedingungen und angenehmen Erscheinungen einer Krise sollten Ihnen und Ihrem Zukunftsteam bewusst sein. Denn häufig werden mit dramatischen Situationen – so die angebliche Erfahrung, das subjektive, scheinbare Erlebnis – Stress, Überforderung, Fehlentscheidungen usw. verbunden.

Wir sehen in einer Chance eine vorteilhafte Gestaltungsmöglichkeit und diese sollte idealerweise aussichtsreich und erfolgversprechend für alle sein, die mit dem Unternehmen verbunden sind. Das bei uns in Deutschland so beliebte kritische Denken ist in diesem Schritt nicht angebracht. Hier geht es darum, kreativ und unkritisch Chancenfragen zu formulieren und diese anschließend zu beantworten.

Ein Beispiel aus einem Workshop, in dem die Chancen schon konkreter formuliert wurden:

Maschinenfabrik, Familienunternehmen in dritter Generation, Sitz in Süddeutschland, 2 ausländische Produktionsstätten, Umsatz ca. 340 Mio. Euro, Umsatzrendite 8 Prozent, Eigenkapital 1,5 Mio. Euro, 1.200 Mitarbeiter.

- **Strategie**

  o Wir glauben daran, dass wir durch eine Krise zusammenwachsen und dadurch die Leistungskraft des Unternehmens steigen wird.

  o Wir glauben, dass eine Krise eine Marktbereinigung initiieren wird. Wichtigstes Ziel ist, diese Bereinigung zu überleben.

  o Wir werden ständig unsere strategische Planung überprüfen und sie den neuen Bedingungen anpassen.

- **Märkte**

  o Wir werden nicht nur den Markt heute und morgen berücksichtigen, unsere Zukunft sind vor allem die Märkte von übermorgen.

  o Unsere Forschungs- und Entwicklungsabteilung erhält den Auftrag, ein Zukunftsradar einzurichten, um rechtzeitig Zukunftschancen zu erkennen und zu integrieren.

- **Finanzen**

  o Wir werden alle nicht benötigten Betriebsmittel verkaufen.

  o Wir werden uns mehr als bisher darum kümmern, unsere finanziellen Aufwendungen für die Entwicklung mit staatlichen Subventionen zu unterstützen.

  o Die mit unserer Bank vereinbarten langfristigen Kreditlinien helfen uns, strategische Spielräume zu schaffen.

  o Mit unseren Kunden werden wir – unter Berücksichtigung eines möglichen Crashs – konkrete Vereinbarungen über die Zahlungsmodalitäten treffen.

- **Mitarbeiter**

  o Alle Mitarbeiter werden über unsere Pläne für eine mögliche Krise informiert – das wird großes Vertrauen in die Führung schaffen.

  o Wir wollen mit dem Betriebsrat eine Vereinbarung treffen, wie wir in der Krise die freiwilligen Zulagen behandeln.

  o Die Mitarbeiter haben angeboten, ohne Entgelt notwendige Überstunden zu leisten, wenn zusätzliche Aufträge kommen.

- **Sonstiges**

  o Wir werden ab sofort bei allen Investitionsentscheidungen die mögliche Krise berücksichtigen.

  o Wir werden auch unpopuläre Entscheidungen treffen, wenn diese notwendig sind – der Betriebsrat hat dafür seine Unterstützung zugesagt.

c. Erfahrungen als Hindernis

Wie bereits erwähnt sind Zukunftschancen keine der üblichen Verbesserungsvorschläge, die prämiert werden, sondern sie sollen die Existenzfähigkeit des Unternehmens in den kommenden Jahren stärken.

Das größte Problem der Chancenanalyse sind die Erfahrungen der Teilnehmer. Diese stehen in direkter Konkurrenz mit dem Zukunftswissen. Es ist unbedingt darauf zu achten, dass die Entwicklung von Zukunftschancen in einem Workshop nicht durch kritische Anmerkungen oder durch andere verbale oder nonverbale Beurteilungen im Keim erstickt wird.

Erfahrungen sind wichtig, jedoch nur anwendbar, wenn die Verhältnisse, in denen die Erfahrungen gemacht wurden, mit denen der jetzt zu bewältigenden Situation vergleichbar sind. Manchmal werden Erfahrungen auf Entscheidungen angewandt, die wirklich nicht zusammenpassen.

Unternehmer, die sich als Krisenmanager bewährt haben, gibt es viele. Aber Unternehmer und Manager, die die unternehmerischen Probleme einer möglichen Weltwirtschaftskrise bewältigt haben, gibt es wohl kaum. Denn die letzte große Krise war vor etwa achtzig Jahren.

Fakt ist: Wir alle haben keine Erfahrungen in diesen Krisendimensionen, woher sollten sie auch kommen. Es zeugt von realistischer Selbsteinschätzung, dies zu erkennen, und es braucht ein wenig Mut, das eigene Unvermögen in dieser Angelegenheit richtig einzuschätzen. Der dann stattfindende Blindflug endet in einer Katastrophe und der Staat ist nicht immer bereit, Sterbehilfe zu leisten.

Wenn man die Beteuerungen und Prognosen der Politiker in jüngster Vergangenheit mit den täglichen Ereignissen vergleicht, dann stellt man fest: Auch die Führung des deutschen Staates hat keine Erfahrungen im Krisenmanagement. Das soll hier nicht weiter ausgeführt werden, doch wer die entsprechenden Medienberichte analysiert, wird viele Beispiele für die Unfähigkeit unserer „obersten Führungsmannschaft" erkennen.

Die ausführliche Beschäftigung mit den möglichen Auswirkungen eines weltweiten Crashs in den ersten Kapiteln dieses Buches dienten *nicht* dazu, eine negative und fatalistische Denkhaltung zu erzeugen – im Gegenteil. Die Auseinandersetzung mit der Wirtschaftskrise in all seinen möglichen Auswirkungen sollte den Verantwortlichen die Augen öffnen und sie darauf einstimmen, angemessen zu reagieren. Mit dem hier vorgeschlagenen Chancenmanagement soll ein Werkzeugkasten zur Verfügung gestellt werden, der die mangelnde Erfahrung mit solch dramatischen Situationen heilt.

Denn eine allzu kritische Haltung (und davon gibt es leider immer einige – egal wo und wann) kann dazu führen, dass die Stimmung umschlägt und eine pessimistische Sichtweise dominant wird. Weil es das Phänomen der sich selbst erfüllenden Prophezeiungen gibt, sind solche Haltungen auch ein Weg – oft der sicherste – in den Konkurs.

Wichtig ist noch einmal der Hinweis, dass es bei der Chancenanalyse *nicht* darum geht, was Sie konkret tun werden, sondern dass Sie zunächst nur die Möglichkeiten Ihres denkbaren Handelns sammeln.

Die Ergebnisse dienen auch dazu, mit Hilfe des konkreten Aktionsplanes (das ist der letzte Schritt) zu bestimmen, wohin sich das Unternehmen entwickeln soll bzw. könnte. Erst wenn bestimmt ist, welche Zukunft wir schaffen wollen, welches konkrete Bild einer faszinierenden, gemeinsam erstrebten und realisierbaren Zukunft Sie zu erreichen gedenken, können Sie die Aktionen, Projekte und Aufgaben planen und anschließend durchführen lassen.

d. Übungen

Auch für diesen Schritt schlagen wir wieder eine „Anwärmübung" vor, die die vorstehend beschriebenen Erfahrungen und Überlegungen berücksichtigt.

Stellen Sie sich vor, Sie haben gekündigt und sind Unternehmensberater geworden. Ihr Auftraggeber ist mit Ihrer „alten Firma" in fast allen Belangen vergleichbar. Sie sollen einen Workshop moderieren. Ziel ist es, gemeinsam mit den Teilnehmern möglichst viele Zukunftschancen zu finden. Eine Zukunftschance ist eine vorteilhafte Gestaltungsmöglichkeit in einem bestimmten Bereich des Unternehmens.

Wenn Sie diese Aufgabe gut lösen, dann winkt ein großer Beraterauftrag, nämlich das gesamte Zukunftsmanagement des Unternehmens zu betreuen.

Als Grundlage für diese Aufgabe dienen die Erkenntnisse, die Sie mit der Annahmenanalyse und der Überraschungsanalyse gemacht haben.

Formulieren Sie jeweils ein bis zwei Zukunftschancen zu folgenden Gestaltungsfeldern:

- Strategie und Führung
- Märkte und Geschäftsfelder
- Marketing und Vertrieb
- Produkte und Leistungen
- Mitarbeiter
- Systeme und Prozesse
- Partner und Lieferanten
- Finanzen und sonstige Ressourcen

Auch diese Aufgabe sollte in Kleingruppen erarbeitet, anschließend bewertet und danach ausreichend diskutiert werden. Solche Übungen dienen dazu, dass die Mitglieder des Zukunftsteams auf die neue Sichtweise (hier die Chancenanalyse) fokussiert werden.

Allgemeine Fragen zur Chancenentwicklung

Bestimmen Sie mit Ihrem Team die Gestaltungsfelder, in denen Ihrer Meinung nach in naher Zukunft die Chancen liegen könnten. Um dies herauszufinden, könnten Sie die folgenden Fragen vorschlagen:

- **Strategie und Führung**

  o Was ist die Existenzberechtigung unseres Unternehmens?
  o Gilt das auch noch in einer Wirtschaftskrise?
  o Wie positionieren wir uns eventuell neu am Markt, um den möglichen Entwicklungen Rechnung zu tragen?
  o Welchen Einfluss hat eine Krise auf unsere Strategien?
  o Was wollen wir so lassen, was wollen wir verändern?

- **Märkte und Geschäftsfelder**

  o Welchen Einfluss hat eine Krise auf unsere Märkte und Geschäftsfelder?

  o Welche Geschäftsfelder sind auch noch in naher Zukunft rentabel – welche nicht?

  o Welche alten Märkte bleiben uns erhalten, was ist dafür zu tun?

  o Welche neuen Märkte müssen wir erschließen?

  o Wie wird sich die Konkurrenz auf dem Markt verhalten?

- **Marketing und Vertrieb**

  o Welchen Einfluss hat eine Krise auf unser Marketing und unseren Vertrieb?

  o Was ist zu tun, um unsere Kunden zu erhalten?

  o Was ist zu tun, um unsere Kundenstruktur zu verbessern?

  o Wie können wir neue Kunden generieren?

  o Müssen wir andere Vertriebsstrukturen aufbauen?

- **Produkte und Leistungen**

  o Welchen Einfluss hat eine Krise auf unsere Produkte und Leistungen?

  o Wie können wir die Qualität unserer Produkte und Leistungen verbessern?

  o Welche Entwicklungen bzw. Innovationen sind notwendig, um unsere Marktposition zu halten oder zu verbessern?

- **Mitarbeiter**

  o Was macht uns für unsere Mitarbeiter auch in der Krise attraktiv?

  o Was ist zu tun, damit wir die beste Mannschaft in der Branche haben?

o Wie schaffen wir eine Unternehmenskultur, bei der die Mitarbeiter mit Freude an der Arbeit Höchstleistungen erbringen können?
o Welchen Einfluss hat eine Krise auf die Leistungsbereitschaft und die Leistungsfähigkeit unserer Mitarbeiter?

- **Systeme und Prozesse**

  o Welchen Einfluss hat eine Krise auf unsere Systeme und Prozesse?
  o Was hindert uns daran, noch besser zu werden?
  o Wie können wir eine bessere Ressourcennutzung erreichen?
  o Sind unsere organisatorischen Strukturen noch den Anforderungen entsprechend?
  o Was ist zu tun, um die Effizienz unserer innerbetrieblichen Leistungsprozesse zu verbessern?

- **Partner und Lieferanten**

  o Wie können wir aus Kunden und Lieferanten Geschäftsfreunde machen?
  o Gibt es Partner, die uns Vorteile im Wettbewerb verschaffen könnten?
  o Haben wir gezielt ein Netzwerk aufgebaut, welches uns in einer Krise hilft, schwierige Situationen zu überstehen?

- **Finanzen und sonstige Ressourcen**

  o Wie stellen wir sicher, dass wir liquide sind?
  o Was können wir tun, um finanzielle Engpässe rechtzeitig zu erkennen und um den Gesellschaftern adäquate Lösungen vorzuschlagen?
  o Welchen Einfluss hat eine Krise auf unser finanzielles Gleichgewicht?

o Wie können wir eine bessere Ressourcenökonomie (Ratioprinzip des Wirtschaftens) erreichen?

Die von den Teams gefundenen Antworten werden wieder erfasst und – falls es viele sind – übersichtlich in einer Tabelle dargestellt, bewertet und diskutiert.

e. Das Chancenpanorama erstellen

Lassen Sie uns zunächst eine Bestandsaufnahme machen, welchen Fundus an möglichen Chancenhinweisen Sie inzwischen erarbeitet haben könnten:

- Chancen mit dem Zukunftsradar
- Chancen mit der Annahmenanalyse

  o aus der 1. Übung
  o aus der 2. Übung
  o aus der 3. Übung
  o aus der 4. Übung
  o Chancen aus den Zukunftsannahmen

- Chancen aus der Überraschungsanalyse

  o aus der 1. Übung
  o aus der 2. Übung
  o Chancen aus der Transformation

- Chancen aus der Chancenanalyse

  o aus der 1. Übung
  o Chancenfragen

Diese Zukunftschancen gilt es jetzt zu bewerten. Das ist zugegebenermaßen viel Arbeit, doch es wäre schade, wenn die erarbeiteten Möglichkeiten nicht für zukünftige Entscheidungen genutzt würden.

Vielleicht ist Ihnen die Untersuchung bekannt, die man mit erfolgreichen Menschen durchgeführt hat. Die Frage lautete: Was machen Gewinner anders als die eher erfolglosen Zeitgenossen?

Es zeigte sich, dass – neben anderen – die folgende Erfolgsregel angewandt wurde: Investiere immer 1 Prozent in die Vorbereitung. Erstaunlich ist, dass erfolgreiche Manager diese Regel für normal halten bzw. umgekehrt der Überzeugung sind, nicht entscheidungskompetent zu sein, wenn sie sich nicht gut vorbereiten.

Will man z. B. 1,0 Mio. Euro in Aktien, Fonds oder sonstige Vermögensanlagen investieren, dann wäre es gut, 10.000 Euro für die Entscheidungsvorbereitung zu verwenden.

Möchte man seine persönlichen Ziele für die nächsten 3 Jahre planen, dann wäre es sinnvoll, sich hierfür insgesamt 10 Tage Zeit zu nehmen. (365 Tage x 3 Jahre = rund 1000 Tage, davon 1 Prozent).

Wenn Sie sich um das Zukunftsmanagement für die nächsten 3 Jahre kümmern wollen, dann wäre es zweckmäßig, wenn Sie und Ihr Zukunftsteam sich dafür ebenfalls mindestens 10 Tage Zeit nehmen würden. Klar ist: Je mehr Zeit Sie investieren, desto aussagekräftiger und eindeutiger werden die Ergebnisse sein.

Wir hatten schon erwähnt, dass Entscheidungen von den erfahrenen Erlebnissen aus der Vergangenheit und den Erwartungen die Zukunft betreffend beeinflusst werden. Das Verhältnis zwischen Vergangenheitserfahrungen und Zukunftswissen ist nach unseren Wahrnehmungen vielleicht zehn zu eins – wenn's hoch kommt. Wir haben also fast zehn Mal mehr Entscheidungswissen aus der Vergangenheit, als es uns aus der Einschätzung zukünftiger Entwicklungen zur Verfügung steht.

Die Aufgabe des Zukunftsteams besteht darin, dass sich das Verhältnis zugunsten der Erkenntnisse über die möglichen Auswirkungen der Entscheidung in der Zukunft verbessert.

Energie folgt der Aufmerksamkeit. So lautet eine andere Erfolgsregel. Was nichts anderes bedeutet, als dass man sich darum kümmert, was in unserem Interesse von uns beachtet wird. Alles, was bisher geschrieben und vorgeschlagen wurde, dient diesem Ziel: die Aufmerksamkeit auf die möglichen zukünftigen bedrohlichen Entwicklungen zu richten!

Bewerten Sie die Zukunftschancen

Anschließend sind die Zukunftschancen im Hinblick auf folgende Aspekte zu untersuchen und zu bewerten:

- Verbessert diese Chance unsere finanzielle Situation?
- Welchen Einfluss hat diese Chance, uns in der Krise am Markt zu unterstützen, um so unsere Wettbewerbsfähigkeit zu verbessern?
- Können wir mit dieser Chance unsere internen Systeme und Prozesse optimieren?
- Erhöht diese Chance unsere Erträge?
- Hilft uns diese Chance bei der Einrichtung eines „Leuchtturms"?
- Kann diese Chance die Mitarbeiter motivieren?
- usw.

Diese Bewertung sollten Sie tabellarisch vornehmen, um so den Überblick zu behalten.

f. Ergebnisse

Mit der Chancenanalyse haben Sie die möglichen Zukunftschancen und Handlungsalternativen erarbeitet. Diese möglichen günstigen Gelegenheiten wurden geprüft und stehen jetzt als Visionselemente und als Grundlage für Ziele, Projekte und Aktivitäten zur Verfügung.

Was ist noch wichtig? Welches sind die Nebennutzen dieser Schritte?

- Wichtig war, dass man sich um die Zukunft gekümmert hat!
- Wichtig waren die gemeinsamen Lernprozesse!
- Wichtig ist es, die Engpässe zu beseitigen, die ein Engagement verhindern!
- Wichtig waren die übereinstimmenden Zukunftsannahmen!
- Wichtig ist, dass die Mitarbeiter erkennen, wie viele Chancen sich zeigen!
- Wichtig ist, dass die Mitarbeiter erkennen, dass Chancenmanagement nicht nur möglich, sondern auch effektiv und machbar ist.

12. Die Visionsentwicklung

Das Wesen der Visionsentwicklung ist es, das Folgende herauszufinden: Welche faszinierende Zukunft wollen wir – trotz möglicher Unwägbarkeiten – verwirklichen?

Es ist inzwischen betriebswirtschaftliches Allgemeingut, dass Unternehmen mit einer klaren Vorstellung von der Zukunft höhere Erträge erwirtschaften als solche, die keine Vision, keine strategischen Ziele haben.

a. Anleitungen zur Vorgehensweise

Eine überzeugende Vision kann die Bündelung des Ideenpotenzials und die Freisetzung zielgerichteter Energien bewirken. Herbert Henzler

Wir verstehen unter einer Vision keine Wohlverhaltensregeln oder schön klingenden Sätze über Märkte, Qualität oder Fairness, sondern es geht um eine eindeutige Richtungsentscheidung für die Zukunft. Die Denkhaltung dieser Phase des Chancenmanagements ist optimistisch und zugleich realistisch. Die Entwicklungsmöglichkeiten des Unternehmens werden durch Intuition, Erfahrung, Kreativität und kritisches Denken in die endgültige Ausrichtung gebracht.

Die Vision ist auch nicht die Mission, die den Rahmen für die Vision bildet. Die Mission bestimmt die Existenzberechtigung des Unternehmens, die Art und Menge der Leistung, die für Märkte erbracht wird. Auch sie wird in diesem Schritt kritisch betrachtet und, wenn nötig bzw. wenn sich neue Fakten ergeben haben, korrigiert.

Abzugrenzen von der Vision und der Mission sind auch die strategischen Leitlinien, die oft unter dem Begriff „Unternehmensleitbild" subsummiert werden. Dabei geht es um die Regeln und Prinzipien, nach denen sich die Organisationsmitglieder richten sollen. Die Frage, die die Leitlinien beantworten, lautet: Wie wollen wir zukünftig entscheiden und handeln?

Solche Leitlinien sind wichtig, weil Unternehmen als künstliche Systeme Prinzipien brauchen und nur dann optimal funktionieren, wenn die Systemmitglieder sich nach diesen Grundsätzen, Normen und Regeln richten.

Gibt es diese „Vorschriften" nicht, so werden sich die Mitarbeiter (Organisationsmitglieder) eigene schaffen. Diese selbst geschaffenen Prinzipien und Regeln stimmen in der Regel jedoch nicht mit den gewünschten bzw. gewollten Leitlinien überein. Die Fähigkeiten der Mitarbeiter können sich dann nicht so entfalten, wie es das Management wünscht, die menschlichen Potenziale bleiben zum großen Teil ungenutzt, die Tatkräfte der einzelnen Abteilungen heben sich unter Umständen gegenseitig auf und limitierende Engpässe sorgen dafür, dass sich das Unternehmen nicht qualitativ und quantitativ entwickeln kann.

Die nachfolgenden Hinweise sollen Anregungen geben, worauf man bei der Formulierung von strategischen Leitlinien achten sollte:

- Ehrlichkeit, Offenheit und Mut, Vertrauen schaffen und Verlässlichkeit praktizieren – das sind selbstverständliche menschliche Grundwerte, die man nicht unbedingt betonen muss!

- Die Mitarbeiter rechtzeitig und umfassend darüber informieren, was man will und was man nicht will.

- Den Weg zur Realisierung der Vision erkennen – wir schaffen es nur gemeinsam.

- Wer die betrieblichen Potenziale besser nutzen will, der muss die Weisheit und die Kraft aller Mitarbeiter nutzen.

- Grundsätzlich sollten keine fertigen Konzepte vorgelegt werden, „So wird es gemacht, basta!", sondern Vorschläge, die diskutiert und geändert werden können.

- Rechtzeitig und für alle verständlich auch unangenehme Entscheidungen ansprechen.

- Ob ein Ziel realistisch ist, ergibt sich nicht aus dem Ziel selbst, sondern aus den Maßnahmen, die dafür notwendig sind, und daraus, ob man über die Ressourcen verfügt, die gebraucht werden.

- Führungskräfte sind dafür da, den Mitarbeitern Möglichkeiten zu schaffen, damit diese gut sein können.

- Will man das Unternehmen neu ausrichten, fit machen für die Zukunft, dann muss für jeden Mitarbeiter spürbar eine neue Phase beginnen!

- Das Wichtigste bei Unternehmenskrisen ist das Engagement der Mitarbeiter!

- Eine der wegweisenden Aufgaben in den kommenden Monaten und Jahren besteht darin, den Mitarbeitern darzulegen, warum es sich lohnt, wenn alle ihr Bestes geben und durchhalten.

- Wird eine Entscheidung mit Druck und ohne die notwendige Überzeugungskraft durchgesetzt, dann entsteht Gegendruck.

- Nur wenn Sie in Ihrem Unternehmen dafür sorgen, dass die Mitarbeiter Spaß an der Arbeit haben, können Sie auch deren Leistungspotenziale aktivieren.

- Es ist im Prinzip der gleiche zeitliche und energetische Aufwand, ob Führungskräfte mit Druck ihre Entscheidungen durchsetzen wollen oder eine Arbeitsatmosphäre schaffen, in der mit Freude die angewiesenen Aufgaben erledigt werden.

- Menschen machen keine Fehler, sie sind höchstens falsch informiert. Will man andere Handlungsweisen initiieren, dann muss man die Informationsinhalte verändern. Dabei steht immer die Frage des eigenen Nutzens (beider Seiten) im Vordergrund.

- Nur die richtigen Informationen bewirken, dass das Richtige auf die richtige Weise getan wird.

- Die Frage, ob ein Ziel erreicht werden kann, ist nur zu 30 Prozent von Zeit und Energie abhängig – sie wird im Wesentlichen auf der Verhaltensebene beantwortet.

Wenn Sie die Mitarbeiter um Hilfe bitten, dann geben Sie ihnen Bedeutung und befriedigen damit eines ihrer Grundbedürfnisse. Also scheuen Sie sich nicht, als Führungskraft Ihren „Untergebenen" zu zeigen, dass es ohne deren Beistand und Mitwirkung nicht funktioniert.

Wir meinen mit einer Vision ein konkretes Bild (vielleicht sogar als „vorbildliche Darstellung") einer faszinierenden, gemeinsam erstrebenswerten und vor allem auch realisierbaren Zukunft. Wir definieren eine Vision als eine visualisierte, „sich selbst erfüllende Prophezeiung", die allen Beteiligten verdeutlicht, wohin die Reise geht, und die alle einlädt, sich gemeinsam auf diesen Weg zu neuen Ufern zu begeben.

In diesem Schritt werden die erkannten Zukunftschancen danach beurteilt, ob deren Umsetzung angesichts der zu erwartenden wirtschaftlichen Entwicklung empfehlenswert und gewünscht ist. Mit der Vision entscheiden Sie sich für oder gegen die Zukunftsannahmen, die Chancen und Gestaltungsmöglichkeiten.

Das Kategorisieren der Zukunftschancen

Die gefundenen Chancen werden, bevor die Vision formuliert werden kann, in Kategorien eingeteilt. Vielleicht fallen Ihnen oder Ihren Führungskräften noch weitere Stichworte zu den einzelnen Kategorien ein, wenn Sie mit der Klassifizierung beginnen.

Welche Chancen sind:

- Visionselemente?
- Missionselemente?
- Strategische Leitlinien?

- Ziele?
- Projekte?
- Prozesse?
- Systeme?
- Eventualstrategien?

In einer Tabelle mit den entsprechenden Überschriften kann diese Aufteilung schnell und übersichtlich vorgenommen werden.

b. Warum eine Vision entwickeln – wir haben doch schon eine?

Vielleicht sollten wir noch ein wenig darauf eingehen, warum es sinnvoll ist, sich mit der Entwicklung einer Vision zu beschäftigen, obwohl Sie in Ihrem Unternehmen bereits seit Jahren – und dies in mühevoller Zusammenarbeit mit allen Führungskräften und diversen Beratern – eine solche besitzen.

Sie haben gemeinsam mit Ihren Führungskräften neue Erkenntnisse über die möglichen Entwicklungen des Unternehmensumfeldes in den nächsten Monaten und Jahren gewonnen. Diesem neuen Verständnis ist jetzt Rechnung zu tragen. Es ist geht also um eine „zeitgemäße", eine situationsgerechte Vision, die andere Inhalte und Ausrichtungen hat als die, die Sie in ruhigen Zeiten erarbeitet haben.

Ein solcher visionärer Leuchtturm ist nicht nur Richtungsanzeiger, sondern auch das rettende Signal, welches Hoffnung gibt und alle Kräfte der „Besatzung" mobilisiert. Nicht nur der Kapitän hat damit eine Orientierungshilfe, sondern auch die Mannschaft erkennt, wo man vor Anker gehen kann. Um im Bild zu bleiben: Sie und Ihre Mitarbeiter können sehen, wie so manches Unternehmensschiff den Leuchtturm nicht erkennt, draußen auf See untergeht oder so demoliert den Hafen erreicht, dass es ausgedient hat.

Wenn die See ruhig ist, die Sichtweise ausgezeichnet, die Seekarten stimmen und der Wind von der richtigen Seite bläst, dann braucht es keinen Leuchtturm. Doch bei der neuen Unternehmens-Ausrichtung wird unterstellt, dass diese optimalen Umfeldbedingungen nicht vorhanden sind. Deshalb brauchen wir den virtuellen Signalgeber, damit wir nicht „auf der Strecke bleiben", sondern sicher ankommen.

Vielleicht ist diese Vision in der Krise der Prototyp für Ihre zukünftige, strategische Unternehmensausrichtung. Vor allem, weil Sie bei diesem Findungsprozess möglicherweise gemerkt haben, dass Ihr Team sich genauso viel vorgenommen hat, wie es glaubte, sich zutrauen zu können. Oder weil Sie festgestellt haben, dass die Entwicklung einer Vision die Beteiligten nicht überfordert oder sie gar einer die Existenz bedrohenden Zerreißprobe aussetzt, sondern zu vernünftigen Zielsetzungen führt, die berücksichtigen, was machbar ist.

Visionen schaffen eine anspruchsvolle und machbare Zukunftsperspektive, die die Mitarbeiter zu Höchstleistungen motiviert. Zeit, Geld und Energie zerfleddern nicht in allen möglichen Projekten und Aktivitäten, sondern sind auf ein klares Zukunftsbild fokussiert.

c. Beispiel-Ergebnisse aus Workshops

Vision	<ul><li>Die nahe Zukunft ist durch eine Marktbereinigung geprägt.</li><li>Aufgrund unserer Zuverlässigkeit sind wir der gefragteste Software-Hersteller für die Möbelindustrie in Europa.</li></ul>
Identität	<ul><li>Wir garantieren unsere Zuverlässigkeit, erst recht in schwierigen Zeiten.</li><li>Unsere Kunden können sich immer auf unsere Informationen verlassen.</li><li>Wir bieten nur an, was wir auch garantieren kön-</li></ul>

	nen.
	• Jeder Kunde erhält von uns eine individuelle, seinen Bedürfnissen angepasste Leistung.
	• Wir sind in unseren Zielmärkten mit eigenen Niederlassungen und Mitarbeitern präsent.
	• Wir helfen unseren Kunden innerhalb von zwölf Stunden bei auftretenden Problemen.
Mensch & Kultur	• Unsere Mitarbeiter können sich genauso auf uns verlassen wie unsere Kunden.
	• Wir wissen, dass nur die Weisheit und Kraft des Teams uns eine Krise überwinden lässt.
	• Der Kunde als Mensch geht durch unsere Systeme und Prozesse nicht verloren.
	• Der persönliche Kontakt zu unseren Kunden ist die Basis für unseren gemeinsamen Erfolg.
	• Unsere Mitarbeiter haben langjährige Erfahrungen in der Branche.
Systeme, Prozesse und Strukturen	• Wir haben standardisierte Qualitätsvereinbarungen mit unseren Dienstleistern.
	• Wir setzen auf Stabilität und Fairness in Geschäftsbeziehungen mit Partnern und Lieferanten.
	• Wir bieten im Internet eine Plattform, die allen Kunden zugänglich ist.
Weitere Aspekte	• Unser Zukunftsteam wird ständig Informationen sammeln und auswerten, die für die Zukunft unseres Unternehmens von Bedeutung sind.
	• Wir betrachten jede Bedrohung als Hinweis, dass wir die Chance haben, Zustände zu unseren Gunsten zu verändern.

Visionen sind Strategien des Handelns. Das unterscheidet sie von Utopien. Zur Vision gehören Mut, Kraft und die Bereitschaft, sie zu verwirklichen. Roman Herzog

d. Übungen

In der Regel stehen jetzt mehr als fünfzig „Visionskandidaten" als rohe Bausteine für das Finden einer neuen Vision zur Verfügung. Die folgenden Fragen zur Visionsentwicklung sind sozusagen eingebettet in die Erkenntnisse, die die unterschiedlichen Sichtweisen gebracht haben.

Für die Visionsentwicklung brauchen Sie wieder Fragen zu den einzelnen Gestaltungsfeldern, um den Entscheidungsbedarf für Ihre erstrebte Zukunft zu bestimmen.

Bitte beachten Sie, dass es um den Zeitraum der nächsten drei Jahre geht, in denen es sehr turbulent werden kann. Bei dieser kurzfristigen Sichtweise kann es nur die Vision geben, die mögliche Krise zu überstehen und die Voraussetzungen für einen guten Neuanfang für das „Leben" nach der Krise zu schaffen.

Hier einige Vorschläge, welche Fragen zur Visionsentwicklung gestellt werden könnten:

Strategie

- Werden wir weiter in unseren Märkten tätig sein?
- Wodurch unterscheiden wir uns von den Mitbewerbern, wenn es „eng" wird?
- Was haben wir in den vergangenen Monaten investiert, um unsere Marktchancen in einer Wirtschaftskrise zu verbessern?

Marketing & Vertrieb

- Warum sind unsere Kunden nach wie vor von unseren Leistungen begeistert?
- Auf welche effektive Weise gewinnen und halten wir unsere Kunden auch in schwierigen Zeiten?

- Warum sind wir für unsere Marktpartner und für die Öffentlichkeit ein sympathisches Unternehmen?

Produkte & Leistungen

- Welchen besonderen Nutzen bieten wir unseren Kunden in der nahen Zukunft?
- Was wird dann an unseren Leistungen gelobt werden?
- Welche Produkte und Leistungen werden wir aufgeben müssen?
- Welche Kompetenzen (Zusatznutzen) haben wir auf- und ausgebaut?

Mensch & Kultur

- Auf welche Leistungen sind wir stolz?
- Was ist zu tun, damit weiterhin die besten Leistungsträger des Marktes als Mitarbeiter bei uns arbeiten?
- Warum sind unsere Mitarbeiter froh, in unserem Unternehmen zu arbeiten?
- Wie können wir dafür sorgen, dass das Engagement unserer Mitarbeiter so bleibt wie bisher?
- Wie können wir die Weisheit aller Mitarbeiter nutzen?

Systeme & Prozesse

- Was hat die Unternehmensleitung dafür getan, um sich auf die Krise vorzubereiten?
- Warum ist unser gesamtes Management so effektiv?
- Was macht uns schlagkräftig und trotzdem flexibel?
- Gibt es Hinweise dafür, dass wir unsere Systeme und Prozesse den zukünftigen Anforderungen anpassen müssen?

Partner & Lieferanten

- Wie arbeiten wir mit unseren Vorleistenden effektiv zusammen?

- Auf welche Geschäftsfreunde ist besonders Verlass?
- Welche Geschäftsfreunde werden die Krise nicht überstehen?

Finanzen

- Wie haben wir unser Wachstum finanziert?
- Wie wird sich unsere finanzielle Situation in einer Krise entwickeln?
- Welche Alternativen gibt es, um unsere finanzielle Situation zu verbessern?

Ich – nicht nur wir

- Welche Rolle spiele ich heute in diesem Unternehmen?
- Für welche Aufgaben wäre ich zukünftig besonders gut geeignet?

Mit diesen Visionsfragen legen Sie fest, welche Entscheidungen zu treffen sind, damit die erstrebte Zukunft so eintritt, wie es gewünscht wird.

Es kann durchaus sein, dass die Beantwortung der Visionsfragen viel Zeit in Anspruch nimmt, doch ist dieser Schritt sehr wichtig, weil er dazu zwingt, sich mit den Ungewissheiten und Unklarheiten der unternehmerischen Zukunft auseinanderzusetzen.

Die Antworten zu unseren Problemen kommen aus der Zukunft und nicht von gestern. Frederic Vester

e. Entwicklung der Vision

Die Bewertung der Visionskandidaten, um eine Vision für die kommenden Monate und Jahre zu entwickeln, ist der entscheidende Prozess im Chancenmanagement. In dem Buch „Die fünf Zukunftsbrillen" von Dr. Pero Mićić wird dieser Prozess detailliert und umfassend beschrieben – die folgenden Ausführungen wurden daraus entnommen.

- Nehmen Sie die Visionsentwicklung mit dem Zukunftsteam vor, mit dem Sie bereits durch die blaue, rote und grüne Zukunftsbrille gesehen haben.

- Machen Sie sich noch einmal Ihre Zukunftsannahmen bewusst. Stehen die Annahmen mit der zukünftigen Entwicklung des Unternehmensumfeldes im Einklang?

- Bestimmen Sie den Zeithorizont Ihrer Vision. Unterscheiden Sie zwischen einer Vision für die nahe Zukunft und einer für die ferne Zukunft.

- Überprüfen Sie Ihre Mission. Stimmt die Existenzberechtigung Ihres Unternehmens auch unter Berücksichtigung der Erkenntnisse über die nahe Zukunft noch?

- Überprüfen Sie Ihre Leitlinien. Gelten die Regeln, Normen und Verhaltensweisen auch für schwierige Zeiten oder sind sie zu korrigieren und den denkbaren neuen Verhältnissen anzupassen?

- Erstellen Sie eine Matrix. In der ersten Spalte notieren Sie Ihre Visionsfragen. In die weiteren Spalten tragen Sie die denkbaren Antworten ein.

- Diese Antworten – man könnte auch sagen: Visionselemente – werden in einem weiteren Schritt bewertet. Verteilen Sie 100 Punkte auf die gefundenen alternativen Aussagen.

- Unter Umständen können Sie mehrere Visionselemente zusammenfassen. Das Ergebnis dieser Auswahl nennen wir Visionskandidaten.

- Wählen Sie aus etwa zehn Visionskandidaten aus, die Sie für überzeugend, glaubhaft und attraktiv halten.

- Aus diesen Visionskandidaten wählen Sie dann in einem weiteren Schritt den Kern Ihrer strategischen Vision für die z. B. nächsten drei Jahre aus. (Diese gefundene Vision können Sie unter Umständen durch weniger gut bewertete Aspekte ergänzen bzw. sie mit ihnen kombinieren.)

- Schließlich sollten Sie die gefundene Vision anhand der gefundenen Zukunftsannahmen und der möglichen Überraschungen auf Konflikte, Ungereimtheiten oder unsinnige Kombinationen prüfen.

- Anschließend sollte die Vision im Zukunftsteam und mit anderen Beteiligten diskutiert werden. Nur so können Sie erreichen, dass die Mitarbeiter davon nicht nur Kenntnis erhalten, sondern sie zu ihrer bildhaften Vorstellung der Zukunft in Ihrem Unternehmen machen.
- Wenn möglich (der Mensch ist ein Augentier), visualisieren Sie die Vision. Überlegen Sie, wie Sie die unternehmerische Mission, die strategische Vision und die dazugehörenden Leitlinien in die tägliche Arbeit implementieren. Nur eine gelebte Vision entwickelt die notwendige Energie, um das Abenteuer „Unternehmenszukunft" gut zu bestehen.

f. Ergebnisse der Visionsentwicklung

Mit der so erarbeiteten Vision haben Sie ein konkretes Bild einer faszinierenden, gemeinsam erstrebten und realisierbaren Zukunft Ihres Unternehmens. Dieses Bild ist nicht vom Wunschdenken geprägt, sondern es berücksichtigt die Erwartungen an die Entwicklungen der nächsten Monate und Jahre.

Die Vision bündelt die Aufmerksamkeit und die Aktivitäten der Führung und aller Mitarbeiter, sie macht Ihr Unternehmen effizienter und senkt letztlich Ihre Kosten. Sie schafft eine anspruchsvolle, aber realisierbare Zukunftsperspektive und aktiviert Mitarbeiter zu Höchstleistungen.

Schließlich ist die Vision Grundlage aller strategischen Entscheidungen.

13. Strategieentwicklung

Es reicht nicht aus zu wollen, man muss auch können. Es nutzt wenig, es zu können, man muss es auch tun. Im letzten Schritt sorgen wir dafür, dass alles zu einem „guten Ende" gebracht wird.

Die strategische Vision muss in erreichbare Ziele heruntergebrochen werden, die in überschaubarer Zeit zu realisieren sind.

So können klare Aufgaben an Verantwortliche übertragen und Fortschritte messbar gemacht werden. Damit werden das Chancenmanagement in der Krise und die strategische Planung mit dem Tagesgeschäft verbunden.

Krisen sind Bewährungsproben, die nur dann Angst machen, wenn es ein Ungleichgewicht zwischen den neuen Aufgaben und den vorhandenen Bewältigungsstrategien gibt. Wenn die auftretenden Probleme nicht mit den gegebenen betrieblichen Ressourcen gelöst werden können. Das ist das eigentliche Problem einer jeden Krise! Also gilt es herauszufinden, was passieren kann und was wir tun müssen, damit nichts passiert.

Weil der Mensch mit seinen höheren Zwecken wächst (Schiller), braucht man auch keine Angst zu haben, sind doch solche wirtschaftlichen Herausforderungen die Chance, dass das scheinbare Drama für längst notwendige Veränderungen genutzt wird.

a. Anleitungen zur Vorgehensweise

In uns allen und damit auch in den Unternehmen gibt es Erfahrungen und Fähigkeiten, die sich erst dann richtig entfalten, wenn wir durch eine Krise herausgefordert werden. So mancher Unternehmer berichtet davon, dass schwierige Zeiten ihm und seinem Team zu Höchstleistungen verholfen haben und er samt seiner Firma gestärkt aus dem scheinbaren Desaster herausgekommen sei.

Ohne Krise kein Wachstum – kein Wachstum ohne Krise. Richtig ist, dass Krisen durch eine gewisse Unübersichtlichkeit (Was kommt alles auf uns zu?) gekennzeichnet sind, weiterhin durch die zunächst offensichtliche Überforderung der Führungskräfte (mangelnde Krisenkompetenz) und vor allem durch eine scheinbare Ausweglosigkeit, was die unternehmerische Zukunft angeht. Doch das sind „Scheinriesen", die bei näherer Betrachtung zu lösbaren Problemen schrumpfen.

Entscheidend ist, welche Bedeutung das Top-Management dieser Zeit des Wandels beimisst und wie es auf die neue Situation reagiert. Was für die einen eine existenzielle Bedrohung darstellt, ist für andere eine stimulierende Situation, die genutzt werden soll.

Alles schaut in solchen Konstellationen auf die Unternehmensleitung und wie sie sich verhält. Sind die Aktivitäten hilfreich oder hilflos? Die Vorbildfunktion der Führungskräfte ist der Katalysator für die Art und Weise, wie alle Beteiligten zukünftig reagieren. Damit wird deutlich, dass das Problem nicht die Krise an sich ist, sondern wie die Ausrichtung der unternehmerischen Ressourcen und Potenziale durch das Management erfolgt.

Ist das Klima von Schock, Panik und Ohnmacht geprägt, dann sind die Chancen gering, durch die schwere See den rettenden Hafen zu erreichen – ein Leben nach der Krise wird es nicht geben. Wird die wirtschaftliche Notlage als eine Möglichkeit begriffen, dass es jetzt eindeutige Hinweise auf Erneuerungszwänge gibt, dann hat man gute Aussichten, die prekäre Situation erfolgreich zu meistern.

Solche Zeiten des dramatischen Wandels helfen, Dinge zu bereinigen, um die man sich schon längst hätte kümmern müssen. Jeder Manager sollte sich also fragen: Kann ich die Unsicherheiten der kommenden kriselnden Monate dazu nutzen, um tiefgreifende Veränderungen ohne große Widerstände durchzusetzen?

(Wenn ich in dieser Zeit die Berichte über einige Unternehmen lese, dann wird dies immer wieder bestätigt. Nur weil es mit den Umsätzen bergab geht, hat man ein neues Produkt entwickelt, die interne Organisation optimiert, liebgewonnene oder unnütze Abteilungen aufgelöst oder mit einem kraftvollen Akt eine scheinbar unüberwindbare Schwierigkeit gemeistert.)

In diesem Zusammenhang ist es wichtig zu erkennen, dass sich die Verhältnisse unter Umständen ganz einfach verändert haben. Dass der Markt geschrumpft ist, die Finanzierung problematischer wird oder die Rohstoffe so teuer sind, dass wir Ersatz suchen müssen. Richtig ist, Krisen sind Wachstumsimpulse! Doch das bedeutet nicht unbedingt nur quantitative Steigerung von Umsätzen, sondern vor allem qualitative, mentale und moralische Entfaltung. Neue Erkenntnisse in diesen schwierigen Zeiten lassen so manche Tugend wieder wichtig werden und die Lauterkeit des „königlichen Kaufmanns" gewinnt an Bedeutung.

Qualitatives Wachstum bedeutet auch, das Ökonomische Prinzip mehr in den Vordergrund zu rücken, nämlich mit gegebenen Mitteln einen größtmöglichen Nutzen zu erreichen (Sie erinnern sich an die Übungen, die dazu verhelfen, die Potenziale besser zu nutzen). So könnte man Abläufe, die schon immer eher hinderlich waren, beseitigen oder Geschäftsbeziehungen, die durch viele Kompromisse gekennzeichnet waren, beenden. Produkte und Leistungen, die bisher kaum Deckungsbeiträge brachten, aber liebgewonnene Anhängsel diverser Kunden waren, könnten aus dem Sortiment genommen werden.

Wir können Neues schaffen und Vorhandenes verbessern. Wir können Bewährtes verändern und Überholtes eliminieren. Vor allem aber können wir die Bedrohungen transformieren und die negative Haltung beenden, weil sie unsinnig ist und uns alle daran hindert, gut zu sein.

Es ist die wichtigste Aufgabe der Unternehmensführung, den Mitarbeitern Zuversicht zu geben. Krisenmanager berichten immer wieder davon, dass alle Sanierungsmaßnahmen nur dann gelingen, wenn die Mitarbeiter von dem Erfolg der Aktionen überzeugt sind.

Die unterschiedlichen Sichtweisen der möglichen Zukunft sollen dabei helfen herauszufinden, welches die möglichen Auswirkungen in naher Zukunft sind, welche Chancen sich daraus ergeben und wie die unternehmerische Vision aussieht, die gemeinsam angestrebt und realisiert werden soll. Das Wesen dieses Schrittes ist es, die Strategien, Projekte und Aufgaben zu bestimmen, die notwendig sind, um die Vision zu realisieren.

Die Frage, die beantwortet werden muss, lautet: Wie gestalten wir unsere Zukunftsstrategie im Rahmen der Mission und unter Beachtung der strategischen Leitlinien?

Die Planung fasst die Ergebnisse der einzelnen – im Detail beschriebenen Schritte – zu einer sinnvollen Strategie zusammen. Zunächst wurde das unternehmerische Umfeld analysiert und aufbereitet, damit man sich dann auf die Chancen konzentrierten kann. Diese „Ausbeuten" stellten den „Rohstoff" für das Formen der Vision dar.

Jetzt kommt die entscheidende Aufgabe, die Erkenntnisse und Beurteilungen der Zukunft durch den bisherigen Prozess in ein sinnvolles Handeln umzusetzen. Was zunächst in dem finalen Akt als annehmbare und vorteilhafte Vision für das Unternehmen erkannt wurde, wird auf den Weg gebracht. Deshalb geht es jetzt nur noch darum, die Aufgaben zu erledigen.

b. Was wollen wir realisieren, damit die Vision Wirklichkeit wird?

Die Übersicht zeigt die Möglichkeiten, die Ihnen als Handlungsstrategie zur Verfügung stehen. Das Ergebnis ist sehr eindeutig. Die strategischen Ansätze sind Vorbereiten, Vorsorgen und Vermindern.

Die Strategien des Verwandelns (Bedrohungen in Chancen) und Vorgreifens (Überprüfen der Loyalität von Geschäftsfreunden) haben wir bereits bei der Abwicklung der anderen Phasen berücksichtigt.

Das Buch soll keine Anleitung für Projektarbeit sein, sondern für das Chancenmanagement in der Krise. Deshalb soll auch, was die Umsetzung der Vision, der Chancen und der sich daraus ergebenden Aufgaben angeht, nur kurz skizziert werden, was getan werden muss.

Es geht um folgende Fragen:

- Welche Ziele müssen wir erreichen, damit unsere Vision Wirklichkeit wird?
- Welche Chancen realisieren wir wie?
- Welche Projekte und Aufgaben müssen wir dafür erledigen?
- Wie sollen die Ressourcen für die Projekte beschafft werden?
- Wer kümmert sich um die Durchführung der Projekte?
- Woran erkennen wir, dass wir das Ziel erreicht haben?
- Welche Eventualziele bzw. -strategien sollten wir berücksichtigen?

Als Verantwortliche in den Unternehmen wünschen wir uns nicht einfach nur bessere Zeiten, sondern formulieren konkrete Ziele und legen fest, wann diese gewünschten Zustände erreicht wurden.

Die Unterschiede zwischen Wünschen und Zielen sind vor allem die Messbarkeit der Ziele und die sich daraus ergebenden Handlungen. (Ein Wunsch wäre: Ich will abnehmen! Ein Ziel ist: Ich nehme in 3 Monaten 5 Kilo ab!)

c. Übungen

Nur der Vollständigkeit halber soll hier eine Übersicht über die möglichen Inhalte eines Projektauftrages dargestellt werden:

- Zielbeschreibung (Projektname)
- Wann ist das Ziel erreicht? (eindeutige Messkriterien)
- Wann sind bestimmte Teilziele zu erreichen? (eindeutige Meilensteine)
- Terminplan (Zeiträume, Fälligkeiten und sonstige Termine bestimmen)
- Abgrenzungen zu anderen Projekten (Was gehört nicht dazu, was soll nicht erreicht werden?)
- Welchen Nutzen erwarten wir? (eindeutige Messkriterien)
- Zielmanager (Projektleiter)
- Eventuelle Mitwirkende (Projektteam)
- Ausgangssituation (Beschreibung des Istzustandes)
- Wegbeschreibung zum Ziel (welche Maßnahmen sind nach heutigem Kenntnisstand durchzuführen?)
- Welche Ressourcen werden benötigt? (Budget festlegen – Regeln bei Über-/Unterschreitung)
- Risikoanalyse (Was könnte das Projekt in Frage stellen?)
- Informationsfluss (Wer berichtet wann, was, an wen?)
- Was haben die Beteiligten vom Projekterfolg? (Vorteile bei Erfolg für die Mitarbeiter?)

Aufgaben zu Projekten zusammenfassen

Es gibt nichts Gutes, außer man tut es! Erich Kästner

Diese Übersicht zeigt, welche gefundenen Möglichkeiten, günstigen Gelegenheiten, Chancen oder Aussichten auf positive Veränderungen zur Verwirklichung der strategischen Vision führen können.

Wollen wollen viele. Nur Tun tun so wenige!

Lassen Sie uns zum Schluss noch folgende Übung vorschlagen, die Sie gemeinsam mit Ihrem Zukunftsteam durchführen sollten. Es ist nach unseren Erfahrungen eine gute Möglichkeit, sich noch einmal bewusst zu machen, was wichtig ist.

- Zeichnen Sie eine Skala von 1 bis 9 (1 = unwichtig, 9 = sehr wichtig)
- Nun tragen Sie auf der Skala ein (1 = niemals, 9 = sicher), wie hoch Sie die Wahrscheinlichkeit einschätzen, dass in den nächsten Tagen bzw. Wochen die ersten Schritte unternommen werden.
- Im letzten Schritt lassen Sie aufschreiben, was passieren müsste, damit etwas passiert. Das wäre das erste Projekt Ihres Zukunftsmanagements!

d. Ergebnisse

Das Ergebnis des letzten Schrittes sind diverse, von der Unternehmensleitung genehmigte, schriftliche „Selbstbefehle", die abgearbeitet werden müssen. Dieser Schritt vollendet das Werk „Chancenmanagement in der Krise" in seiner planerischen Gestaltung. Damit wird sichergestellt, dass die notwendigen Aktivitäten zur Erreichung der strategischen Vision auch umgesetzt werden können. Sie hilft außerdem als Antwort auf mögliche Überraschungen, Eventualstrategien zu entwickeln und diese wie geplant umzusetzen.

Sich schützen und planvoll agieren, das ist es, was in den kommenden Monaten – vielleicht auch erst in ein oder zwei Jahren – gebraucht wird. Robustheit gegenüber überraschenden Ereignissen zu schaffen ist genauso wichtig wie die Umsetzung der mittelfristigen Ziele, damit die attraktive Vision erreicht wird.

Wenn aber Zukunftsannahmen, Bedrohungen und Chancen, wenn Visionen nur schöne Worte bleiben und die Erkenntnisse kaum verwirklicht werden, dann kann im operativen Geschäft das Zukunftsmanagement nicht den gewünschten Erfolg bringen.

14. Institutionalisierung – das Chancenmanagement in Gang halten

Der weitere Schritt – logisch und konsequent zu Ende gedacht – ist, das Chancenmanagement als dauerhafte Einrichtung im Unternehmen zu installieren. Es so in die bestehende Organisation zu integrieren, dass es zu einer selbstverständlichen, beliebten und sehr nützlichen Funktion wird.

Dadurch wird gewährleistet, dass man ständig über absehbare und mögliche Entwicklungen informiert wird und die unternehmerische Zukunftsstrategie anpassen kann.

Es gibt fünf Wissensfelder, die beobachtet werden müssen, um sensibel für Veränderungen zu werden und die so gewonnenen Erkenntnisse bei den eigenen strategischen Entscheidungen zu berücksichtigen:

- Wissen über neue Produkte und Wettbewerber
- Wissen über neue Kundenwünsche und Märkte
- Wissen über neue Verhaltens- und Service-Ideen
- Wissen über neue Produktionsverfahren
- Wissen über neue Einkaufsquellen

Es sollte ein in der Praxis leicht handhabbares, pragmatisches System sein, das im Wege eines laufenden Prozesses ein hocheffektives Zukunftsmanagement sicherstellt. Dafür ist es wichtig, dass die Unternehmensleitung den Wert von Zukunftswissen erkennt und die notwendigen Ressourcen (Zeit, Geld, Informationen, Kompetenzen) bereitstellt, damit sich ein Zukunftsteam bilden kann.

Die organisatorische Einbindung des Zukunftsmanagement-Systems in die vorhandenen Organisationsstrukturen ist dadurch zu gewährleisten, dass man die Zuständigkeiten festschreibt, die Beobachtungsfelder (z. B. Trends, Technologien, Märkte, Konkurrenzverhalten usw.) festlegt und das laufende Berichtswesen definiert.

Unter Umständen ist es sinnvoll, sich fremder, kompetenter Hilfe zu versichern, um so einen unabhängigen, fachkundigen Kontrollmechanismus zu installieren.

15. Die ferne Zukunft beachten

Wir haben Ihnen dargestellt, wie Sie die kommenden Auswirkungen einer weltweiten Wirtschaftskrise meistern können. Um das Chancenmanagement in den nächsten 24 bis 36 Monaten durchzuführen, braucht es eine praxiserprobte Methode, die eine Navigation des Unternehmensschiffs in die ruhigen Gewässer eines sicheren Hafens ermöglicht.

Ziel unserer Ausführungen sollte sein und Beispiele aus der Praxis sollten aufzeigen, wie dieser Prozess abläuft, welche Schwierigkeiten möglicherweise auftreten und mit welchen Ergebnissen Sie rechnen können.

Das „klassische" Zukunftsmanagement beschäftigt sich tendenziell mit der fernen Zukunft. Wohl wissend, jede Zukunft wird in der Gegenwart gestaltet. Niemand kann morgen etwas tun, es sei denn, er wartet 24 Stunden.

Weil Zukunftsmärkte nur zu etwa fünf Prozent aus Innovationen gemacht werden – der Rest sind Imitationen oder die Kombinationen mit Vorhandenem –, ist es sinnvoll, den Prozess „Zukunftsprognosen" auf eine möglichst breite Basis zu stellen.

Unsere internen Befragungen haben ergeben, dass Manager über 70 Prozent der unternehmerischen Erfolge darauf zurückführen, dass die zukünftige Entwicklung im Rahmen der strategischen Planung richtig eingeschätzt wurde.

Die gleichen Manager befragt, wie viel Prozent ihrer Zeit sie in die Aufgabe „Zukunftsmanagement" investieren, gaben an: „Im Jahr etwa ein bis zwei Tage – wenn es hochkommt!"

Wir sprachen von der Möglichkeit der besseren Nutzung von betrieblichen Potenzialen und von Gewinnchancen der Zukunft. Hier findet sich eine gedankliche Blockade, die es lohnt, dass man sie auflöst.

Denn wenn Entscheidungen auch von den zukünftigen Annahmen beeinflusst werden, dann muss man feststellen, dass dem Zukunftswissen und der Zukunftskompetenz, vor allem in den kleineren und mittleren Unternehmen, noch zu wenig Bedeutung beigemessen wird.

Die sogenannten KMU machen in Deutschland mehr als 90 Prozent aller Firmen aus, in denen ca. 70 Prozent der Beschäftigten tätig sind und die etwa 40 Prozent des Gesamtumsatzes aller Firmen erwirtschaften. Würden die Verantwortlichen in diesen Unternehmen wahrnehmen, welch großartige Bedeutung ein Chancenmanagement hat und wie man dadurch seine vor allem strategischen Entscheidungen verbessern kann, dann würde die Wirtschaftskraft Deutschlands unter Umständen einen Quantensprung nach vorn machen.

Anders formuliert, es gibt in den Unternehmen zu viele Erfahrungen und zu wenig Zukunftswissen. Hier herrscht ein sehr großer Nachholbedarf, weil sich eben nicht wie vielleicht vor zwanzig oder dreißig Jahren die wirtschaftliche Situation nur langsam verändert, sondern wir in einer sehr schnelllebigen Zeit Entscheidungen treffen müssen.

a. Die Einflussgrößen der fernen Zukunft

Was den eher über Jahre hinweg betrachteten Zeithorizont der Zukunft angeht, so werden die Zukunftsfaktoren globaler und umfassender antizipiert. Dabei unterscheiden wir sechs Kategorien von langfristigen Zukunftsfaktoren:

- Menschliche Zukunftsfaktoren – die Grundmotive des Menschen zu handeln, nicht zu handeln, sich zu organisieren, zu wirtschaften oder Neues zu entwickeln.
- Biosphärische Zukunftsfaktoren – z. B. die globale Erwärmung, Vernichtung von Regenwäldern oder Trinkwasserknappheit.

- Technologische Zukunftsfaktoren – wie die Entwicklung des E-Business, Innovationen in den Bereichen der künstlichen Intelligenz oder der Optimierung der Mikroverfahrenstechnik.
- Politische Zukunftsfaktoren – z. B. die neuen Bündnisse von Ländern, weltweiter Terrorismus oder die Veränderungen von Machtverhältnissen durch Putsch oder Wahlen.
- Wirtschaftliche Zukunftsfaktoren – z. B. Globalisierung, Wirtschaftskrisen durch Sättigung der Märkte oder die Individualisierung von Dienstleistungen.
- Gesellschaftliche Zukunftsfaktoren – z. B. die Auswirkungen von Alterung, Steigerung von Kriminalität oder die neuen Märkte durch Salutogenese und Life-Balancing.

All diese Zukunftsfaktoren können für die Entwicklungen der Unternehmen in einigen Jahren von Bedeutung sein. Dr. Pero Mićić geht in seinen diversen Veröffentlichungen, unter anderem auch in dem Buch „Zukunftsradar", auf diese Zukunftsfaktoren detailliert ein.

Die Faszination des Zukunftsmanagements liegt in der Unsicherheit der Zukunft, die es uns ermöglicht, sie zu gestalten. Zukunftsmanagement hat nur ein Ziel, nämlich die Chancen rechtzeitig zu erkennen und zu nutzen.

Wir dürfen nie vergessen, dass die Zukunft zwar gewiss nicht in unsere Hand gegeben ist, dass sie aber ebenso gewiss doch auch nicht ganz außerhalb unserer Macht steht.
Epikur

b. Mögliche Szenarien nach dem Crash

Wenn wir die ferne Zukunft aus der gegenwärtigen wirtschaftlichen Situation betrachten, dann stellt sich wie selbstverständlich die Frage: Wie wird die Welt nach der Krise sein? Werden die Reichen noch reicher sein und die Armen noch ärmer? Oder versinken wir alle in Armut, weil die Politiker die falschen Entscheidungen getroffen haben und Schuldenberge angehäuft wurden, die kommende Generationen abtragen müssen?

Ist es denkbar, dass die Selbstheilungskräfte uns zwar eine kurze Rezession bescheren, dass aber nach ein bis zwei Jahren das Gröbste geschafft und die Finanz- und Wirtschaftswelt wieder in Ordnung ist?

Eines ist sicher: Die Verhältnisse werden sich verändern, und zwar dramatisch! Die Frage ist nur, in welche Richtung.

Da die Zukunft nicht vorbestimmt ist, können auch wir nur mögliche Tendenzen beschreiben. Diese Szenarien sind Möglichkeiten, die durch die Entscheidungen der wirtschaftspolitischen Gestalter beeinflusst werden. Das sind nicht nur die Politiker und Wirtschaftsführer von Weltkonzernen, sondern auch die rücksichtslosen Zocker und vor allem die Haltung der Menschen. Wenn in Zukunft wieder Leichtgläubigkeit, Gier und Unvernunft dominieren, wird die Krise noch schlimmer werden, sie wird länger dauern und es ist zu vermuten, dass es zu einem Zusammenbruch der Weltwirtschaft kommen wird.

Es gibt drei denkbare Situationen bzw. Szenarien:

- Es wird ganz lange ganz schlimm sein. Wir haben noch viele Jahre mit der wirtschaftlichen Katastrophe zu kämpfen, die goldenen Zeiten des allgemeinen Wohlstandes sind in Deutschland auf absehbare Zeit vorbei. Ein Szenario nach der Krise ist nicht zu prognostizieren, weil bis dahin noch viele Jahre vergehen werden.
- Es wird überhaupt nicht schlimm – alles im grünen Bereich! Wir hatten unser „Kriselchen", dieses wurde durch die unterschiedlichsten wirtschaftspolitischen Maßnahmen (vielleicht auch eine kleine Währungsreform) verschoben und wir können die nächsten zehn bis zwanzig Jahre so weitermachen.
- Tja, und dann gibt es zwischen diesen beiden Extremen alle möglichen Szenarien – mal eher schlimmer, mal eher besser. Mal mit staatlichen Regelungen und mal ohne, vielleicht mit neuer Währung und

ohne EU, hoffentlich mit durchdachten und „homöopathischen" Impulsen und oft auch mit dilettantischen Eingriffen, die alles nur noch verschlimmern.

Weil Krisen nun einmal zum Leben gehören, wird ohne Zweifel ein Ausleseprozess stattfinden. Fehlentwicklungen, egoistisches Schmarotzern auf Kosten anderer und sonstige Auswüchse werden hoffentlich bereinigt, was letztlich die Voraussetzungen für ein neues sozialmarktwirtschaftliches Wirtschaftssystem schafft.

Fest steht: Je radikaler falsche strukturelle, wirtschaftspolitische und soziale Fehlentwicklungen in der Krise korrigiert werden, desto schneller und sicherer kann man mit dem Aufschwung rechnen. Will man sich aber – unter Berücksichtigung des möglichen Wählerwillens – mit halbherzigen Maßnahmen durchmogeln, dann bleiben die maßgeblichen negativen Einflussfaktoren erhalten und behindern nicht nur den Wiederaufschwung, sondern werden die Krise zu einem dramatischen Crash machen.

Diese Erkenntnis gilt nicht nur für die Wirtschaftspolitik, sondern auch für die Unternehmen. Nutzt man die schwierigen Zeiten, um alles auf den Prüfstand zu stellen, und scheut man sich auch nicht, unpopuläre Entscheidungen zu treffen, dann wird es durchaus möglich sein, mit einem „blauen Auge" davonzukommen.

Der Volksmund sagt, dass jedes Leid und jede Krise für etwas gut sind. Manchmal muss man Krisen sogar herbeiführen, um in eine neue, bessere Ära eintreten zu können. Wir dürfen mit einer Gewissheit erwarten, dass wir für lange Zeit eine vernünftigere, das heißt stärker an realen Werten orientierte Finanzwelt erwarten können. Außerdem können wir erwarten, dass die Verantwortlichen in den Betrieben einmal innehalten und sich fragen, ob das immerwährende Wachstum und die ständige Verbesserung der Gewinnaussichten die einzige Daseinsberechtigung der Unternehmen ist.

Was im Moment passiert, ist nicht so einzigartig, wie es von den Medien dargestellt wird. Fast jede Generation hat ihre Krise erlebt – mal mehr oder weniger dramatisch. Das System der sozialen Marktwirtschaft ist nicht perfekt, aber von allen möglichen Wirtschaftsformen die beste.

Mit einem gut funktionierenden Zukunftsmanagement wäre es möglich gewesen, die drohende Finanz- und Wirtschaftskrise rechtzeitig zu erkennen. Das hätte das Top-Management befähigt, rechtzeitig, vielleicht sogar vor Eintritt der Ereignisse, die Konsequenzen zu ziehen. Denn es wird auch in dieser Krisensituation wieder Gewinner und Verlierer geben. Spannend – auch im Sinne von Benchmarking – dürfte die Frage sein: Was zeichnet die Sieger aus und was sind die Merkmale der marktwirtschaftlichen Versager.

Wir glauben und hoffen, mit unseren Ausführungen deutlich gemacht zu haben, dass die intensive Beschäftigung mit der Zukunft die Gewinner ausmacht. Wenn Sie es schaffen, mit der vorgestellten Methode der Zukunft in die Karten zu schauen, dann verfügen Sie über ein Management-Tool, welches nicht nur Ihre Entscheidungen verbessert, sondern vor allem den entscheidenden Wettbewerbsvorsprung ermöglicht.

Seit einem ganzen Jahrzehnt warnen rund ein Dutzend Experten vor einer Weltwirtschaftskrise. Die meisten von ihnen haben sogar die Ursachen mehr oder minder zutreffend beschrieben. In Europa haben wir bis zum August 2008 so getan, als ob sich alles noch im grünen Bereich befindet und wir absolut nichts damit zu tun haben, dass sich in den USA schon Millionen von Hausherren und mit ihnen etliche Banken in Schwierigkeiten befinden. Der Case-Shiller-Index, der die Entwicklung der Immobilienpreise im Verhältnis zu den Konsumpreisen zeigt, deutet schon seit Jahren auf einen Crash hin.

Es ist selten die große Überraschung, die diese Unternehmen die Existenz kostet. Vielmehr ist es der Mangel an Zukunftswissen, was gleichbedeutend ist mit der Strategie, das Unternehmen nur mit Hilfe des Rückspiegels und einigen überholten Landkarten zu manövrieren.

Das wirtschaftliche Geschehen in Deutschland ist die Summe aller unternehmerischen und privaten Entscheidungen, deshalb sollten die Führungsverantwortlichen erkennen:

- In den nächsten Jahren stehen uns zwar schwere Zeiten bevor, doch die gehen vorbei.
- Jetzt ist die Gelegenheit, das eigene Unternehmen fit zu machen und die Bedrohungen als Chancen zur Verbesserung zu nutzen.
- Es lohnt sich durchzuhalten, die kommenden besseren Zeiten sind so sicher wie die Tatsache, dass sich die Erde weiterdrehen wird.
- Weil unsere Entscheidungen stark von den zukünftigen Erwartungen geprägt sind, ist es wichtig, dem unternehmerischen Zukunftswissen stärker als bisher Beachtung zu schenken.
- Weil es die sich selbst erfüllende Prophezeiung gibt, ist es wichtig, gemeinsam mit den Mitarbeitern einen Leuchtturm zu schaffen, ein konkretes Bild einer faszinierenden, gemeinsam erstrebten und realisierbaren Zukunft – einer Vision, für die es sich lohnt, dass sich alle Beteiligten anstrengen, mit Hilfe des Leuchtturms nicht unterzugehen, sondern die ruhigen Gewässer zu erreichen.

In Abwandlung einer Lebensweisheit von Erich Fromm kann man festhalten: *Wenn ein Unternehmen keine Vision hat, nach der alle streben, nach der sich alle sehnen, die alle Mitarbeiter verwirklichen möchten, dann gibt es auch kein Motiv, sich anzustrengen.*

16. Die persönliche Vorsorge

Selbstverständlich können Sie das Modell und die beschriebene Vorgehensweise auch auf Ihre private Situation anwenden. Das Zukunftsradar sorgt für eine erste Rundumschau, für eine grobe Orientierung, und hilft dabei herauszufinden, was für die eigenen Wünsche, Überlegungen und Ziele wichtig ist und was nicht.

Mit der Annahmenanalyse können Sie herausfinden, wie sich Ihr persönliches Umfeld wahrscheinlich in einer solchen Krise entwickeln wird und welche Auswirkungen dies für Sie und Ihre Familie haben kann. Es ist der Blick nach draußen, um so zu der wahrscheinlichen Zukunftsentwicklung zu kommen.

Wenn Sie sich mit den zukünftigen Entwicklungen beschäftigen, dann sollten Sie die Dinge zu Ende denken. Was kann schlimmstenfalls passieren? Welche privaten Bereiche werden davon betroffen sein? Was bestenfalls passieren kann, ist nicht das Thema für eine Vorsorge.

Machen Sie einen „familiären Abend" und laden Sie ein paar gute Freunde ein. Besprechen Sie mit Ihrer Familie und diesen Freunden, was nach deren Meinung in den nächsten Monaten oder Jahren alles passieren kann und mit welchen Konsequenzen man von draußen rechnen muss.

Zur persönlichen Vorsorge gehören auch Fragen wie: Was ist mit dem eigenen Unternehmen? Ist der eigene Arbeitsplatz sicher, und wenn nicht, was dann? Gibt es Alternativen im „Broterwerb"? Was ist zu tun, um auf dem Arbeitsmarkt wettbewerbsfähig zu bleiben?

Der Blick nach draußen sollte auch die Haftungsprobleme umfassen. Es ist sicher keine Überraschung, dass Gesellschafter, Investoren, Banken oder andere Interessenten sehr genau hinschauen und entsprechend reagieren, wenn ein Teil ihres Vermögens durch Ihr vermeintlich schlechtes Management verloren gegangen ist.

Was kann sich von Seiten des Staates ereignen? Wenn man die riesigen Schuldenberge abbauen will, wird es wahrscheinlich zu einer Währungsreform kommen. Oder kennen Sie eine andere Möglichkeit, mehrere Billionen Staatsschulden abzubauen? Eine oft vergessene Binsenweisheit lautet: Der Staat hat ja kein eigenes Geld auszugeben, sondern er gibt das Geld der Bürger aus. So macht der Staat auch keine Schulden, sondern er nimmt Kredite für seine Bevölkerung auf.

Diejenigen, die mit Blick auf die Finanzkrise voreilig vom Licht am Ende des Tunnels gesprochen haben, müssen nun feststellen, dass das in Wirklichkeit der entgegenkommende Zug war. Peer Steinbrück, ehemaliger Finanzminister

Mit der Überraschungsanalyse gehen Sie der Frage nach: Was könnte mich und meine Familie an unvorhersehbaren Ereignissen „überfallen"? Gibt es existenzbedrohliche Angelegenheiten, die bisher noch nicht erkannt wurden?

Eine Frage könnte auch sein: Was wäre für mich der GAU? Was wäre eine mögliche persönliche Katastrophe in meiner Familie, in meinem Beruf, in meiner Partnerschaft, bei meiner Gesundheit, ganz einfach – in meinem Leben?

Wir haben das fiktive Tagebuch eines Unternehmers in der Krise geschrieben. Sie finden es in **Kapitel 17** dieses Buches. Vielleicht gibt es Ihnen einige Hinweise darauf, welche Überraschungen möglich sind.

Existenzbedrohend sind immer finanzielle Auswirkungen. Könnte Sie das Folgende überraschen?

- Eine Währungsreform reduziert Ihr Vermögen um ein Drittel.
- Die Bank, bei der Sie Geld angelegt haben, geht pleite.
- Die Lebensversicherung (Ihre Altersversorgung) kann nicht ausgezahlt werden.
- Sie werden von Ihren Mitgesellschaftern in Regress genommen.
- Gegen Sie wurde wegen angeblicher Steuerhinterziehung Anzeige erstattet.

- In Ihr Haus wurde eingebrochen. Alles wurde verwüstet, weil man nichts gefunden hat.
- Sie werden krank und können sich nicht mehr um Ihr Geschäft kümmern.
- Jemand aus der Verwandtschaft braucht dringend Ihre finanzielle Hilfe.

Je mehr mögliche Überraschungen Sie finden, desto größer ist die Gelegenheit, diese Bedrohungen zu reduzieren. Natürlich kann man sich nicht auf alle „schlimmen" Eventualitäten vorbereiten, aber man kann darüber nachdenken, denn sie sind möglich.

Es gibt einen großen Wirtschaftszweig, der von derart folgenschweren (fiktiven) Ereignissen lebt: die Versicherungen. Wenn solche dramatischen Begebenheiten total unwahrscheinlich wären, würde kein Mensch sich dagegen versichern, dann gäbe es die Versicherungsgesellschaften nicht.

Auch hier gibt es ja nur ein Signal zur notwendigen Veränderung, die Chance, das potenzielle Unheil rechtzeitig abzuwenden. Seien Sie deshalb für diese Hinweise dankbar, denn sie ermöglichen Ihnen, sich darum zu kümmern, damit die Bedrohung nicht Realität wird.

Auf ein Thema wollen wir besonders hinweisen: die innere Sicherheit. Machen Sie nicht nur Ihr Unternehmen krisenfest, sondern auch Ihre Familie und Ihr Zuhause. Fest steht: In jeder Krise – wo auch immer auf der Welt – stieg bisher auch die Kriminalitätsrate. Was der Staat nicht mehr freiwillig gab, holte man sich eben. Irgendwie muss man ja überleben, so die allgemeine Rechtfertigung.

Vielleicht fallen Ihnen ja auch einige positive Überraschungen ein – doch leider sind diese, wenn es ums private Leben geht, in solchen schwierigen Zeiten eher selten.

Haben Sie schon mal darüber nachgedacht, Ihr Unternehmen zu verkaufen oder sich unter die Fittiche eines Konzerns zu begeben? Vielleicht bekommen Sie jetzt noch einen günstigen Preis? Alles zu Ende denken – es gibt bei möglichen Überraschungen keinen Artenschutz, den man ausklammern kann.

Mit der Chancenanalyse – der „Innensicht" – finden Sie heraus, welche Handlungsoptionen bzw. Gestaltungsmöglichkeiten Sie haben. Dabei geht es um existenzsichernde Alternativen. Listen Sie die Chancen zum sinnvollen und erfolgreichen Handeln für Ihre private Vorsorge in der Krise auf.

Eine der wichtigsten Fragen lautet: Wie kann ich mein privates Vermögen krisensicher anlegen?

Sie kennen sicher das „magische" Dreieck der Vermögensanlage. Unser Rat ist: An erster Stelle steht die Sicherheit. Danach kommt die Liquidität, also die Möglichkeit, die Vermögensanlage kurzfristig zu Bargeld zu machen (auch um so die günstige Gelegenheit ausnutzen zu können). Die Rentabilität steht an letzter Stelle. Viel zu lange wurde in den letzten Jahren auf die Verzinsung geschaut, so mancher hat in den vergangenen Monaten die unangenehme Erfahrung machen müssen, dass hohe Renditen in der Regel auch ein hohes Risiko beinhalten.

Eine sichere Anlage in Krisenzeiten sind Edelmetalle. Zwar wird immer behauptet, dass z. B. Goldanlagen (wir meinen den physischen Besitz) keine Zinsen brächten, man Probleme mit dem Aufbewahren hätte und der Wert spekulativ wäre, man auf die Marktpreise angewiesen sei. Einer unserer Klienten hat vor fünf Jahren sein Aktiendepot aufgelöst und Goldbarren gekauft. Das Ergebnis: Hätte er das Depot behalten, hätte sein Verlust etwa 50 Prozent betragen. Der Goldpreis stieg im gleichen Zeitraum um mehr als 100 Prozent. Da kann er gern auf Zinsen verzichten und die 40 Euro Depotgebühren im Jahr bezahlen. Die sind bei solchen vermiedenen Verlusten und erreichten Gewinnen durchaus finanzierbar.

Richtig ist auf jeden Fall, dass man weder Gläubiger noch Schuldner sein sollte. Kümmern Sie sich selbst um Ihr Vermögen und übertragen Sie es nicht irgendwelchen Vermögensverwaltern bei den Banken. Die „professionellen" Bankberater, das müsste inzwischen jedem klar sein, vertreten keinesfalls Ihre Interessen. Und wenn es zu einem Crash kommt, dann sollten Sie Ihr Vermögen ganz nah bei sich haben und selbst entscheiden können, was zu tun ist.

Wie in den Medien immer wieder deutlich gemacht, gibt es gerade in diesem Bereich sehr unterschiedliche Empfehlungen. Das liegt sicher auch daran, dass hier jeder seine eigenen Interessen verfolgt. Banken raten zu anderen Anlagestrategien als zum Beispiel ein privater Anlageberater, den man allerdings bezahlen muss.

Ein Gedanke, der dabei helfen kann, ist folgender: Stellen Sie sich vor, Sie wollen einen Schatz vergraben, den Ihre Kinder oder Enkel in zehn oder zwanzig Jahren finden sollen. Was würden Sie vergraben?

- Geld (Euro, Dollar, Schweizer Franken)?
- Aktien (von welchen Unternehmen?)?
- andere Wertpapiere?
- Besitzurkunden, die belegen, dass irgendwo für sie Edelmetalle gelagert werden?
- Versicherungspolicen (Lebensversicherungen)?
- Physische(s) Gold/Silber/Diamanten?
- Wertvolle Rohstoffe, die es in zwanzig Jahren nicht mehr gibt?
- Urkunden über Grundbesitz?
- Antiquitäten?

Es gibt von unabhängigen Vermögensberatern einen übereinstimmenden Ratschlag. Werthaltig sind nur solche Vermögensanlagen, die man leicht aufbewahren kann, die sowohl während der Krise als auch danach noch „kostbar" sind. Wenn sich diese außerdem in unserem Besitz befinden, sind sie bei einem Crash nicht gefährdet. Erst danach kommt das, was nur auf dem Papier unseren Besitz verbrieft.

Auf gar keinen Fall sollten Sie die eigene Altersversorgung in Frage stellen, damit haften oder sie beleihen, um das eigene Unternehmen zu retten.

Noch ein Rat zum Schluss: Sie erinnern sich an die Erfolgsregel, dass man ein Prozent in die Vorbereitung investieren sollte, um zu guten Entscheidungen zu kommen. Das gilt auch für die persönliche Vorsorge.

Besprechen Sie Ihre Situation mit ein bis zwei unabhängigen Vermögensberatern und „opfern" Sie ein Prozent der Summe, die Ihr Vermögen ausmacht. Investieren Sie nicht nur ein Gespräch von zwei bis drei Stunden, sondern nehmen Sie sich einige Tage Zeit, um sich das richtige Zukunftswissen zu verschaffen, damit Sie sicher sein können, dass Ihre Entscheidungen gut sind. Sie werden dann mit Sicherheit auch privat ein ausgezeichnetes Chancenmanagement praktizieren können.

Gerade in der momentanen Situation werden wir von unseren guten oder schlechten Erfahrungen beeinflusst. Es ist aber zu befürchten, dass diese Erfahrungen in Zeiten gemacht wurden, die mit den jetzigen kaum vergleichbar sind. Was Sie brauchen, sind neue, zukunftsorientierte Informationen, damit Sie entscheidungskompetenter werden.

Mit einer solchen Vision (vielleicht ist dieser Begriff für private, langfristige Zielvorstellungen etwas zu sehr abgehoben – aber wir wissen ja inzwischen, was gemeint ist) legen Sie fest, welche langfristige Zukunft Sie verwirklichen wollen. Dabei ist auch zu klären, was Sie unter „langfristig" verstehen. Ist damit der eigene Lebensabend gemeint oder verlängern Sie den Zeithorizont auf Ihre Kinder und Enkel? (Sie erinnern sich an den Schatz, den Sie vergraben wollten! Wollen Sie ihn selbst finden oder ist er für die kommende Generation gedacht.)

Wir machen uns gemeinsam mit unseren Angehörigen ein Bild von dem zukünftigen Leben nach der Krise und warum es sich lohnt, die schwierigen Zeiten gut zu überstehen.

Was ist Ihr privater Leuchtturm, der den Weg zum sicheren Hafen zeigt, wo Sie und Ihre Angehörigen Schutz finden können?

So schaffen Sie die Gelegenheit, eine Brücke zu schlagen – vom Heute zum Übermorgen. Die Brücke selbst wird mit den notwendigen Maßnahmen gebaut, damit Sie sich gegen erkannte Bedrohungen absichern. Die Fundamente sind die erkannten Chancen und günstigen Gelegenheiten, die helfen, effektives Chancenmanagement auch im privaten Bereich zu praktizieren. Die Vorgehensweise ist ähnlich, wie zuvor für Unternehmen beschrieben.

Bevor Sie sich vielleicht konkrete Visionsfragen stellen, sollten Sie sich fragen, was Ihnen im Leben wichtig ist. Dazu können Sie die folgende Checkliste verwenden. Bringen Sie die folgenden Werteaussagen in eine Reihenfolge (was Ihnen als das Wichtigste erscheint, hätte dann die Nr. 1, das Zweitwichtigste die Nr. 2 usw.):

_____ viel Geld verdienen

_____ gute Karrierechancen haben

_____ Macht und Einfluss besitzen

_____ mich selbst verwirklichen, tun und lassen können, was ich will ...

_____ einen interessanten und sicheren Arbeitsplatz haben

_____ mich sozial engagieren – anderen helfen

_____ finanzielle Sicherheit haben

_____ einen Partner haben, der ...

_____ gesund und leistungsfähig sein

_____ von anderen bewundert werden

_____ möglichst viel lernen und ein weiser Mensch werden

_____ etwas Großes leisten, Spuren meiner Erdentage hinterlassen

_____ die Welt kennenlernen – Abenteuer erleben

_____ Zeit für Freunde und Hobbys haben

_____ meinen Kindern ein Vorbild sein

_____ ?_____

_____ ?_____

Die beiden letzten Felder sind für „Wichtigkeiten", die Ihrer Meinung nach fehlen. Man kann sich mit seinem Wertsystem einen ganzen Tag oder eine Viertelstunde beschäftigen. Die erreichten Ergebnisse unterscheiden sich übrigens nur marginal.

Eine andere Art und Weise, zu den Vorstellungen zu gelangen, wie meine Zukunft in fünf oder zehn Jahren aussehen soll, ist die Beantwortung der folgenden Fragen und Stichworte. Wie wird es sein bezogen auf:

- meine Familie, meinem Partner, meine Kinder, meine Eltern, meine Freunde und Bekannten?
- meinen Beruf, mein unternehmerisches Dasein?
- mein Vermögen und in welcher Form will ich vermögend sein?
- meine Freizeit; welchen „Vergnügungen" will ich nachgehen?
- meine Gesundheit, aber nicht meinen Körper, sondern auch meine Seele betreffend?
- mein Umfeld; welchen Beitrag werde ich für die Gesellschaft erbringen?
- meinen Geist, mein Wissen; welche Grenzen will ich überschreiten?

Wenn Sie alles beantwortet haben, dann bitten Sie Ihren Partner, dies auch zu tun und vergleichen Sie die Antworten. Es wäre doch schade, wenn Sie beide – gerade in vielleicht schlimmen Zeiten – unterschiedliche Auffassungen von dem haben, was Sie erreichen wollen.

Bestimmen Sie gemeinsam die attraktiven Visionskandidaten, deren Realisierung Ihnen Freude macht und die Ihnen und Ihrer Familie helfen, ein Leuchtfeuer der Orientierung anzuzünden.

Das Leben konfrontiert uns immer wieder mit unvorhersehbaren Situationen, und die Aufgabe, die wir uns stellen sollten, ist nicht, uns sicher zu fühlen, sondern in der Lage zu sein, Unsicherheit zu tolerieren. Erich Fromm

Zum Schluss bestimmen Sie, was jetzt zu tun ist, damit die Krise Sie nicht überrascht (es wird langsam Zeit dafür), und um was Sie sich kümmern müssen, damit Sie Ihr Vermögen sichern können und – wenn Sie die richtige Anlageform wählen – vielleicht sogar noch eine Steigerung möglich wird.

Denken Sie an die 1-Prozent-Erfolgsregel. Es gibt viele Bücher und Internetseiten, die sich gerade mit diesem Thema beschäftigen. Im Anhang finden Sie entsprechende Literaturhinweise und Websites.

Vielleicht gründen Sie aber auch mit Freunden und Bekannten ein eigenes Zukunftsteam und investieren ein paar Abende oder ein Wochenende. Neben dem Effekt, dass es bestimmt eine spannende und ungewöhnliche Zeit sein wird, werden Sie und Ihre Weggenossen durch die Krise viel entscheidungskompetenter sein als vorher.

17. Ein fiktives Tagebuch aus der Weltwirtschaftskrise

Wir hatten schon darauf hingewiesen, dass in diesem Kapitel des Buches ein fiktives Tagebuch aufgeführt sein würde. Beim Schreiben dieses Tagebuches wurde unterstellt, dass es ein Szenario „Déjà-vu 1930" geben wird, welches mit einer Wertung von 7 bis 8 (von möglichen 9) bedacht werden muss.

Alle hier beschriebenen „Ereignisse" wurden aus Büchern und Internetseiten entnommen, die

- die Weltwirtschaftskrise um 1930,
- die Wirtschaftskrise in Argentinien,
- die heutige Situation der Menschen in Griechenland, Spanien und Portugal,
- die Krise in Island und
- andere eher national begrenzte Krisen beschrieben haben.

Die dort aufgeführten „Erlebnisse und Erfahrungen" der Menschen wurden auf die derzeitigen Verhältnisse in Deutschland umgearbeitet. Dieses Tagebuch ist für das Chancenmanagement in der Krise nicht unbedingt wichtig (deshalb steht es auch im Anhang), doch gibt es einen lebensnahen Einblick dessen, was uns erwarten könnte.

Der „belehrende" Hintergrund dieses hypothetischen Erlebnisberichts ist folgender: Nur wenn wir die härtesten Auswirkungen einer weltweiten Krise erkennen, können wir auch erfolgversprechende Maßnahmen ergreifen. Nur nach einer umfassenden und ehrlichen Anamnese kann die heilende Therapie erfolgen.

Die Lösungen und Aktionen müssen zu den auftretenden Problemen und Schwierigkeiten passen. Das ist das, was wir Zukunftskompetenz nennen.

Vielleicht sind einige Passagen des Tagebuches für Sie nicht realistisch, manche unter Umständen zu drastisch dargestellt – egal –, es geht nur darum, anhand eines „erlebbaren" und „nachvollziehbaren" Lebenslaufes in einer Krise zu erkennen, was denkbar ist.

Hier das Tagebuch von Herrn Walter Müller:

Wir schreiben das Jahr 20xx – die Wirtschaftskrise dauert jetzt schon mehr als drei Jahre an. Es war eine schlimme Zeit, aber es geht aufwärts. Nach der dramatischen Krisenzeit übernehmen die Bürger dieses Landes langsam wieder Verantwortung. Vor allem aber glauben sie nicht mehr das, was in den Medien steht, sondern sie bilden sich ihr eigenes Urteil. Wie nach jeder Krise entstehen auch jetzt neue Möglichkeiten des menschlichen Zusammenseins und ich bin froh und glücklich, dass ich das mit meinen siebzig Jahren noch erleben darf.

Ich habe in diesen Jahren Tagebuch geführt und bin immer noch überrascht und betroffen darüber, mit welcher Vehemenz das wirtschaftliche und finanzielle Unheil über uns hereingebrochen ist. Und dies, obwohl es genügend Warner gab. Schon ab 2001 haben immer wieder Wirtschaftsexperten und unabhängige Finanzautoren auf die möglichen Konsequenzen der rücksichtslosen Politik in fast allen Bereichen hingewiesen. Geglaubt hat es niemand – auch ich nicht –, und deshalb ist auch ihre Prophezeiung, dass zwei Drittel aller Menschen und Unternehmen ohne Vorbereitung in die Krise gehen werden, eingetreten. Das hat alles noch viel schlimmer gemacht. Vieles hätte nicht sein müssen, hätte man den Warnungen Glauben geschenkt und ein wenig – nur ein bisschen – vorgesorgt.

Hier einige Ausschnitte aus meinem Tagebuch:

Januar 20xx

Deutschland ist pleite, wir haben bis zum Schluss in alle möglichen Rettungsschirme und Bürgschaften eingezahlt. Jetzt ist Ende – die Regierung hat mitgeteilt, dass sie nicht mehr in der Lage ist, ihren finanziellen Verpflichtungen gegenüber der EU, dem IWF und anderen „geldgierigen" Institutionen nachzukommen.

Bin mal gespannt, was das bedeutet? Bisher hieß es immer, dass wir als Exportland darauf angewiesen sind, dass unsere Nachbarn zahlungskräftig bleiben.

19. Januar 20xx

Heute Morgen hat die Bildzeitung in großen Lettern den Beginn der neuen Weltwirtschaftskrise bekannt gegeben. Der finale Anlass war, dass am vergangenen Wochenende drei weitere Großbanken in große Schwierigkeiten geraten sind. Die Banken sind gestern gestürmt worden, weil diese die Geldautomaten gesperrt hatten. Die Bundesregierung hatte schon mehrere Milliarden eingeschossen, doch nun konnte sie kein Geld mehr investieren.

Es kam zu tumultartigen Szenen und die Medien berichteten von Banken, wo Kunden über die Tresen sprangen und sich das Geld selbst holen wollten. Alle waren total überfordert. Schließlich hat die Polizei alles abgesperrt. Keiner weiß, wie es weitergeht.

21. Februar 20xx

Massenandrang in den Discountläden wie Aldi, Lidl und sonstigen Geschäften. Bis Mittag waren die Läden leer. Es wurde alles gekauft, die Menschen waren wie im Rausch. Ich selbst bin gar nicht mehr reingekommen.

In einigen Geschäften wurde sogar geplündert, weil die Bediensteten der Lage nicht mehr Herr und die Kunden immer aggressiver wurden. Da es keine Nahversorgung wie vor dreißig oder vierzig Jahren gibt, waren die Läden schnell leergekauft. Der Filialleiter meinte, die neue Ware käme erst in vierzehn Tagen, weil es dauern würde, bis die Computerprogramme die neue Schnelligkeit begriffen hätten. Es ist alles ein furchtbarer Schwachsinn.

März 20xx

Die Gewerkschaft hat zum Streik aufgerufen, weil die Landesregierung in Hessen die Bezüge für Beamte und Angestellte des öffentlichen Dienstes um einige Sozialleistungen streichen will. Das ist alles ziemlich verrückt, woher soll denn die öffentliche

Hand das Geld nehmen? Manchmal meint man, die Gewerkschaftsbosse leben in einer anderen Welt.

Die linken und rechten Parteien konnten bei den letzten Landtagswahlen erhebliche Stimmgewinne verzeichnen. Die ratlosen Volksparteien bezahlen jetzt für die Fehler der vergangenen Jahre. Viele Wähler entscheiden sich für die extremen Parteien, um es „denen da oben mal zu zeigen". So fing das vor fast achtzig Jahren schon einmal an.

März 20xx

Meine Bank hat mir alle Kredite gekündigt. Als Begründung gaben sie an, sie bräuchten selbst das Geld, weil sie sonst nicht mehr liquide seien. Nach § 23 Abs. 2 Ziffer 3 meines Kreditvertrages sei die fristlose Kündigung aus wichtigem Grund möglich usw. usw.

Ich weiß nicht, wie ich nächsten Monat die Löhne bezahlen soll. Einige Kunden haben um Verlängerung des Zahlungsziels gebeten. Am Telefon erklärten sie mir, dass die Banken ihnen den Geldhahn zugedreht hätten und auch ihre Kunden schlecht bezahlten.

Was soll ich machen, gegen die Kunden zu klagen bringt nichts. Wo nichts ist, kann man auch nichts holen. Außerdem sind wir, bis ich einen Gerichtstermin habe, schon alle pleite.

5. April 20xx

Gestern habe ich die Papiere von meinem verstorbenen Onkel Rolf durchgesehen. Er hat meinen Bruder und mich als Erben eingesetzt. So senil, wie wir immer dachten, scheint der Alte wohl doch nicht gewesen zu sein – er hat uns tatsächlich fast 100 Goldmünzen und 5 x 100 g Gold hinterlassen. Ich muss schauen, wie ich das Gold am besten anlege. Mein Bruder will einige Eigentumswohnungen kaufen, aber ich habe ihm geraten zu warten, die werden bestimmt noch billiger. Denn viele Besitzer können die Tilgungsraten nicht mehr bezahlen und wollen unter allen Umständen die Immobilien verkaufen. Bei einer Versteigerung durch die Banken – die ziemlich rigoros sind – bekommen sie noch weniger. Im Moment bekommt man für eine Unze Gold eine 60 Quadratmeter große Eigentumswohnung.

12. April 20xx

Letzte Woche habe ich aus Russland ein Angebot erhalten. Ein Lieferant, der uns vor ein paar Monaten besuchte, will sich an uns beteiligen. Die wollten – ein wenig Russisch kann ich ja noch von früher – mit mir gemeinsam klären, ob meine Produkte auch in Russland hergestellt und verkauft werden können. Vor allem ging es um ISO 9000 und die GMP-Vorschriften für pharmazeutische Wirkstoffe. Ich glaube, die wollen nur unser Know-how und sind dann weg.

13. Mai 20xx

Es beginnt das große Bankensterben – die Verluste aus dem vergangenen Jahr waren doch größer, als man bisher zugegeben hat. Die EZB ist ziemlich machtlos und ihre Instrumente – Zinssenkungen und zusätzliches Geld zur Verfügung zu stellen – reichen nicht mehr aus. Es kracht an allen Ecken und Enden. Inzwischen sind in Frankfurt mindestens zehn Banken – ich kannte die Namen vorher gar nicht – pleitegegangen. Viele Filialen der Banken, Sparkassen, Volksbanken usw. wurden geschlossen.

Es wird kaum noch mit Kreditkarte bezahlt, weil die Geschäfte sich weigern, diese anzunehmen. Es ist schon vorgekommen, dass man zwar noch mit der Karte bezahlen konnte, aber am nächsten Morgen die Bank pleite war. Den Verlust mussten die Geschäfte tragen.

Gold und Silber gibt es bei den Banken nicht mehr zu kaufen. Wenn wirklich was da ist, dann bedienen sich erst einmal die Angestellten und deren Freunde und Bekannten. Die Regierung hat schon überlegt, den Besitz des Goldes einzuschränken oder gar zu verbieten. Die Idee ist allerdings im Sande verlaufen, weil man kein Geld für die Kontrolle hat.

25. Mai 20xx

Die wachsende Kriminalität ist ein großes Problem. Vor allem die Sozialemigranten, deren Unterstützung stark eingeschränkt wurde, holen sich einfach das, was sie brauchen. Nach dem Gusto „Gebt ihr nicht freiwillig, was ich brauche, dann tue ich mich mit meinen Kumpels zusammen und hole mir, was ich brauche!“ Es herrscht eine ziemliche Aggression bei den Jugendlichen und keiner weiß, wie man dieser Situation Herr werden soll.

Die Zahl der Obdachlosen hat sich in Frankfurt verdreifacht. Und weil die Stadt deren Betreuung bzw. die Unterbringung nicht mehr finanziert, leben die alle auf der Straße.

29. Juli 20xx

Heute Abend haben wir uns mit den Nachbarn getroffen, um einen privaten Sicherheitsdienst einzurichten. Ständig wird irgendwo eingebrochen und die meist jugendlichen Banden gehen rigoros vor und haben auch keine Probleme damit, Wohnungen auszurauben, selbst wenn die Bewohner – meist ältere Menschen – anwesend sind.

Wir haben beschlossen, mit Dreier-Trupps alle zwei Stunden unsere Straße zu patrouillieren. Vor allem in der Nacht. Der Nachbar unter uns hat das alles organisiert; bei ihm ist letzte Woche zwei Mal eingebrochen worden. Tja, wir werden der Lage nur noch Herr, wenn wir alle zusammenhalten.

August 20xx

Vor den Discountern Aldi, Lidl und Penny stehen jetzt private Sicherheitsdienste wie früher vor den Juwelierläden. Immer wieder ist es zu Plünderungen gekommen, bei denen die Kassiererinnen und Angestellten ziemlich machtlos zuschauen mussten. Vor allem, weil sich die anwesenden Kunden oft den Randalieren und Plünderern spontan angeschlossen, die Einkaufswagen vollgeladen und die Kassen gestürmt haben.

Es gibt immer wieder Schwierigkeiten, Lebensmittel zu kaufen. Endlose Schlangen vor den Läden, die nur noch eine bestimmte Anzahl Käufer zur Zeit hereinlassen. Und die kaufen alles, was sie kriegen können, um es eventuell zu tauschen.

Heute Morgen habe ich die Wiese umgegraben. Wir wollen Gemüse anpflanzen, unseren eigenen Garten anlegen. Ich kenne das noch von früher. Unser Nachbar, ein junger Mann, schaute interessiert zu, denn er wusste gar nicht, wie man das macht. Immerhin werden wir etwa zweihundert Quadratmeter Garten anlegen. Darin kann man schon einiges Gemüse usw. wachsen lassen.

226

15. *September 20xx*

*Habe heute Konkurs anmelden müssen. War ziemlich traurig – will gar nicht dar-
über schreiben. Das, was ich in mehr als 35 Jahren aufgebaut habe, ist innerhalb von
sechs Monaten zusammengebrochen. Letztlich war entscheidend, dass es nicht nur
meiner Firma schlecht ging, sondern auch den Lieferanten (die wollten nur noch gegen
Vorkasse liefern) und meinen Kunden (die auf meine Mahnungen nicht mehr reagier-
ten).*

*Die Mitarbeiter waren ziemlich schockiert. Zwar wussten alle, dass wir keine Auf-
träge mehr haben, haben aber nicht geahnt, dass es so schnell gehen würde. Einen
Sozialplan kann ich nicht anbieten. Außerdem habe ich jetzt nichts mehr zu sagen,
denn ein Insolvenzverwalter hat die Leitung meines Unternehmens übernommen. Ein
junger Schnösel, der nur darauf aus ist, sein Honorar zu bekommen. Den interessiert
der Betrieb nicht die Bohne.*

*Ich hatte gedacht, dass wir noch eine Weile durchhalten könnten, aber mein Steuerbe-
rater hat mich darauf aufmerksam gemacht, dass ich – wenn ich nicht umgehend
Insolvenz anmelde – strafrechtliche und haftungsrechtliche Probleme bekommen
kann. Da habe ich lieber Schluss gemacht.*

20. Oktober 20xx

*In der Zeitung stand, dass Frankreich und England aus der EU ausgetreten sind
und auch aus dem Währungsverbund des Euro. Vor allem wollen sie die Zahlungen
an die EU einstellen, weil man das Geld im eigenen Land braucht.*

*Die EU-Behörde in Brüssel löst sich offensichtlich langsam auf, weil die Mitglieds-
länder kein Geld mehr überweisen. Ein Bekannter, der in Brüssel arbeitet, hat schon
seit drei Monaten kein Gehalt mehr bekommen.*

12. November 20xx

*Gestern wurden die neuen Inflationsraten bekannt gegeben – wir liegen jetzt gegen-
über dem Vorjahr bei über 17 Prozent. Doch niemand glaubt diese Zahlen, denn
jeder erlebt, dass die Preise, z. B. für Benzin, Strom, Lebensmittel usw., fast täglich*

steigen. Meine Schätzung ist, dass wir zurzeit eine Inflationsrate von etwa 30 Prozent jährlich haben – womöglich ist sie noch höher.

Heute hat die Bundesregierung bekannt gegeben, dass sie ebenfalls aus der EU ausgetreten ist und keine Zahlungen mehr nach Brüssel leistet. Vom nächsten Jahr an soll wieder die D-Mark eingeführt werden. Der Wechselkurs ist so miserabel, dass dies einer Abwertung von mindestens 40 Prozent gleichkommt.

November 20xx

Mein Bruder hat erfahren, dass seine Lebensversicherung um fast die Hälfte abgewertet wurde. Statt den erhofften 740 Euro pro Monat wird die „angeblich sichere Rente" in zwei Jahren nur noch 390 Euro betragen. Dabei wurde von der Versicherung angekündigt, dass sich dieser Betrag, wenn sich die Situation auf den Finanzmärkten weiterhin so entwickelt wie bisher, nochmals reduzieren wird. Bloß gut, dass er von Onkel Rolli das Gold geerbt hat.

Die Zeitung berichtet, dass eine Unze Gold inzwischen mehr als 20.000 Dollar kosten würde. Das ist nach der drastischen Abwertung des Dollars nicht verwunderlich. Trotzdem – neulich hat jemand ein Einfamilienhaus für drei Unzen Gold gekauft. Wahnsinn! Wenn man das vor ein paar Jahren gewusst hätte, dann hätte man für einige Tausend Euro Gold kaufen können, mit dem man heute ganze Straßenzüge erwerben könnte.

November 20xx

Ich habe inzwischen das ganze Haus einbruchsicher gemacht. Es gibt extra Beratungsstellen der Polizei, doch die sind total überlastet und ich hatte eine Wartezeit von fast drei Monaten. Inzwischen habe ich aber Bewegungsmelder an den wichtigsten Stellen und Alarmanlagen mit Sirene installiert. Hinter jeder Tür werden abends oder wenn wir abwesend sind Keile mit eingebauter Sirene platziert. Die Fensterläden wurden zusätzlich verstärkt und verankert, damit man sie nicht raushebeln kann.

30. November 20xx

Es gibt aber auch positive Überraschungen in dieser schwierigen Zeit. Der russische Geschäftsfreund, dem ich unterstellt habe, dass er mich nur abzocken will, hat sich

wieder gemeldet. Er will mich als Berater haben und hat mir ein gutes Gehalt ange-
boten. Nächste Woche bin ich mit ihm verabredet.

12. Dezember 20xx

Das Treffen mit dem Russen war ein großer Erfolg. Er hat mir sein Problem erklärt
und ich konnte ihm helfen. Eine Unze Gold hat er mir gegeben. Mir ist egal, woher
er die hat. Dafür habe ich ihm zugesagt, drei Monate für ihn zu arbeiten.

20. Dezember 20xx

Der Kampf um die Lebensmittel kostet viel Zeit. Schon früh stehen die Leute an, um
überhaupt etwas kaufen zu können. Aber die Geschäfte kriegen keinen Nachschub
heran. Oft werden die Lkws auf den Straßen einfach angehalten und geplündert. Bis
die Polizei kommt, ist der Spuk meist schon vorbei.

Der große Renner im Internet ist eine Tauschbörse mit Lebensmitteln. So ähnlich,
wie bei eBay Dinge gekauft und verkauft werden, werden hier Lebensmittel getauscht.
Leider wird das Angebot immer kleiner und oft kommt es vor, dass man an Betrüger
gerät, die nur herausfinden wollen, wo es noch etwas zu essen gibt.

Januar 20xx

Wir hatten überlegt, ob wir nicht für ein paar Monate zum Bruder meiner Frau
ziehen sollten, der in Bayern auf dem Land wohnt. Doch die haben es fast noch
schwerer als wir in der Stadt. Gestern hat er uns am Telefon gesagt, dass ihm alle
Schafe von der Weide geklaut wurden. Auch die Teiche mit den Karpfen würden
einfach abgelassen und die Fische mitgenommen. Neulich hat er die Räuber erwischt
und war froh, dass sie ihn nicht verprügelt haben, als er sie zur Rede stellte.

Januar 20xx

Es gibt eine neue Gesetzesvorlage, die besagt, dass Autos nur noch mit mindestens
drei Personen fahren dürfen und dass wieder die alte Reglung eingeführt wird, an
welchen Wochentagen Autos mit gerader Endnummer und an welchen die übrigen
Autos fahren dürfen.

Inzwischen kostet der Liter Benzin über 7 Euro und man ist froh, wenn man über-
haupt tanken kann. Das Auto kann man nicht getankt auf der Straße stehen las-
sen. Irgendeiner pumpt mit Sicherheit das Benzin ab. Selbst Garagen werden auf-
gebrochen und man muss seinen Sprit mit ins Haus nehmen. Eigentlich muss man
alles mit ins Haus nehmen, was irgendeinen Wert hat.

Als wir vorgestern beim Arzt waren, hat uns die Sprechstundenhilfe unmissverständ-
lich klargemacht, dass der Herr Doktor nur noch gegen Bares behandelt, weil die
Bezahlung durch die Krankenversicherung schon seit Monaten nicht mehr erfolgt sei.
Am liebsten wären dem Herrn Doktor 10-Euro-Silbermünzen. Ich habe mit ihm
heimlich verhandelt und eine kleine Goldmünze als Honorar am Ende des Jahres
vereinbart. Wir sind jetzt Privatpatienten (1. Wahl) und dürfen ihn jederzeit in
Anspruch nehmen.

22. Januar 20xx

Die neuen Arbeitslosenzahlen sind erschreckend. Mehr als 34 Prozent der Deutschen
sind arbeitslos. Deshalb wurde auch das Arbeitslosengeld erheblich reduziert. Es
beträgt nur noch zwei Drittel dessen, was ein Arbeitsloser vor einem Jahr bekommen
hat. Und das war schon wenig. Weil kein Geld da ist, wird nichts gekauft. Und
wenn nichts gekauft wird, kann auch nichts produziert werden.

Die Regierung hat an die Bevölkerung appelliert, nur noch deutsche Waren zu erwer-
ben. Aber die sind halt teurer als die aus China, Indien oder anderen „Entwick-
lungsländern". Die Politiker versprechen nur und können auch nichts bewirken.
Aber weil die Menschen ihnen noch immer glauben, passiert nichts und dadurch wird
alles nur noch schlimmer.

Februar 20xx

Die Bürgermeisterwahl in unserer Gemeinde hat ein Rechtsradikaler gewonnen, den
vor ein paar Monaten noch niemand kannte (höchstens als Sprücheklopfer in den
Kneipen). Jetzt, wo der Mensch Bürgermeister ist und allen möglichen Schwachsinn
von sich gibt, herrscht große Bestürzung unter den Bürgern. Sie wollen die Wahl
rückgängig machen und noch einmal neu wählen, was natürlich nicht geht. Vielleicht
wollen sie jetzt die Linke wählen, der Vorsitzende ist ein noch größerer Schwachkopf

und verspricht jedem alles und die verzweifelten Menschen glauben es auch noch. Es sind Zeiten wie in den dreißiger Jahren. Wohin soll das noch führen?

Ständig werden die Mülleimer auf der Straße ausgeleert, weil die Menschen nach Essbarem oder etwas Verwertbarem suchen. Es wurden schon Überlegungen angestellt, die Mülleimer mit kleinen Schlössern zu versehen, weil die Schweinerei von den Müllmännern nicht weggemacht wird und die ganze Straße verdreckt ist. Ich weiß ungefähr, wann die Müllabfuhr kommt und warte so lange, bis ich den Müll rausbringe. Ich wechsle mich mit dem Nachbarn ab. Ist schon irre, da verteidige ich fünf Müllereimer!

Oben am Nordring hat ein Schrotthändler aufgemacht. Die Leute bringen alles Mögliche dorthin. Das meiste ist geklaut oder „weg gefunden", wie es inzwischen heißt.

Jeden Tag klingeln mindestens zehn Leute bei uns und betteln um etwas zu essen. Manchmal geben wir was, aber man muss vorsichtig sein, wem man die Tür öffnet.

März 20xx

Das Warten darauf, dass vielleicht alles noch billiger wird, ist inzwischen zum makabren Sport aller geworden, die noch Geld haben. Die Geschäfte bieten abenteuerliche Rabatte an. Oft hat man das Gefühl, es geht denen nur noch darum, Lagerbestände halbwegs günstig abzubauen, und dann ist Ende.

Die Firmen krachen zusammen, jeden Tag steht in den Zeitungen, wer gerade dicht gemacht hat und wie viel Leute entlassen wurden.

Ich war gestern in meiner Firma – da passiert nichts. Schon mehrmals wurde eingebrochen und alles Mögliche geklaut. Als ich den Insolvenzverwalter angerufen habe, hat der mir erklärt, dass er im Moment 25 Firmen betreuen muss und kaum Zeit hat, sich um einen so kleinen Laden wie meinen zu kümmern. Vielleicht sollte ich auch Insolvenzverwalter werden – das scheint im Moment der Traumberuf zu sein.

Mai 20xx

Der DAX ist inzwischen auf unter 2000 gesunken und es ist noch kein Ende abzusehen. Die Banken versuchen mit allen Tricks, die noch vermögenden Kunden dazu zu bewegen, ihr Geld (und zwar das, was die zu Hause aufbewahren) jetzt anzulegen, weil doch ein Ende der Krise abzusehen sei. Ich sehe das anders und warte noch ab.

Mai 20xx

Unsere Mieter – meine Frau hat zwei Eigentumswohnungen – haben seit Monaten keine Miete mehr bezahlt. Aber sie rauszuklagen ist sinnlos. Erstens weil man dann vielleicht noch schlimmere Mietvagabunden hineinbekommt und außerdem liegen inzwischen so viele Mietklagen bei den Gerichten vor, dass man frühestens in zwei Jahren einen Termin bekommt. Uns bleibt nichts anderes übrig als abzuwarten. Habe mit denen gesprochen, sie wollen angeblich alles nachzahlen, wenn es bessere Zeiten gibt. Ich muss auch zugeben, mit 620 Euro Rente kann man keine Miete von 480 Euro pro Monat bezahlen. Und der andere Mieter ist arbeitslos und hat erst recht kein Geld.

Juni 20xx

Viele große Firmen haben schon lange vorgesorgt und ihre Betriebe und Verwaltungen ins Ausland verlagert. Dort betragen die Lohn- und Produktionskosten noch nicht einmal die Hälfte von denen in Deutschland. Wer kann es ihnen verdenken. Bei uns haben es die Menschen immer noch nicht begriffen, dass unsere betrieblichen Leistungen eben nicht so viel besser sind, dass sie den doppelten Lohn rechtfertigen. Eine sehr unrühmliche Rolle spielen dabei die Gewerkschaften, die immer noch glauben, sie könnten den „mühsam erkämpften Stand" erhalten.

Die meisten Geschäfte stehen leer und sollen vermietet werden. Was wirklich läuft, sind die Lebensmittelläden. Da kommt es aber immer wieder zu Überfällen. Was sollen auch zwei mit Gummiknüppeln und Pfefferspray ausgestattete Rentner vom Sicherheitsdienst gegen zwanzig hungrige Jugendliche machen, die nur eines im Sinn haben, nämlich sich etwas zu essen zu beschaffen, egal wie.

12. Juni 20xx

Unsere Mutter ist im Altenheim und wir überlegen uns, ob wir sie nicht rausnehmen und selbst versorgen, weil es einfach zu teuer ist, seit die Pflegeversicherung ihre Zuschüsse erheblich reduziert hat. Man kriegt ja schon für 250 Euro eine Polin oder eine Asylantin aus Afrika. Die sind dankbar und kümmern sich liebevoll. Obwohl die Altersheime ihre Gebühren erheblich gesenkt haben, weil ihnen die Leute weglaufen, verlangen sie immer noch über 1.200 Euro im Monat.

Juni 20xx

Wirklich schlecht dran sind im Moment die Singles bzw. die Menschen, die keinen familiären Rückhalt haben. Diesen braucht man aber, weil die derzeitige Situation nur gemeinsam mit der Familie oder mit engen Freunden bewältigt werden kann. Egal ob man erfährt, wo es etwas zum Essen gibt, oder man sich gegenseitig gegen die zahlreichen kriminellen Aktivitäten schützt, selbst beim Anbau von Obst und Gemüse geht es nicht ohne Verwandte. Man braucht ja auch Sämereien und Gemüsepflanzen – so was wird nur über Beziehungen verkauft.

Die jungen Leute haben schon ziemlich zu kämpfen. Wir Alten haben ja noch die Erfahrungen aus den schlechten Zeiten und können uns in so Manchem behelfen oder auch einfache Tipps geben, was zu tun ist, damit es nicht noch schlimmer wird.

Juli 20xx

Das Thema „Kriminalität" ist zur mittleren Katastrophe ausgeartet. Es wird eingebrochen, geklaut, betrogen – alles ohne Hemmungen. Man kann sich eigentlich nur noch auf die engste Familie verlassen, und auch da gibt es genug schwarze Schafe.

Inzwischen haben vor allem die Jugendbanden keine Hemmungen mehr, selbst am Tage Benzin aus den Autos zu klauen, Einbrüche zu verüben und alte Menschen zu überfallen, die vom Einkauf zurückkommen. Wenn ich schon mal zur Bank gehen möchte, um Geld zu holen, dann gehen wir aus Sicherheitsgründen immer zu viert oder zu fünft. Denn überall lungern jede Menge Leute herum, denen man schon ansieht, dass sie nichts Gutes im Schilde führen.

Gestern ist mir am Bahnhof aufgefallen, dass sich das Angebot an Zeitungen dras-
tisch reduziert hat. Es gibt nicht mehr vierzig Computerzeitungen wie früher, sondern
nur noch drei. Dafür hat sich die Auflage der Bildzeitung verdoppelt. Deren Berichte
haben keinen guten Einfluss auf das Geschehen und die Redakteure leben immer
noch davon, dass irgendetwas Schlimmes passiert und sie das in aller Ausführlichkeit
aufbauschen können. Wenn nichts passiert, dann wird etwas Unwichtiges hochgespielt
oder so getan, als ob etwas passiert ist. Ansonsten gibt es fast nur noch überregionale
Zeitungen, weil fast alle kleinen Zeitungsverlage in Konkurs gegangen sind.

August 20xx

Nachdem die meisten europäischen Länder Einwanderungskontingente festgelegt
haben, hat sich auch Deutschland gegen den massiven Widerstand der Linken ent-
schlossen, keine Ausländer mehr einreisen zu lassen. Mehr als 12 Millionen Sozial-
emigranten leben jetzt in Deutschland und sorgen nicht nur für innere Unruhe, son-
dern belasten auch den Sozialhaushalt des Staates in nicht mehr finanzierbarer
Höhe.

Die „Ausländer raus"-Mentalität der Deutschen wird immer aggressiver. Gestern
habe ich erlebt, wie auf der Zeil eine Bande von braunen Rockern mehrere dunkel-
häutige Menschen unter dem Beifall der Passanten verprügelte. Der Druck der orga-
nisierten Nationalsozialisten mit ihren Bomberjacken und Springerstiefeln wird
immer größer. Es ist schon fast so wie vor dem Dritten Reich, als die SA sich mit
allen möglichen Gruppierungen Straßenkämpfe lieferte. Aber was sollen die Auslän-
der machen – in ihren Heimatländern ist es noch schlimmer als in Deutschland.

Es entstehen jede Menge Ghettos, wo, ähnlich wie in unserer Gemeinde, ständig
bewaffnete Bürger patrouillieren. Man kommt nur noch „rein", wenn man seinen
Ausweis vorzeigt und beweisen kann, dass man hier wohnt. Das machen die Polen,
die Albaner, die Rumänen und die Afrikaner in ihren Ghettos genauso.

30. August 20xx

Wenn man auf der Straße ist, wird einem ständig etwas angeboten. Es ist wie früher
in Indien oder Ägypten, ständig machen dich irgendwelche Leute an und wollen dir
was verkaufen. Das Problem ist, dass die Menschen ihre doppelten und dreifachen

Fernseher, CD-Player, Autos, Klamotten, Werkzeuge und was weiß ich nicht alles loswerden wollen. Sie sind eine echte Konkurrenz für den Einzelhandel.

Die Flohmärkte haben inzwischen eine Größe erreicht – abenteuerlich. Aber es wird kaum etwas verkauft – nur wenn es fast geschenkt ist, dann vielleicht. Auf jeden Fall gehe ich, wenn ich was brauche, nicht mehr in ein Geschäft, sondern auf einen der Flohmärkte, die inzwischen täglich stattfinden. Aber Achtung, immer schön aufpassen. Du wirst stets von irgendwelchen Leuten beobachtet, und wenn die merken, dass du Geld hast, spionieren sie dir hinterher und du kannst froh sein, wenn du nicht überfallen wirst. Deshalb gehen wir immer zu mehreren und sprechen uns mit den Nachbarn ab, damit erstens jemand zu Hause ist und man zweitens nicht allein gehen muss.

September 20xx

Krisen sind offensichtlich auch dadurch gekennzeichnet, dass man immer den oder die Schuldigen sucht, die das alles zu verantworten haben. Einige Politiker haben sich darauf spezialisiert, andere in die Pfanne zu hauen. Um die Zuschauerquoten hochzuhalten, werden solche Nachrichten immer öfter gezeigt, weil diese Sendungen bei den Zuschauern sehr beliebt sind. Vor allem, wenn die Übeltäter dann vor Gericht gezerrt werden und sich herausstellt, dass es alles Verleumdung war und der Denunziant der eigentliche Täter und Schuldige ist. Der Tenor solcher Berichterstattung: Was hat dieser Funktionär und Politiker getan (oder auch nicht), dass die Krise gekommen ist?

Neulich hat man einen Bankdirektor vor laufender Kamera „überführt". Der hatte seinen Verwandten ganz legal ein Haus verkauft, welches aus einer Konkursmasse stammte, weil die Familie die Kredite nicht mehr bezahlen konnte. Trotzdem wurden er und seine Familie in Paparazzomanier belagert und es wurde im Fernsehen gezeigt, wie sie niedergemacht wurden. Es war einfach erbärmlich – aber die Leute wollen so was sehen.

20. September 20xx

Die Menschen haben jetzt Angst vor einer drastischen Währungsreform. Im Gespräch sind mindestens 50 Prozent. Alle versuchen, ihr Geld von den Banken abzu-

heben und in sichere Sachgüter zu investieren, was aber nicht funktioniert, weil es kaum noch etwas gibt. Und das Wenige ist total überteuert.

Einige Banken haben ihre Kassen geschlossen und die Geldautomaten gesperrt. Inzwischen wurde von den Banken vorgegeben, dass pro Woche nur noch höchstens 200 Euro pro Familienmitglied abgehoben werden dürfen.

3. Oktober 20xx

Niemand fährt in Urlaub, denn das ist zu gefährlich. In den Urlaubsländern geht es zum Teil noch heftiger zu als in Deutschland und die Touristen – wenn sie nicht gerade in Urlaubsghettos Ferien machen – werden dort überfallen und ausgeraubt. Außerdem will hier niemand sein Haus oder seine Wohnung unbeaufsichtigt lassen. Einige Einbrecherbanden haben sich darauf spezialisiert, Wohnungen auszuplündern, die für einen gewissen Zeitraum unbewohnt sind.

Die Touristenbranche ist fast zum Erliegen gekommen und die Auswirkungen sind katastrophal. Nicht nur für die Touristikunternehmen, sondern vor allem für die Hotels und Ferienanlagen, die Restaurants und Freizeitanlagen in den Ländern, bei denen wir sonst unsere Ferien verbracht haben.

11. Oktober 20xx

Wieder wurden die Preise für Gas und Strom erhöht. Man ist froh, wenn man überhaupt welchen zu halbwegs vernünftigen Preisen bekommt. Dreimal täglich wird der Strom für zwei Stunden – vor allem nachts – abgestellt.

Besonders problematisch ist es mit dem Gas. Die Russen lassen den Stein ihrer eigenen Wirtschaftskrise einfach durchplumpsen und erhöhen ständig die Preise. Seit letztem Jahr haben sich die Preise für das Gas verdreifacht und es ist schon wieder eine Erhöhung angekündigt worden. Aber was sollen wir machen? Wenn wir nicht bezahlen, dann liefern sie es einfach nach Indien oder China, die haben noch genug Devisen, um zu bezahlen.

Wir heizen nur noch die Räume, in denen wir uns aufhalten. Ich habe alle Türen abgedichtet, damit sie besser schließen. Außerdem hat ein Energieberater uns geholfen, die „undichten" Stellen am Haus zu beseitigen. Das spart eine Menge Heizkosten.

Ein Bekannter, der in einem Unternehmen arbeitet, welches Glasprodukte herstellt, hat mir erzählt, dass sie nur noch mit einem Ofen arbeiten können, obwohl sie viele Aufträge haben. Die Verluste durch das dauernde Aufheizen und Abstellen würden wahrscheinlich dazu führen, dass man den Betrieb schließen muss.

Oktober 20xx

Ich habe gar nicht gewusst, dass die FED eine private Bank der Familien Rockefeller und Morgan und anderer Bankiers ist. Viele vermuten, dass die hinter allem stecken. Aber ich halte nichts von solchen Verschwörungstheorien. Es werden halt immer Schuldige gesucht und die da oben eignen sich dazu am besten.

Ich bin jetzt Unternehmensberater und habe wieder einmal einen Auftrag bekommen. Ein Weiterbildungsinstitut will von mir zwei Seminarkonzepte: „Überlebensstrategien für Unternehmen in Krisenzeiten" und „Sich selbständig machen als Arbeitsloser in der Krise". Bloß gut, dass die mir im Voraus das Honorar überwiesen haben. Denn ich glaube, dass kaum jemand diese Seminare besucht.

Die Zahl der Arbeitslosen steigt immer weiter und inzwischen sieht man – wie damals, im Jahre 1929 – Menschen mit Schildern herumlaufen: „Ich nehme jede Arbeit an!" Die Löhne für solche Leute bewegen sich inzwischen bei 2 bis 3 D-Mark (den Euro gibt es ja nicht mehr) pro Stunde.

24. November 20xx

Neulich erzählte mir mein Enkel, dass es in den Schulen ziemlich heftig zugehen würde. Er selbst würde schon keine Pausenbrote mehr mitnehmen, weil die ihm immer wieder von den Großen weggenommen würden. Teilweise würde in den Klassen nur noch mit Sicherheitsdiensten unterrichtet. Wer es sich leisten kann, schickt seine Kinder aufs Land, denn dort herrschen noch halbwegs normale Zustände.

Heute Morgen kam ich gerade noch rechtzeitig, um zu verhindern, dass drei Kerle meine Dachrinne abmontierten. Habe meine Nachbarn zu Hilfe gerufen, dann sind wir mit Tränengas auf die los. Eisen und vor allem Metalle wie Zink, Blei, Kupfer usw. sind heiß begehrt und der Schrotthändler zahlt Höchstpreise. Selbst die Zeitungen werden inzwischen wieder gesammelt und als Altpapier von Spezialisten verkauft.

Die stellen einen Korb vor die Tür, in dem wir das Papier sammeln, und als kleines Dankeschön gibt es jeden Monat eine kleine Flasche Schnaps.

11. Dezember 20xx

Die Reichen werden immer reicher, vor allem die Russen geben sich alle Mühe, mit ihrem Geld zu protzen. Die haben Leibwachen und spazieren großkotzig durch Frankfurt. Mieten ein ganzes Lokal und werfen nur so mit dem Geld um sich. Wo die das ganze Geld nur herhaben, ist mir ein Rätsel. Aber für ein paar Hundert Mark kann man eine ganze Truppe halbwegs bewaffneter Jungs bekommen. Das macht schon was her, wenn so ein größenwahnsinniger Typ mit seiner Truppe durch Frankfurt zieht.

So weit meine Aufzeichnungen. Ich hoffe, sie helfen meinen Kindern und Enkeln, nicht die gleichen Fehler zu machen, wenn sie in ein oder zwei Generationen dran sind.

Literaturverzeichnis

- **Baader 2005**
  Roland Baader: Geld, Gold und Gottesspieler. Am Vorabend der nächsten Weltwirtschaftskrise, Verlag Dr. Ingo Resch Gräfeling 2004
- **Bandulet 2007**
  Bruno Bandulet: Das geheime Wissen der Goldanleger, Kopp Verlag Rottenburg 2007
- **Batra 1988**
  Ravi Batra: Die große Rezession von 1990. Die nächste Weltwirtschaftskrise ist vorprogrammiert, Heyne Verlag München 1989
- **Boese 1932**
  Dr. Franz Boese: Deutschland und die Weltkrise. Verhandlungen des Vereins für Sozialpolitik, Verlag von Duncker & Humblot München/Leipzig 1932
- **Boos 1932**
  Dr. Roman Boos: Soll und Haben der Weltkrise, Verlag Zbinden & Hügin Basel 1932
- **Chomsky 2006**
  Noam Chomsky: Der gescheiterte Staat, Verlag Antje Kunstmann München 2006
- **Deutsch 2006**
  Reinhard Deutsch: Das Silberkomplott, Kopp Verlag Rottenburg 2006
- **Eschbach 2007**
  Andreas Eschbach: Das Buch der Zukunft, Rowohlt Taschenbuch Verlag Reinbek 2007
- **Grün 2006**
  Willi H. Grün: Mich legt keiner mehr rein. Wie Sie Schwindel und Finanztricks durchschauen, FinanzBuch Verlag München 2006

- **Hamer 2006**
  Eberhard und Eike Hamer: Was passiert, wenn der Crash kommt? Wie sichere ich mein Vermögen oder Unternehmen? 8. Auflage, Olzog Verlag München 2002
- **Hannich 2006**
  Günter Hannich: Staatsbankrott. Wann kommt die nächste Währungsreform? Jochen Kopp Verlag Rottenburg 2006
- **Hannich 2006**
  Günter Hannich: Geldcrash. So retten Sie Ihr Vermögen. Der Krisenwegweiser, 6. Auflage, Eigenverlag 2006
- **Hannich 2000**
  Günter Hannich: Börsenkrach und Weltwirtschaftskrise. Der Weg in den Dritten Weltkrieg, Kopp Verlag Rottenburg 2000
- **Hirn 2006**
  Wolfgang Hirn: Herausforderung China. Wie der chinesische Aufstieg unser Leben verändert, Fischer Verlag Frankfurt 2006
- **Höhler 2007**
  Gertrud Höhler: Jenseits der Gier. Vom Luxus des Teilens, Ullstein Verlag Berlin 2007
- **James 2005**
  Harold James: Der Rückfall. Die neue Weltwirtschaftskrise, Piper Verlag München 2004
- **Leuschel/Vogt 2006**
  Roland Leuschel und Claus Vogt: Das Greenspan Dossier. Bilanz einer Ära, FinanzBuch Verlag München 2004
- **Lips 2006**
  Ferdinand Lips: Die Gold-Verschwörung. Ein Blick hinter die Kulissen der Macht von einem Privatbankier aus der Schweiz, Kopp Verlag Rottenburg 2003
- **Malik 2000**
  Fred Malik: Führen Leisten Leben. Wirksames Management für eine neue Zeit, Deutsche Verlags-Anstalt Stuttgart 2000

- **Mann 1990**
  Dr. Rudolf Mann: Das visionäre Unternehmen. Der Weg zur Vision in zwölf Stufen, Gabler Verlag Wiesbaden 1990
- **Mann 2004**
  Dr. Rudolf Mann: Das ganzheitliche Unternehmen. Die Umsetzung des Neuen Denkens in der Praxis zur Sicherung von Gewinn und Lebensfähigkeit, Korter-Verlag 2004
- **Martin 1983**
  Paul C. Martin: Sachwert schlägt Geldwert, Ullstein Verlag Frankfurt 1983
- **Mićić 2006**
  Pero Mićić: Das ZukunftsRadar. Die wichtigsten Trends, Technologien und Themen für die Zukunft, Gabal Verlag Offenbach 2006
- **Mićić 2007**
  Pero Mićić: Die fünf Zukunftsbrillen. Chancen früher erkennen durch praktisches Zukunftsmanagement, Gabal Verlag Offenbach 2007
- **Miegel 2007**
  Meinhard Miegel: Epochenwende: Gewinnt der Westen die Zukunft? List Verlag, Ullstein Buchverlage, Berlin 2005
- **Möntmann 1993**
  Hans Georg Möntmann: Raubritter in Glaspalästen. Obskure Praktiken in der Kreditwirtschaft, Wirtschaftsverlag Ueberreuter 1993
- **Möntmann 2002**
  Hans Georg Möntmann: Die Bank als Räuber oder: Wie nehmen wir den Kunden aus, Knaur Verlag München 2002
- **Moisescu 2006**
  Manuela Moisescu: So managen Sie Ihre Finanzen. Ein Do-it-yourself-Ratgeber, Redline Wirtschaft Heidelberg 2006
- **Münchau 2008**
  Wolfgang Münchau: Vorbeben, Hanser Verlag München 2008

- **Naphtali 1930**
  Fritz Naphtali: Wirtschaftskrise und Arbeitslosigkeit, volkstümlich dargestellt, Verlag Dietz, Berlin 1930
- **Navarro 2008**
  Peter Navarro: Der Kampf um die Zukunft: Die Welt im chinesischen Würgegriff, FinanzBuch Verlag München 2007
- **Ossola-Haring 1996**
  Claudia Ossola-Haring, Hrsg.: Die 499 besten Checklisten für Ihr Unternehmen, Verlag Moderne Industrie Landsberg/Lech 1996
- **Otte 2006**
  Prof. Dr. Max Otte: Der Crash kommt. Die neue Weltwirtschaftskrise und wie Sie sich darauf vorbereiten, Econ Verlag Berlin 2006
- **Peters/Sebald 1998**
  Bernhard Peters und Dirk Sebald: Potenzial-Management. Unternehmenspotenziale entdecken und managen, Orell Füssli Verlag Zürich 1998
- **Popp o. D.**
  Andreas Popp: Brot und Spiele. Schadlos durch die Wirtschaftskrise, Verlag: Books on Demand Norderstedt – www.popp-ag.com
- **Prechter 2002**
  Robert R. Prechter: Besiege den Crash! Wie man eine Deflationskrise übersteht und dabei sogar gewinnt, Börsenmedien Kulmbach 2002
- **Pümpin 1989**
  Cuno Pümpin: Das Dynamik-Prinzip, Zukunftsorientierung für Unternehmer und Manager, Econ Verlag Düsseldorf 1989
- **Rantzau o. D.**
  Hans-Georg von Rantzau: Und ewig glänzt das Gold. Hintergründe und Hintergründiges über das zur Neige gehende Metall, Hrsg. Günther Luitz, Münze Österreich Wien
- **Roos 2003**
  Hubert Roos: Big Silver. Gewinnbringend investieren mit Silber, Börsen Medien Kulmbach 2003

- **Sauga 2007**
  Michael Sauga: Wer arbeitet, ist der Dumme. Die Ausbeutung der Mittelschicht, Piper Verlag München 2007
- **Steingart 2006**
  Gabor Steingart: Weltkrieg um Wohlstand. Wie Macht und Reichtum neu verteilt werden, Piper Verlag München 2006
- **Treue 1967**
  Wilhelm Treue Hrsg.: Deutschland in der Weltwirtschaftskrise in Augenzeugenberichten, Karl Rauch Verlag Düsseldorf 1967
- **Thurow 2004**
  Lester Thurow: Die Zukunft der Weltwirtschaft, Campus Verlag Frankfurt 2004
- **Turk/Rubino 2006**
  James Turk & John Rubino: Der Kollaps des Dollars. Der Untergang einer Weltwährung, FinanzBuch Verlag München 2005
- **Wannenmacher 1983**
  Walter Wannenmacher: Die zweite Weltwirtschaftskrise, Deutsche Verlags-Anstalt Stuttgart 1983
- **Wittmann 2007**
  Walter Wittmann: Der nächste Crash kommt bestimmt. So sichern Sie sich als Anleger ab, Orell Füssli Verlag Zürich 2007

Lesenswerte Websites

- www.bmi.bund.de
  Website des Bundesministeriums des Innern, Risiko- und Krisenmanagement für Unternehmen und Behörden
- www.crashdoctor.de
  Was können wir für eine sichere Zukunft tun?
- www.ernaehrungsvorsorge.de
  Website des Bundesministeriums für Ernährung, Landwirtschaft und Verbraucherschutz
- www.faz.de
  Interessante Artikel zum Thema
- www.futuremanagementgroup.com
  Empfehlenswerte Website – alles über die Zukunft
- www.geldcrash.de
  Website von Günter Hannich
- www.goldbrief.de
  Datenbank (Links) rund um Geld und Edelmetalle
- www.goldseiten.de
  Sehr gute Analysen, Berichte und Kommentare
- www.innova-zivilschutz.com
  Vorsorgen für den Crash – Langzeitlebensmittel usw.
- www.lothar-mayer.de
  Ausstieg aus dem Crash
- www.mises.org
  Engl. Institut „Ludwig von Mises" Wiener Schule
- www.mises.de
  Institut „Ludwig von Mises" Wiener Schule
- www.privatinvestor.de
  Website von Prof. Dr. Max Otte
- www.rentendiebe.de

Informationsportal für Vermögensbildung – Sparen – Geldverdienen

- www.rohstoff-spielgel.de
  Deutschsprachiger Newsletter über Edelmetalle
- www.silberinfo.de
  Alles über Gold und Silber
- www.smartinvestor.de
  Das Magazin für den kritischen Anleger
- www.spiegel.de
  Interessante Artikel zum Thema
- www.steuerzahler.de
  Bund der Steuerzahler Deutschland e. V.
- www.vermoegenssicherung.de
  Wissensmanufaktur der Popp AG
- www.welt.de
  Interessante Artikel zum Thema
- www.weltcrash.de
  Interessantes zum Thema Crash – na ja
- www.zeit.de
  Interessante Artikel zum Thema
- www.zeitreport.de
  Verband Steuer-, Finanz- und Sozialpolitik e. V.